북한경제와
협동하자

실사구시 북한경제 바로 알기, 통일로 가는 남북경협 스터디
북한경제와 협동하자
ⓒ 이찬우, 2019

초판 1쇄 2019년 5월 10일
초판 2쇄 2020년 2월 1일

지은이 이찬우
펴낸이 김성실
기획 라이프인
책임편집 김태현
교정교열 배소라
디자인 윤지은
제작 한영문화사

펴낸곳 시대의창   **등록** 제10-1756호.(1999. 5. 11)
주소 03985 서울시 마포구 연희로 19-1
전화 02) 335-6121   **팩스** 02) 325-5607
전자우편 sidaebooks@daum.net
페이스북 www.facebook.com/sidaebooks
트위터 @sidaebooks

ISBN 978-89-5940-698-2 (93340)

이 도서의 국립중앙도서관 출판예정도서목록(CIP)은
서지정보유통지원시스템 홈페이지(http://seoji.nl.go.kr)와
국가자료종합목록시스템(http://www.nl.go.kr/kolisnet)에서 이용하실 수 있습니다.
(CIP제어번호 : CIP2019015337)

북한경제와
협동하자

이찬우 지음

실사구시 북한경제 바로 알기, 통일로 가는 남북경협 스터디

시대의창

일러두기

1. 이 책은 사회적협동조합 인터넷 언론 《라이프인》에 2018년 9월부터 12월까지 기획 연재한 '북한 경제와 협동하자'를 기본으로 다듬어서 펴냈습니다.

2. 이 책에 포함된 자료의 출처는 각 자료의 하단에 명기하였습니다. 단, 저자가 직접 작성·촬영·정리한 자료는 기재를 생략하였습니다.

3. 단행본, 언론매체, 정기간행물, 잡지 제목은 겹화살괄호《》로, 논문, 논설, 보고서, 음악 등의 제목은 홑화살괄호〈〉로 표시하였습니다.

4. 본문은 국립국어원의 한글맞춤법에 따라 표기하는 것을 원칙으로 하되, 글의 특성을 고려하여 가능하다고 판단한 경우에는 적극적으로 붙여쓰기를 하였습니다. 북측 자료의 경우, 북측에서 표기한 그대로 책에 인용하였습니다.

2012년에 잡지《민족21》에 '동북아경제 돋보기'를 연재하면서 7년 후를 상상해 다음과 같은 글을 쓴 적이 있다.

"2019년 2월 28일, 중국 심양에 있는 동북아무역집단 김철 총경리는 아침부터 평양과 화상 통화하느라 야단이다. 다음날 3월 1일 12시에 서울 탑골공원에서 열리는 3·1운동 100주년 기념식에 맞추어 평양에서 만들어 미리 보낸 축하현수막에 글씨가 잘못 인쇄되었다고 서울에서 클레임이 왔기 때문이다. 인터넷 화상으로 잘못 인쇄된 부분을 설명하고 평양인쇄회사가 다시 수정하도록 지시한 후 김 총경리는 공항으로 가서 비행기를 탈까 하다가 심양북역으로 가서 10시 출발 평양행 고속철도 티켓을 끊었다. 500킬로미터 거리의 평양까지 두 시간도 채 안 걸리고 훨씬 경제적이다. 점심에 평양에 도착한 그는 평양인쇄회사 총사장과 온반을 먹고 겸사 겸사 사업 이야기꽃을 피운다. 최근 장사가 잘 되는 건 심양에 나와 있는 평양컴퓨터센터의 직원들이 만든 건물보안프로그램 덕분이다. 중국에서 크게 히트 친 이 프로그램을 서울은 물론 동경에서도 팔 수 있을 것 같다는 거다. 수정한 축하현수막을 받아들고 김 총경리는 평양역에서 6시 출발 서울행 고속철도를 타고 1시간 만에 서울에 나타났다. 북한과 남한, 중국은 서로 관세협정을 맺고 비즈니스 비자면제 협정도 맺었기 때문에 통관수속은 아주 간단했다. 심양-평양-서울 간 고속철도가 2018년 말에 개통되어 하루 12편이 운행된다."

이번 책《북한경제와 협동하자》의 프롤로그를 쓰고 있는 2019년 4월은 위에서 상상한 날이 이미 지났다. 3·1운동 100주년 기념식이 열리던 날, 김철 총경리는 심양에서 고속철도를 타고 평양을 거쳐 서울로 오지 못했다.

그러나 '꿈은 이루어진다'고 했다. 앞으로 7년 후에 내 상상은 현실이 되어 있으리라 믿는다. 이 상상에 더해 2026년에는 한반도의 비무장지대가 자연보호구역 겸 세계평화관광구역으로 지정되고 개성공업단지엔 20만 명이 넘는 북한 노동자들이 근무하며 평양에는 미국과 일본 대사관이 있고 남북의 협력대표부와 무역사무소가 서울과 평양에 설치되었을 거라는 상상을 한다. 남북한 협동조합이 계약·생산한 농수산품, 일용품이 남북의 매장에서 팔리고 한반도 전역에서 택배 서비스가 이루어진다. 공정여행으로 역사테마여행, 환경생태관광, 백두대간-한라산 여행 상품이 팔리고 전기자동차와 수소자동차가 한반도 종단 고속도로를 달린다. 스마트농장, 스마트공장, 스마트시티 등 4차 산업의 핵심기반이 남북협력으로 만들어진다. 청년실업문제는 옛날이야기가 된다.

2018년에 남북 간에 정상들이 3차례나 만나 남북선언을 채택하고 문재인 대통령이 평양 능라도 5·1경기장에서 15만 평양시민들에게 "우리민족은 평화를 사랑합니다. 그리고 우리민족은 함께 살아야 합니다. 우리 함께 새로운 미래로 나아갑시다"라고 인사했을 때 꿈을 꾸는 듯 꿈이 현실이 되어가는 듯했다.

그러나 2019년 4월의 한반도는 남북관계개선의 분위기를 이어가는가 아니면 전쟁대립의 파국으로 치닫던 2017년으로 되돌아가는가 하는 엄중한 갈림길에 서 있다. 2월 말 베트남 하노이에서 북미 간 2차 정상회담이 성과를 내지 못한 탓에 한반도 정세는 다시 기로에 서게 되었다. 한국이 결국은 미국과 한목소리만 내고 남북경제관계 진전에 호응하지 않는다고 생각하게 된 북한이 남한과의 협력에 별 흥취를 갖지 않게 될지도 모른다.

한반도 정세가 대륙 대 해양이라는 냉전시대 대립구도로 회귀한다면 남북관계개선은 멀어지고 만다. 한국에겐 북방지역도 남방지역도 중요하다. 그리고 한반도의 민족경제공동체를 만드는 것은 더욱 중요하다. 이데올로기를 넘어선 민족의 생존문제이다. 그리고 남북 간에 있어 왔던 경제협력에 대해서도 새로운 각도에서 조명해보아야 한다.

북은 없고 남은 있으니 주자거나, 북의 인건비가 싸니 투자이익이 난다거나 하는 남한사회에 깔린 '위에서 내려다보는' 관점을 지양해야 한다. 북한경제의 능력에 대해 제대로 알고 남한사회의 현실에 입각한 민주적 접근방식이 필요한 이유이다. 이러한 문제의식을 나는 '북한경제의 자력갱생-자강력', '사회적경제 관점' 그리고 '민족경제의 국제경쟁력'이라는 3가지 키워드로 정리해보았다.

이 책은 2018년 하반기에 15회에 걸쳐 인터넷신문인 《라이프인》에 '북한경제와 협동하자'라는 주제로 연재한 것을 다시 다듬어서 책으로 출판한 것이다. 출판사 '시대의창'이 출판을 제의했고 나로서는 책으로 낸다는 것이 부끄러운 일이나 감사하는 마음으로 응하였다.

이 책은 6장으로 구성되었다. 1장은 한반도의 민족경제발전을 생각하기 위한 기본인식으로서 실사구시, 온고지신, 상생협동의 3가지 경구를 가지고 이 책의 전반적 흐름을 짚었다. 2장은 북한경제를 사회적경제 관점으로 설명하는 하나의 시도이다. 3장은 남북경제협력의 현황과 과제를 북한경제의 자강력, 사회적경제, 민족경제 3가지 키워드를 가지고 정리하였다. 4장은 북한경제에 대한 본격적인 이해로서 농업, 공업과 과학기술, 경제시스템, 교통인프라, 전력, 경제특구 분야로 나누어 자력갱생의 관점에서 분석하였다. 5장은 대외경제협력에 대한 북한의 정책과 현실에 대해 일본과 중국을 대상으로 살펴보았다. 마지막으로 6장은 총정리로서 평화공존과 북한경제 그리고 남북경협의 방향성에 대한 생각을 정리하였다.

그동안 북한경제를 중심으로 연구하면서 현장에서 보고 생각한 점들을 정리하였지만, 일정한 편견이 있을 수 있음을 독자들에게 미리 양해를 구한다.

끝으로 원고를 세상에 책으로 나오게 하는 데 도움을 준 시대의창 김태현 팀장,《라이프인》의 이영희 이사장과 송소연 기자 세 분에게 깊이 감사드린다.

2019년 4월
이찬우

차례

한반도의 경제발전을 생각하는 3가지 경구:

실사구시, 온고지신, 상생협동

실사구시_{實事求是}

"Find solutions, Based on Facts Not on Ideology!"

한반도가 남북으로 분단된 지 70년이 넘는 세월이 흘렀다. 남한은 1948년 8월 15일에 대한민국 정부 수립을 선포하였고, 북한은 그 한 달 후인 9월 9일에 평양에서 조선민주주의인민공화국 창건을 선포하였다. 두 개의 나라로 분단된 채 지금에 이르기까지 남과 북은 이념 대립으로 상대방의 국가체제를 부정하고, 6·25라는 동족상잔도 치렀기에, 서로의 체제에 대한 반대를 자국의 국시로 삼고 있을 정도다.

그러면서도 남북은 통일을 향한 과도기적 관계로 사실상 서로를 인정하고 있다. 1991년 남북이 유엔에 동시가입하고 상호체제인정과 상호불가침, 교류 및 협력 확대를 합의한 '남북기본합의서'를 채택한

출처_ ABC NEWS(캡처)

바 있다. 그리고 2000년 '6·15남북공동선언'을 거쳐 2018년 '9·19 선언'에 이르기까지 개성공단과 금강산관광의 문이 열렸다 닫히곤 했다. 최근에 화해 분위기가 형성되면서 다시 여건이 조성되는 대로 재개하기로 합의하는 등 남북한은 대화와 대립, 협력과 긴장을 반복하면서 서로를 알아가고 있다.

북한은 북한대로 새로운 시대를 만들어가고 있다. 2017년 핵무력 완성을 선포한 후 2018년부터 북중, 북남, 북미 정상회담을 열고 '완전한 비핵화'와 함께 체제안전과 경제발전을 추구하고 있다. 그 연장선에서 2018년 9월에 개최한 정권 수립 70주년을 맞이한 '9·9절' 행사는 전쟁을 맹세하는 궐기대회가 아니라 이른바 성대한 잔치행사였다. 소위 '제국주의의 압살책동'을 짓부수자는 결의에 찬 대외강경 정치구호가 사라지고, 번영과 발전 그리고 사회주의경제강국을 내세웠다. 열병식에선 대륙간탄도미사일ICBM 대신에 한반도기와 꽃과 풍선이 나부꼈다.

현재 한반도는 변화의 소용돌이 속에 있다. 국제적인 정치·경제환경이 변화하고 국내사회도 남북한 모두 인구구성과 산업구조, 생활수준과 사회의식이 변하고 있다. 살아남아야 하는 격랑의 시대에는 이념理念보다 실사구시實事求是의 태도가 바람직하다. 맞고 틀림을 재단하려는 공리공론空理空論보다는 같고 다름을 이해하면서 실제에 근거하여 해결책을 추구하는 것이 시대정신이다.

온고지신溫故知新

"I am strong when I am on your shoulders. You raise me up to more than I can be."

— 노래 〈You Raise Me Up〉 중에서

북한사회가 변화하고 있는데 그 변화는 어디를 향하고 있는가 하는 질문에 속 시원하게 대답해주는 이가 별로 없다. 아무도 모를 수도 있다. 이럴 때는 과거의 모습에서 미래의 모습을 찾아내는 것도 의미 있는 접근법이다. 이념의 탈을 벗되 그 이념의 정신(신념)을 되돌아보아 옛것을 앎으로써 새것을 찾아내게 된다는 온고지신溫故知新의 힘을 빌려, 70여 년간 북한이 어떤 변화를 겪어왔는지 간추려본다.

일제강점을 벗어나 독립한 나라의 국민으로서 민족국가 발전에 대한 꿈을 사회주의에 의탁했던 북한사람들은, 사회주의가 친일매판세력을 몰아내고 노동자와 농민, 지식인을 평등한 민족구성원으로 대우하고 삶을 발전시켜줄 것으로 믿었다. 국가가 인민의 의식주와 교

북한경제와 협동하자

육을 비롯해 건강까지 보장하는 체제에 대한 믿음은 북한사람들만
의 전유물이 아니라 당대 국제사회의 한 지류를 차지하고 있었다. 이
러한 이념은 대체로 1970년대까지는 북한에서 진리로 받아들여졌다.
북한은 6·25전쟁을 치르면서 산업시설이 미군의 폭격으로 인해 대거
파괴되었고, 사망 70만 명, 부상 180만 명, 실종 80만 명에 이르는 등
전체 인구 1천만 명의 30% 이상이 직접적인 피해를 입었다. 인구통계
를 봐도 1955년 850만 명(남자 400만 명, 여자 450만 명)으로 감소하
여 남성노동력이 급감했다.

이러한 상황에서 사회주의적 집단주의는 인민의 삶을 책임지는 보
루였기에 1958년까지 전국의 농촌이 협동농장으로 집단화되는 데 저
항이 있을 수 없었다. 농촌 여성들은 서로 도와야만 농사를 지을 수
있었기 때문이다. 도시의 공장 기업소도 국가가 생산을 책임지는 국영
기업이 대부분으로 노동자의 삶도 국가가 보살펴주어야 했다.

1960년대에 남북 간의 체제경쟁으로 인해 군사노선을 중시하게 된
것(국방·경제병진노선)도 사회운영을 군대처럼 집단주의로 하는 상황
을 촉진했다. 그래도 북한 사람들은 폐허에서 일어서서 그런대로 살
만한 사회주의를 만들어나갔고 생활수준은 당시의 남한보다 나았다
고 한다.

1970년대 국제사회가 동서화해의 데탕트시대가 되면서 북한은 서
유럽, 일본과의 무역을 활발히 진행했다. 무역의 내용은 산업근대화
를 위한 설비 플랜트를 유럽이나 일본에서 수입하고 광물수출로 번
외화로 갚는 방식이었다. 그런데 오일쇼크로 광물가격이 폭락하면서
외화를 벌지 못하여 무역대금을 갚지 못하는 사태가 발생하였다. 이

시기 이후로 북한은 지금까지 중채무국으로 전락했다.

산업근대화를 위한 설비개체와 기술혁신이 제대로 이루어지지 못한 채 1980년대를 지나면서 설비노후화, 생산감소, 집단주의의 부정적 측면인 평균주의 병폐가 나타났다. 그러나 더 중요한 것은 80년대의 신냉전시대 도래로 북한이 안전보장과 체제경쟁에 투입해야 할 군사비와 선전비용의 압박이 가중되었다는 점이다. 1988년 서울올림픽에 대응하여 평양에서 개최한 1989년 세계청년학생축전은 북한경제에 상당한 부담이 되었다고 한다.

1990년대는 북한에게 악몽이었다. 사회주의권 붕괴, 중국과 러시아의 한국 수교, 북일관계 정상화 실패에 이어 김일성 주석이 사망하고 경제위기가 몰아닥쳤다. 특히 식량위기로 약 2천만 명의 인구 중 1퍼센트인 약 20만 명 정도가 아사餓死하는 참사가 벌어진 것으로 추정된다. 김정일 총비서가 꺼내든 카드는 불에는 불, 즉 맞불작전이었다. 이름하여 '선군정치先軍政治'로 군대가 국가운영에 앞장서서 나라를 보위하는 것이 우선이고 이를 위해 '핵개발'을 선택하고 경제는 후순위로 미루는 것이었다.

재래식 무기체계로는 승산이 없는 것을 안 북한지도부의 선택이라고 평가할 수도 있지만 그 후과後果는 만만치 않았다. 미국의 압력은 더욱 거세졌고 북일관계 개선으로 얻을 식민지배청산금(배상금) 확보가 어려워졌으며 국제사회의 경제제재가 강화되었다.

2000년대 이후 북한정부는 인민생활에 대한 국가책임 부분을 줄이고 기업과 농장이 시장과 무역을 통해 인민의 생활소비품을 생산하고 판매하는 것을 허용하는 조치를 취하였다. 물자와 상품의 공급원인 중국이 북한의 뒷마당에 있다는 것이 그나마 북한경제에 뒷심이 되었다.

이 과정에서 사실상 개인들의 상업 및 제조행위가 확대되었는데, 그 생존방식은 사유화가 아니라 국영시스템의 틀 안에서 사업하고 이윤의 일부를 납부하는 방식으로 통용되었다. 북한정부는 소위 '계획과 시장의 불안정한 공존'이라고 부를 수 있는 이런 상황을 견디면서 2017년 '핵무력완성'까지 내달려왔다.

이제 북한은 지금까지 대내외적 고통을 각오하고 손에 쥔 핵무력을 테이블에 올려놓고 미국과 협상하고 있다. 그리고 남북 간에 평화를 선언하고 전쟁을 하지 말자고 약속하고 있다. 2018년 4월 노동당 제3차 전원회의에서는 '핵·경제병진노선'을 결속하고 '경제집중노선'으로 방향을 전환하였다. 북한이 선택한 길은 '우리의 후대에는 전쟁이 없으리'라는 길이고 이를 위해 '핵무력완성'을 내놓는 대가로 평화와 안전보장을 얻어내고 경제발전을 이룩하겠다는 전략게임이다.

지금까지 북한이 걸어온 길을 온고溫故하여 앞으로 걸으려는 길을 지신知新하여 보았다. 여기서 알게 되는 것은 북한이 70년간 자력갱생을 원칙으로 경제의 성장과 위기를 경험해왔지만 그 원칙을 앞으로도 이어갈 것이라는 점이다. 그러나 현실은 녹녹치 않다. 그럼에도 북한은 이제 70년 만에 다시 1948년에 사회주의경제강국을 꿈꾸던 원점에 서 있다. 원점에 선 자는 앞만 볼 뿐 돌아볼 뒤가 없다. 인민들이 잘사는 나라를 만들기 위해 무엇을 해야 할까.

2018년 4월 27일 판문점 남측 지역에서 진행된 제3차 남북정상회담

출처_청와대

상생협동 相生協同

"We are the champions, my friends and we'll keep on
fighting 'til the end."

– 노래 〈We Are the Champions〉 중에서

남한사회도 변화와 혁신의 흐름 속에 있다. 노인인구가 늘어나고
출생률이 줄어드는 시대에 생산력을 유지하려면 산업구조를 개선해
야 하고 청년들에게 좋은 일자리를 제공해야 한다. 몇몇 재벌이 경제
를 독점하기보다 창의적인 중소기업이 더 많은 고용을 창출해야 한

북한경제와 협동하자

다. 사회가 더불어 살아야 힘이 된다는 협동정신이 경쟁력과 공존해야 한다.

이제부터 인구 5,200만 명의 남한과 2,560만 명의 북한이 서로 자신의 구태에 안주하지 않고 새롭고 더 혁신적인 방법을 찾는 일에 함께 협동하는 것이야말로 한반도 민족경제가 같이 균형발전하고 번영하는 길이다.

그러기 위해서는 남측도 북측을 잘 이해해야 한다. 알아야 협동할수 있다. 이러한 문제의식을 가지고 북한의 경제를 들여다보고 남북서로가 해야 할 일을 찾고자 한다. 북한경제의 부문별 현황, 사회주의 경제하의 사회적경제, 대외경제, 남북경제협력 등에 대해 시간과 공간을 넘나들며 독자들과 함께 여행하면서 실사구시의 태도를 가지고 온고지신의 힘으로 민족경제 상생협동의 길을 찾아 나가고 싶다.

2장

북한경제를 이해하는 하나의 관점:

사회적경제

1
사회주의경제와 사회적경제는 어떻게 다른가

북한경제를 이해하는 키워드로 '자력갱생-자강력', '민족경제', 그리고 '사회적경제'를 제시하고자 한다. 자력갱생과 민족경제를 다룬 연구는 그동안 많았으나 '사회적경제'를 다루는 것은 하나의 도전이다. 왜냐하면 북한의 사회적경제를 주제로 다룬 글이 거의 없기 때문이다. 지금까지 이 분야가 잘 다루어지지 못한 이유는, 사회주의경제와 사회적경제를 구분하지 못하거나 사회적경제가 북한경제의 극히 일부분이라고 생각하기 때문이다. 여러 가지 한계가 있다 하더라도 북한경제를 새로운 시각으로 이해하려는 시도로서 '사회적경제'의 관점을 제시해보고자 한다.

　일반적으로 경제체제는 자본주의와 사회주의 그리고 사회민주주의로 구분할 수 있다. 자본주의경제는 생산수단을 개인이 소유하는 것을 기초로 기업이 이윤추구를 목적으로 생산하고 자유로이 노동자를 고용하며 시장가격으로 상품을 판매하면서 정부는 사회적 이윤을 재분배하는 기능을 갖는 것이 특징이다.

반면 사회주의경제는 생산수단을 국가 또는 집단이 공적으로 소유하는 것을 기초로 사회적 필요량을 생산·공급하고 노동자를 완전 고용하며 물자 및 상품을 국정가격으로 교환하면서 국가가 국민복지의 전적인 책임을 지는 것이 특징이다. 사회주의경제는 스스로 자본주의경제의 소유모순을 극복한 다음 단계의 발전된 체제라고 한다.

그런데 양측 다 현실 세계에서 발전하는 가운데 문제를 드러냈다. 현실 자본주의는 실업문제, 빈부격차, 지역쇠락, 환경오염 등의 문제를 낳았고 자본주의 미발전 단계에서 나타난 현실 사회주의는 획일주의, 생산 및 공급 부족과 정부의 국민복지 미실행 등의 문제를 낳았다. 한쪽은 '시장실패'가, 다른 한쪽은 '국가실패'가 문제였다.

여기에 대안으로 등장한 제3의 경제체제가 사회민주주의 모델이다. 자본에 대한 일정한 통제와 함께 상대적 자율성을 인정하면서 부자증세를 통해 강력한 복지국가를 건설하는 것이다. 국가의 역할이 크다는 점에서는 사회주의에 가깝지만 자본의 역할을 인정한다는 점에서는 자본주의에 가깝다.

자본주의경제의 문제점을 극복하기 위한 대안 중의 하나로 현실 자본주의 세계에서 태어난 것이 '사회적경제'이다. 그 시작은 19세기 초 유럽과 미국에서 협동조합과 사회적기업 등의 형태로 등장했다고 한다. 북유럽 같은 사회민주주의 경제체제에서도 사회적경제는 존재한다. 한국에서는 1920년대 이후의 소비조합, 농민협동조합 등을 거쳐 해방 후 신용협동조합, 생활협동조합, 사회적기업, 마을기업, 자활기업 등 각종 조직 형태로 성장하고 있다. 생산 및 서비스 참여자(농민, 노동자, 상공인, 주민 등)의 자조와 상부상조가 주요 활동이다. 즉, 시장이 이윤추구 때문에 손대지 않고 국가가 능력이 부족한 상황에서 생산 및 서비스 참여자들이 민주적으로 참여하여 소유권을 공유(협동소유)하면서 사회적가치를 실현하는 생산 및 서비스 시스템이 '사회적경제'라 할 수 있다.

한편 현실 사회주의 세계에서 나온 대안으로는 러시아와 동유럽처럼 자본주의경제로 체제전환하거나, 중국처럼 '사회주의 초급단계론'이라는 이론을 근거로 한 사회주의 시장경제라는 절충형 체제가 있다. 그리고 이제는 사라진 나라 유고슬라비아에서는 '사회소유제'라는 이론을 근거로 한 '노동자 자주관리체제'가 있었다. 현재까지 사회주의 원칙을 지키고 있는 나라는 쿠바와 북한이다.

이렇게 보면 자본주의경제에서 대안 또는 보완 개념으로 나온 사회적경제가 사회주의경제에서도 적용될 수 있는가 하는 문제가 있다. 특히 북한은 "생산수단의 주인인 인민대중의 지위는 국가적 소유지배를 철저히 함으로써만 담보된다"며 여타 나라에서 만들어진 변화이론이 사적소유로 가는 문을 여는 '수정주의'라고 비판하는 입장이다 (김응천, 〈사회주의소유의 본질을 왜곡하는 현대수정주의리론〉, 《경제연구》 2018년 2호).

그런데 사회적경제의 개념을, 생산 및 소비에 참여하는 참여자가 '이윤보다 사회적·환경적 목표를 우선으로 삼고, 경제활동에서 민주적 자주관리와 적극적 시민의식의 관점에서 경제적 실천을 성찰함으로써 경제에 대한 사회적 통제력을 회복하려는 움직임'(유엔사회개발연구소장 폴 래드의 기조연설, 〈2018 사회적경제 국제포럼〉, 2018년 6월 15일)

북한경제와 협동하자

이라고 정의하면 자본주의경제든 사회주의경제든 적용 가능한 보편적인 개념으로 이해할 수 있을 것이다. 여기서 사회적 통제력이 '국가적 소유지배를 통한 통제'로 되면 사회주의경제이며 '시민사회의 자주적인 통제'로 되면 사회적경제로 이해할 수 있다. 사회주의경제인 북한에 대해서도 사회적경제 개념을 적용할 수 있을 것이다.

사회주의경제에서 국가의 기능이 제힘을 발휘하지 못할 때 나타나는 대안적 기능의 하나는 시장 기능이며 다른 하나가 사회적경제 기능이라 할 수 있다. 지금까지 많은 연구는 시장에 초점을 맞추어 시장화 또는 시장경제화로 국가지배가 약화되어 가는 것을 필연적인 방향으로 설정하고 분석하고 있다. 그런데 주목해야 할 다른 하나인 사회적경제 기능에 대해서는 그 실태가 시장에 가려 보이지 않았다. 사유화로 가는 시장이 아니라 공유경제를 보완하는 사회적경제가 북한 사회주의경제에서 존재하고 있음을 살펴본다.

2

북한의 사회주의경제에 편입된 사회적경제: 협동적 소유

사회주의경제로 전환하던 초기

해방 후 북한경제를 시기별로 나누어보면 ① 1960년 전후까지 사회주의경제로 전환하던 시기, ② 1980년대까지 사회주의경제가 전면화되었던 시기, ③ 1990년대 이후 사회주의경제가 재조정을 거치는 시기로 대략적인 구분을 할 수 있다.

북한정권 수립 이후 70년간 북한경제에서 국가의 기능이 상대적으로 약했던 때는 사회주의경제가 충분히 발전하지 못했던 1950년대의 초기 전환시기와 1990년대 이후의 재조정시기라 할 수 있다. 이 두 시기에 북한에서 사회적경제 기능이 어떻게 나타났는지 살펴보고자 한다. 먼저 초기 전환시기에는 어떠했는지 알아본다.

해방 후 소련당국의 조사에 따르면 1946년 북한의 잠정추계 인구 1천만 명 가운데 노동자·사무원 및 그 부양가족이 230만 명, 농민과 그 부양가족이 570만 명, 개인상공업자 등이 220만 명으로 나온다. 당시의 북한은 남한보다 노동자·상공인의 수가 많아 비교적 상공업화가 진행된 상황이었다. 초기 전환시기에는 인구의 약 20%와 60%를 차지하는 자본주의적 상공인과 농민을 사회주의적으로 개조해가는 것이 국가적 과제였다. 그 방안으로 나온 것이 소비품생산과 상품유통 및 농업생산 부문에서 협동경리라는 이름으로 생산수단과 자금을 통합하여 협동적 소유로 운영하는 방안이었다. 그 구체적인 내용이 협동조합과 협동농장이었다.

기업가들의 생산협동조합이 업종별로 조직되었고(1948년 9월 기준 208개 조합, 조합원 수 31,500명), 상인들의 판매협동조합 또는 생산판매협동조합, 편의협동조합, 어민들의 수산협동조합이 제도로서 보장되었다. 농촌에서는 농촌협동조합이 조직되었고 이후에 협동농장으로 개조되었다.

협동적 소유에 기초한 상업 부문은 소비조합(생활협동조합의 원류)이라는 이름으로 해방 전부터 존재하였는데, 1920년대 이후 소비조합은 특히 평안도와 황해도에서 활발했다. 이 지방의 기독교인들은 민족의 경제적 자립을 도모하는 물산장려운동의 수단으로써 소비조합과 농촌협동조합에 열심이었다. 함경도에서는 천도교 계통의 농민운동조직인 '조선농민사朝鮮農民社'에서 농민공생조합이라는 다목적 협동조합(출하·구매·판매·신용)을 조직하여 농민의 생활을 지탱했다. 이러한 민주적 협동생산과 소비운동이 있었던 관계로 해방 후에도 협동조합은 상품 판매와 수매를 통해 도시와 농촌의 경제적 연계를 강화하는 데 기여했다.

당시 소비조합의 주요한 활동은 소금·천·신발·성냥 등과 같은 소비상품 공급뿐 아니라 현금 또는 신용에 의한 비료의 배급과 판매, 곡물의 조달·보관·공급, 그리고 사회급양(음식물을 생산하여 공급하는 사회주의 상업의 한 부문)과 자체가공사업 등을 정부의 재정지원 없이 자주적으로 진행하는 것이었다. 1946년에 160만 명의 소비조합원이 있었다. 같은 해 5월 20일에는 평양에서 소비조합 제1차 총회를 개최하여 민주적 선거를 통해 지도기관인 '북조선소비조합 중앙관리위원회'를 조직하였다. 1948년에는 소비조합원의 숫자가 520만 명으로 북한인구의 절반이 참여하는 수준으로 발전하였다.

조합원 구성은 노동자 10.5%, 농민 69.7%, 사무원 6.2%, 수공업자 4.7%, 기타 18.9%였다. 그런데 1949년부터 도시와 노동자 500명 이상 공업지대는 국영상점이 식량과 상품을 배급하는 것으로 전환하고, 농촌과 500명 이하 공업지대에서 소비조합이 식량과 상품공급을 담당하게 됨으로써 소비조합은 농촌 중심으로 변화되었다. 북한의 총 상업거래액에서 협동조합의 상업거래액이 차지하는 비중은 1946년 4.3%에서 48년에 27.2%로 급증했다. 반면 국영상업 부문은 같은 기간에 2.3%에서 10.9%로 증가했고, 민간상업 부문은 91.5%에서 61.8%로 감소했다(1958년 개인상공업 폐지).

북한의 협동조합은 시민사회의 자주적인 협동이라는 시각으로 보면 사회적경제의 한 부문이라 할 수 있다. 그러나 북한의 정책은 시민사회의 자주성을 국영경리의 보조적인 지위로 설정하는 것이었다. 따라서 사회주의적 소유 안에 국가적 소유와 협동적 소유를 포함하고 국영경리 중심의 사회주의경제로 전환하는 정책에 따라 북한은 협동적 소유 부문을 인정하면서도 약화해갔다. 농촌의 소비조합은 1958년에 협동농장직매소로 개편되었고 도시의 소비조합은 1964년에 국가상업체계로 통합되었다.

이는 북한이 헌법에서 협동적 소유를 "소생산품 생산을 기초로 하는 사적소유로부터 전 인민적 소유로 발전하는 과정에서 나타나는 불완전한 소유 형태이므로 점차 전 인민적 소유로 전환시켜나간다"(제23조)고 규정하고 있기 때문이다. 현재까지 기능하고 있는 협동적 소유의 협동단체는 협동농장을 제외하면 생산협동조합과 생산판매협동조합, 편의협동조합(식료품가공 또는 생활용품수리의 생활편의, 이발 또는 미용 등의 위생편의) 그리고 수산협동조합이다. 이들 협동조합이 운영하는 상점과 협동농장직매소가 북한 상업유통에서 협동경리가 담당하는 축이다.

민족자본가로서 생산협동조합을 크게 성공시킨 사람은 기업인 송대관(1912~1994)이었다. 생몰년으로 볼 때 송대관은 김일성 주석보다 몇 달 늦게 태어나고 몇 달 먼저 사망하였으므로 김일성 주석과 완전히 동시대를 살아간 기업인이었다. 송대관은 해방 후 연필공장, 유리제품공장, 신발고무공장 등을 세워 큰돈을 벌었다. 개인 기업가 송 사장은 전쟁 시기 나라에 재산을 바친 애국적 상공인으로 불렸다.

그러다 1956년 노동당 제3차 대회에서 채택된 '자본주의적 상공업의 사회주의적 개조방침'이 나오면서, 송 사장은 전 재산을 내어 평양공업품생산협동조합을 세우고 관리위원장이 되었다. 이 생산협동조합은 주체사상탑의 유리를 공급하는 등 평양 건설에서 중요한 역할을 담당하였다. 1959년 김일성 주석(당시 수상)으로부터 안경을 만

애국열사릉의 '민족자본가' 송대관 묘비

출처_ 유수(민족21)

들라는 요청을 받아, 1961년에 평양공업품생산협동조합을 평양광학유리생산협동조합으로 개칭하고 안경알과 각종 렌즈를 생산하여 북한 안경 산업 발전의 장본인이 되었다. 김일성 주석은 송대관의 협동조합에서 생산한 안경을 각별히 사용하였는데 1984년 유럽 방문 시쓴 안경이 광학유리생산협동조합에서 생산한 제품이었다. 기업인으로는 유일하게 애국열사릉에 안장된 사람이 송대관이다.

송대관의 딸 송성희는 의사였는데 아버지의 대를 잇기 위해 1980년대 말 모란편의협동조합에서 안경수리공 일을 배워 1992년경에 국영상점인 평양안경상점의 지배인이 되었다. 현재 평양안경상점은 북한에

1984년 열차를 타고 드레스덴을 방문한 김일성 주석과
그를 맞이하는 한스 모드로프 드레스덴 공산당 서기장

출처_ Das Bundesarchiv

서 가장 큰 안경점이다. 아버지의 협동조합시대에서 딸의 국영상점시대로 전환되는 가족사는 북한경제사의 단편이다.

북한에서 사회주의경제로의 초기 전환기에는 협동조합을 중심으로 한 사회적경제가 북한경제의 중요한 한 축으로 존재하였음을 알 수 있다. 북한의 헌법에서 생산수단을 소유할 수 있는 곳이 국가와 사회협동단체로 규정된 것은 이런 역사적 맥락에서 나온 것이다.

1990년대 이후 사회주의 재조정시기

1990년대 이후 북한 사회주의경제는 위기에 봉착하였다. 국가가 주민들에게 식량 등 소비품을 제대로 공급하지 못하는 소위 '미공급' 사태가 나타났다. 국영경리가 마비되는 상황에서 자연발생적인 소비품시장이 그 기능을 대체하는 상황이 발생하게 되는데 그 흐름 속에서 협동조합이 다시 중요한 역할을 하게 된다.

먼저 시장기능이 부활한 상황을 살펴본다. 북한주민들은 국가의 미공급문제를 자체 생산과 무역을 통한 공급과 소비를 '장마당'으로 불렸던 농민시장을 통해 해결하였다. 합법적인 농민시장은 1980년대까지의 사회주의경제 전면화시기에도 소멸되지 않고 유지되어 왔다. 그 이유는 농민의 개인부업경리로서 민생이라는 생활적 요구가 있었고, 협동농장과 협동단체의 협동경리에 따른 공급과 수요 시장이 필요했기 때문이었다. 협동농장과 협동조합은 농민시장에 직매소나 상점을 가지고 거래할 수 있었다.

이후 농민시장은 도시부의 시장으로 확대발전하면서 전국적인 거래망을 갖추고 사실상 사회적 공급망 기능을 하게 된다. 2003년에 도시부의 상설시장(종합시장, 구역시장)이 합법화되었고, 국영기업이 생산품의 일정 부분을 국영상점이 아니라 시장을 통해 자유 판매하는 것을 허용하는 소위 '더벌이'도 나왔다.

북한은 1958년 이후 법적으로 개인상공인을 인정하지 않았지만, 실제로 시장에서는 1950년대에 있었던 가내수공업, 소상업 및 사금융업이 다시 자생하였다. 가내수공업은 사금융으로부터 융자를 받아 상품을 제조 판매하고, 소상업도 도소매의 필요한 형태를 갖추게 되었다. 원료와 설비는 주로 중국에서 수입되기 때문에 유통과정에서 외화 수요가 증가하고 공식 환율과 상관없는 시장 환율이 지속적으로 상승하여 조선원화의 가치는 하락하게 된다.

이 시장기능을 통해 각종 소비재, 예를 들어, 의류·신발, 과자 및

북한경제와 협동하자

식료품, 담배·약품 그리고 주택까지 공급되는 한편, 목욕탕·오락실·미용원 등 문화오락시설들이 국영시설의 서비스를 능가하는 상황이 되었다. 이러한 생산·유통·소비 과정은 각 업종별 생산자와 서비스 제공자, 도소매상인들의 분업으로 이루어졌는데, 이들 중에는 국영기업 소속으로부터 합법이동 또는 이탈한 사람들이 많았다. 또 북한말로 '가두녀성'이라 불리는 가정주부들이 대거 시장장사에 참여하였다.

노동력의 이동은 북한의 주요 통제대상인데 보직이동, 휴직, 병·퇴직 등 여러 합법과 비법 수단이 동원되었다. 시장에서 사업을 하려면 해당 중앙상업지도기관에서 영업허가증을 받고 소속등록을 하여 이익금을 납부해야 한다. 그렇지 않으면 보안소 보안원(경찰)이나 행정당국 감시원에 걸리거나 여기저기 옮겨 다니는 '메뚜기장사'를 해야 한다. 시장 공급 및 유통에 참여하는 개인들의 소속 등록 방식에는 세 가지가 있다.

첫째는 구역시장 운영주체에 직접 등록을 하고 소위 장세를 내는 것이다. 북한 상업법의 하위법규인 시장관리운영규정과 상업성 지시로 '시, 군인민위원회의 개인상인 등록'이 나와 있어 '시장상인'이 법적으로 존재하게 되었다.

두 번째는 시인민위원회 봉사국 산하 ○○직매점 또는 국영경리의 ○○상점으로 합법등록을 하거나 국영기업의 한 부서로 존재하는 것이다. 이는 국가기관, 기업소의 명의를 빌려 쓰고 대가를 납부하는 사실상의 개인기업으로 볼 수 있다. 이에 대해서는 여러 사례가 알려져 있다. 어느 기계공장에 소속된 개인기업이 공장건물 일각에 마른국수 생산시설을 갖춰 자신이 선발한 노동자와 자신이 구입한 원자재로 마

신의주초물생산협동조합 소개 영상 중 일부

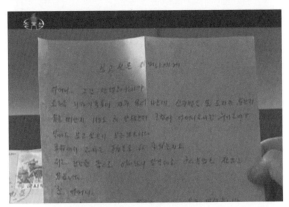

출처_ 조선의 오늘(캡처)

른국수를 생산하여 도매상에게 판매하고 이윤의 일부를 공장 측에 납부하는 방식이다.

세 번째가 예전부터 있어왔던 생산판매협동조합이나 편의협동조합을 다양한 소비품 업종에서 설립하는 것이다. 예를 들어, 어느 도시의 개인 탕과류 업자들이 사탕과자 생산판매협동조합을 만들거나 개인 고철장사로 돈을 모은 사람이 식당을 지어 시상업관리소 산하 편의협동조합을 조직하여 운영하는 등의 방식이다.

이 부분에서 주목하고 싶은 점은 협동적 소유로서 사회적경제 부문인 협동조합이 북한주민들에게 낯선 조직이 아니라 과거부터 합법적으로 있어왔고 스스로 출자하여 언제라도 만들 수 있다는 점이다. 사회주의국영경리와 시장이 공존하는 상황에서, 그리고 개인소유, 협동적 소유, 전 인민적 소유가 공존하는 북한의 소유구조에서 협동적 소유에 따른 협동조합이 시장 속에 또 따로 존재하며 북한경제를 안정화하는 중요한 기제가 된다는 관점을 가질 필요가 있다. 북한 TV에서는 생산협동조합과 수산협동조합의 조합원들 생활을 소개하는 영상물을 종종 볼 수 있다.

북한경제에 대해 여러 분석가들은 주로 개인소유 증가와 시장화에 초점을 맞추어, 시장을 통해 개인주의적이고 물질주의적인 가치관 형성과 같은 자본주의적 요소가 북한주민의 의식에 확산되고 있다고 보는 경향이 있다. 그러나 그런 의견은 현재 북한주민들의 의식을 완전히 반영하는 것이라고는 보기 어렵다.

3
사회주의경제 제도 밖의 사회적경제:
'돈 있는 사람은 돈으로'

외부세계에서 북한을 바라볼 때 최근에 가장 뜨겁게 주목받고 있는 사람들이 있다. 소위 '돈주'라고 하는 신흥부유층으로 사금융업자라고 할 수 있다. 현재 기준으로는 달러환산으로 대략 최소 10만 달러 이상의 사금융자금을 현금으로 유통할 수 있는 사람들이며 전국에 5천 명 정도가 있다고 한다. 돈주들이 운용하는 사금융 규모는 외화유통자금으로 30억 달러에서 50억 달러이며 내화유통자금까지 포함하면 훨씬 클 것이다. 사회주의경제 제도 밖에 존재해온 '돈주'라는 사금융을 어떻게 이해하는가가 북한경제의 앞날을 전망하는 주요한 바로미터가 되고 있다.

돈주는 귀국재일교포와 화교들에서 시작되었다고 볼 수 있다. 재일교포들 중 일부는 일본으로부터의 송금 또는 상품반입으로 자금을 융통할 수 있었고, 화교는 재일교포로부터 사들인 일제상품을 중국에 되팔아 자금을 축적할 수 있었다. 그러다 북한에서 시장이 활성화

북한경제와 협동하자

되면서 시장장사로 돈을 번 토종 부자가 나타났다. 이들 중에는 권력배경을 가진 사람도 있고 시장 장돌뱅이에서 시작한 사람도 있다. 돈주들은 무역, 서비스업, 장사 등을 통해 자금을 축적하고 무역기관 간부 또는 인허가기관 간부 등 권력층과 관계를 돈독히 하면서 부동산과 운송, 광산업 등에 대한 투자로 사업을 확장하고 대출, 송금, 환전등 금융업을 일으키고 있다고 한다.

아파트 건설에 대한 돈주들의 투자에 대해선 많이 알려져 있는데, 주택건설과 분배의 권한을 가진 국영 또는 협동단체의 기관기업소 명의의 건설허가증이 투자의 대상이다. 예를 들어, 아파트 한 동을 지으면 총세대수의 1/3은 기관기업소에 납부하여 해당기관이 이를 가지고 주택배급대상자들에게 공급할 수 있게 한다. 국영부문이 능력이 부족해 공급하지 못하는 주택을 민간금융이 지원하여 사회주의적 무상공급을 실현하는 형태이다. 그리고 1/3은 선분양 형태로 돈을 낸 입주자에게 돌아가고 나머지 1/3은 투자한 돈주들의 몫이 되어 판매를 통해 이윤을 얻게 된다. 국가도 민간이 보유한 유휴자금을 살림집(아파트) 건설에 투입할 수 있다는 규정을 만들었다.

평양 아파트의 시장가격은 2017년에 100평방미터 한 세대 기준으로 7~10만 달러 정도, 나선경제지대는 3만 달러 정도였다 한다. 예를 들어, 평양에서 세대당 100평방미터로 90세대 아파트를 짓는다고 할 때 건설비는 평균으로 평방미터당 300달러(세대당 약 3만 달러) 정도로 총 270만 달러가 든다. 여기에 선분양으로 30세대의 입주금(세대당 약 5만 달러)으로 150만 달러를 확보하니 돈주가 실제 투입해야 하는 자금은 120만 달러이다. 건설 후 30세대를 나라에 바치고 나서 나머지 30세대를 시장가격으로 판매하면 세대당 7만 달러로 잡아도 210만 달러의 수입이 생긴다. 모두 분양완료한다는 것을 전제로 한 단순계산으로 90만 달러의 이익이 생기니 큰 수입이다. 여러 부대비용 등을 감안해도 돈주는 120만 달러를 투자해서 50만 달러의 수입을 얻게 되는 것이다.

이러한 투자와 시장사업을 통해 자금을 축적한 북한의 돈주를 '시장세력'으로 여기며 사회주의의 자본주의화를 점치는 잣대로 보는 경향이 있다. 일부 탈북자들은 돈주와 관료의 공생적 유착관계에 따른 문제와 빈부격차의 발생 등 사회문제를 주로 이야기하고 있다. 이런 상황인식만으로 북한을 이해하면 북한은 개인주의와 돈이 최고 가치이고 사회공동체성이 사라진 듯이 보인다. 남한의 일부 언론이 보여주려 하는 북한의 모습이 그런 모습이다.

그러나 나는 김정은 시대의 북한경제가 주민의 생활안정과 건설활성화를 보여주고 있는 이유 중 하나로 돈주들의 '사회적경제' 기능을 꼽고 싶다. 무슨 말인가 하면 돈주들이 사회주의경제 제도 밖에서 이윤을 추구하는 개인사금융업자로부터 출발하였지만 또 한편으로는 사회적금융의 역할을 하고 있다는 것이다. 앞서 언급하였던 약 5천 명의 돈주 중에 4천 명 정도가 여성으로 알려져 있다. 어느 사회에서나 여성들의 역할은 사회적경제 기능을 실현하는 중요한 기둥이다. 여기서 돈주들의 사회적금융이란 주민의 생활을 지지하는 소비금융과 생산을 지지하는 생산금융의 역할을 한다는 것이다. 구체적으로는 ① 주택자금 또는 생활자금 대출, ② 보건 위생 환경보호 분야 기부, ③ 취약계층 원호와 교육 분야 기부, ④ 지방기업 생산자금 대출, ⑤

북한경제와 협동하자

사회적경제의 관점으로 새롭게 본 '돈주'

규모	약 5000명(여성이 80%)
역할	사회적 금융(소비금융, 생산금융) 주택자금 또는 생활자금 대출 보건 위생 환경보호 분야 기부 취약계층 원호, 교육 분야 기부 지방기업 생산자금 대출 협동단체 생산자금 대출

협동단체 생산자금 대출 등이 이루어지고 있다고 한다.

돈주들의 사금융 대출은 최근 들어 음성적 사금융이 아니라 양성화되는 형태를 보이는데 지역별로 설립되고 있는 상업은행이 그것이다. 나선, 청진, 원산, 신의주, 순천 등지에 돈주들의 자금을 배경으로 한 상업은행이 설립되어 운영되고 있다고 한다. 이러한 경향은 사회주의경제 밖의 사금융이 사회주의경제 제도 내로 포섭되는 형태로 볼 수 있다. 조선중앙은행의 평양지점이 평양은행으로 되어 상업은행 역할을 하는 등 중앙은행의 지방 지점도 상업은행 역할을 하고 있지만 돈주들이 만든 은행들이 지방의 주요 자금 공급원 역할을 하고 있다. 상업은행을 통해 주택구입을 위한 대출도 이루어지는데, 예를 들어, 어느 도시에서는 주택가격의 40%를 3년 할부로 대출하는 이자율이 5~8%로 상업은행 사이에 이자율 경쟁이 있기도 하다. 생활자금의 대출도 이 수준의 이자율로 이루어지고 있다. 예전의 은행은 예금하면 되찾는 것이 어려웠다고도 하는데, 지금은 상업은행 돈주들의 자금을 배경으로 하고 있기 때문에 지역 내에서 다시 투·융자되고 있다고 한다.

상업은행에 대해서는 아직 정확한 실태조사가 이루어지지 못하고 있다. 외부 관찰자가 북한의 지방에 방문하기 어렵다는 것도 한 이유이지만, 북한당국이 금융 정보를 공개하고 있지 않기 때문이다.

북한의 경제가 국제사회의 제재에도 불구하고 지금까지 대체로 안정되어 있는 이유는 시장기능의 활성화와 동시에 시장화라는 단순논리로 설명할 수 없는 북한의 '사회적경제' 기능이 작동하고 있기 때문이라고 생각한다. 여기서 말하는 '사회적경제' 기능이란 사람중심경제이다. 다시 말해 경제발전의 목적과 결과가 사회구성원 대다수의 생활의 질 향상에 기여하고 공공재의 양과 질을 증진하여, 자산의 많고 적음에 상관없이 일정한 삶의 질을 누릴 수 있고, 그러한 과정에서 주민들의 자발적이며 호혜적인 경제활동이 활발해지는 것을 중시하는 경제 기능이라고 말하고 싶다. 북한의 사회적경제에 대해서는 더 많은 조사가 필요하며, 남북 간의 경제협력도 북한의 자생력과 자구력을 이해하면서 쌍방적인 접근을 추진해야 할 것이다.

북한의 협동조합은 과거에도 있었고 지금도 있다. 돈주들의 사회적금융 기능도 나타나고 있다. 이러한 현상들은 북한경제를 '사회적경제' 관점에서 들여다볼 수 있는 계기를 제공하고 있다. 앞으로 이들에게 현시대 국제사회의 협동조합운동을 소개하고 각국의 협동조합과 협력하도록 하는 것은 남한과 국제사회의 협동조합 단체들이 추진해야 할 중요한 과제라고 생각한다.

3장

남북경제협력의
현황과 과제

북한은 사회주의경제 제도를 세웠으나 1990년대부터 재조정기를 거치면서 많은 어려움을 겪었다. 그러나 경제제재라는 압박이 더해진 가운데서도 식량위기를 극복하고 산업생산 정상화도 이루어내고 있다. 2017년부터 중국이 경제제재에 본격 참여하면서 북한경제에 어려움이 더 가중되지 않을까 하는 염려가 있었지만, 2018년까지 물가가 안정되어 있는 것으로 보아 북한의 자력갱생 능력이 만만치 않음을 알 수 있다. 2019년 이후 북한경제는 경제제재가 유지되어 어려움이 가중되더라도 버티는 힘을 보여줄 것 같다.

북한경제를 들여다보는 키워드 중 하나가 '자력갱생-자강력'이다. 북한은 2019년 4월에 개최한 당중앙위전원회의와 최고인민회의를 통해 자력갱생을 다시 전면에 내세우고 있다. 경제제재에 굴하지 않겠다고 선언한 셈이다. 그렇다고 대외경제관계를 스스로 끊는다는 말이 아니다. 북한은 대외경제관계 확대를 염원하고 있고 경제발전에 집중하는 노선을 선택한 바 있다.

이러한 북한과 경제교류를 한다는 것은 어떠한 의미를 갖는가. 특히 남북한의 경제협력은 북한경제에 어떠한 의미이며 나아가 한반도 민족경제에 어떠한 의미인가에 대해 다시 질문을 던지고 해답을 찾아보고자 한다.

남북 간 경제관계는 1990년 전후에 태동해서 2016년 초 개성공단 폐쇄까지 약 25년이라는 길지 않은 역사를 갖고 있다. 2019년에는 남북경제관계가 다시 회복되기를 바라며 남북경제관계를 온고지신의 힘으로 들여다보고 민족경제의 관점에서 미래를 전망하고자 한다.

1
남북경제협력의 역사:
거시적 분석

남북경제관계가 제도적으로 보장된 것은 1990년 8월에 한국정부가 '남북교류협력에 관한 법률'을 제정하여 민간의 남북교류를 허용하면서부터이다. 당시 노태우 정부는 북방정책과 더불어 북한과의 관계개선에 적극적이어서 남북고위급회담이 개최되었고, 1991년 12월 제5차 남북고위급회담에서 '남북 간 화해와 불가침 및 교류협력에 관한 합의서(남북기본합의서)'를 채택하였다.

그때부터 시작된 남북경제관계는 외국과의 경제관계에서 사용하는 일반적인 '무역' 용어 대신에 '교역'이라는 용어를 사용하였고, 통일부는 상품교역, 위탁가공교역, 인도적 지원, 경제협력사업 등에서 발생하는 남북 간 물자 반출입을 모두 교역에 포함하였다. 이중에서 경제협력사업은 개성공단사업, 금강산관광사업, 경공업협력(1997~98년의 광물-경공업원료 교환), 그리고 기타 지역에서의 투자사업을 뜻한다. 기타 투자사업에는 평양 남포 등지에서 봉제, 자동차조립, 해상운

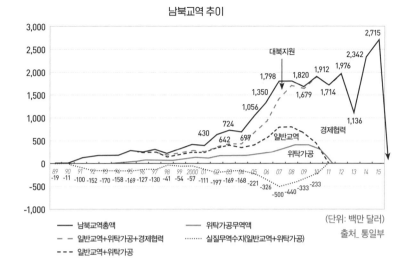

남북교역 추이

(단위: 백만 달러)
출처_통일부

- ― 남북교역총액
- - - 일반교역+위탁가공+경제협력
- - - 일반교역+위탁가공
- ― 위탁가공무역액
- ······ 실질무역수지(일반교역+위탁가공)

송, 수산물가공, 전자, 통신, 소프트웨어 개발, 광고, 관광 분야 50여 개 기업이 합계 7천만 달러 이상을 투자하였다.

노무현 정부 시절 18억 달러 수준에 달했던 남북교역 총액은, 이명박 정부 시절 2010년 대북제재 5·24조치로 위탁가공과 일반교역, 투자사업이 금지되고 개성공단사업만 남았는데 개성공단사업이 발전하여 2015년에 27억 달러에 달했다. 박근혜 정부는 남북 간의 마지막 경제협력사업인 개성공단사업마저 진출기업에 대한 사전양해도 없이 2016년 2월에 일방적으로 폐쇄함으로써 남북경제관계가 중단되었다.

이렇게 1990년 이후 북한의 사회주의경제 재조정시기에 이루어진 남북 간의 경제관계는 인도적 지원을 제외하면 주로 남한기업의 북한 상품(농수산물, 광물, 철강금속 등) 수입과 위탁가공(섬유류, 전기전자, 철강금속 등), 대북투자가 중심이었고 별도로 정부의 철도 및 도로 연결공사가 있었다.

북한상품 수입과 위탁가공은 남북 간에 이루어진 유무상통有無相通으로서 서로 도움이 되는 비즈니스 수익모델이었다. 그리고 북한은 남한의 대북투자로부터 외화획득과 기술습득을 통해 경제회생에 적지 않은 도움을 받았다고 할 수 있다.

금강산관광사업의 예를 살펴보면 2008년 7월에 관광이 중단될 때까지 누계 193만 명이 금강산을 방문했다. 2007년 말까지 한국정부가 이산가족면회소 건설과 관광공사의 온천장과 문화회관 건설 등 시설투자를 한 것을 비롯해, 현대아산을 중심으로 한 민간기업이 부두, 도로, 휴게소, 식당, 호텔 건설에 합계 3,057억 원(약 3억 달러)을 투자하였다. 그리고 관광 기간 10년 동안 포괄적 사업대가 4.5억 달러(2000년 6월 송금, 후에 소위 '대북송금사건'), 관광대금 4.9억 달러, 예술단관람비용과 시설이용료 7천만 달러 등 합계 10억 달러의 현금이 북한에 지급되었다. 이 금액은 북한으로서도 의미 있는 외화획득이었다고 볼 수 있다.

이 돈이 핵개발에 쓰였는지 경제회생자금으로 쓰였는지 사용처를 확인하기는 불가능하다. 다만 한국은행이 추정한 북한의 경제성장률을 보면 90년대 마이너스성장에서 2000년 이후 플러스 성장으로 전환하여 경제회복세로 들어선 것으로 평가되고 있다. 핵무기개발을 통해 경제성장이 이루어진 것이 아니라면 남북경제협력을 통한 외화수입이 북한경제회생 자금으로 쓰였다는 추정이 가능하다. 물론 서독이 동독에게 18년 동안 576억 달러(연간 평균 32억 달러)를 지원했다는 점과 비교하면 창피한 규모이긴 하다.

개성공단 전경

출처_통일부

개성공단에 대해 북한은 70만여 명 고용, 선진기술도입과 같은 꿈을 꾸었다. 실제 입주한 125개 남한 중소기업은 2005년 3월부터 2015년 말까지 북한 노동자 5만 5천여 명을 고용하고 합계 32.3억 달러어치의 제품(주로 섬유류와 전기·전자)을 생산하였다. 공단건설을 위해 2004년부터 부지조성, 전력, 통신, 건물, 생산설비 등에 남한 측 토지공사와 현대그룹 그리고 각 기업이 총 1조 원을 투자하였다. 그리고 50년간 토지사용료 1,600만 달러, 철거보상비 870만 달러, 북측통관사무소건설 400만 달러로 합계 2,870만 달러가 현금으로 지급되었고, 북한 노동자에게 현금으로 지급되는 임금을 합하면 총 6,160억 원이 공단폐쇄시점까지 지급되었다.

그런데 노동자 최저임금은 2006년 월 50달러에서 시작하여 2015년 74달러였고, 2016년 2월 폐쇄시점에서 지급한 통상임금은 사회보험료(임금의 15%)를 포함하여 월 150달러(15만원) 정도였다. 이 임금에서 정부당국이 가져가는 몫은 사회문화시책비 30% 정도였다. 중국

출처_ 청와대

에서 일하는 북한 노동자 임금의 1/3 수준밖에 안 되는 낮은 임금을 지급하면서 이 돈으로 북한이 핵무기를 개발하기 때문에 공단을 폐쇄한다는 어처구니없는 짓을 박근혜 정부가 저질렀다.

개성공단사업은 입주기업들에게는 수익이 나서 '퍼오는 사업'이고 북한 측이 상대적으로 손해 보는 사업이었는데도 말이다. 개성공단 폐쇄 후에도 북측 노동자들은 조를 짜서 공장설비들을 녹슬지 않도록 보존하고 있었다고 한다. 자재를 빼돌려 시장에 팔 거라는 의심이 남한사회에 많았지만 북한은 그러지 않았다. 시장경제 상식으로는 이해할 수 없는 '남북경협의 상징' 개성공단에 대한 국가적·사회적 합의가 있었기 때문이다.

남북 정부 간의 경제협력사업으로는 철도와 도로 연결사업이 있었다. 2002년 9월에 남북 동시의 경의선(문산~개성구간)과 동해선 연결공사(제진~금강산구간) 착공식이 열리고 2003년 6월에 철도연결행사를 거쳐 2005년 12월에 남북 간 철도궤도부설공사가 완료되었다. 2007년 5월 남북 동시 시험운행이 이루어졌고, 12월에 문산과 개성을 오가며 화물을 운반하는 경의선 화물열차가 개통되었다. 이 운행은 2008년 12월 북한이 철도통행을 제한하면서 중단되었다. 남북 간의 철도와 도로 연결공사에 한국정부가 투입한 금액은 합계 6,580억원(6.5억 달러)이었다.

위와 같이 1990년대 이후 남북경제협력의 역사를 살펴보았다. 그 흐름은 남측을 중심으로 보면 다음과 같이 정리할 수 있다.

① 1990년대: 남북경협의 태동시기로 교역을 통한 상호이익 추구가 형성되고 대북투자가 모색됨. 전반기는 핵문제와 연계되고 후반기는 아시아통화위기 등의 영향도 있어 경협에 신중함. 일부 효과 있음.

② 2000년대: 6·15공동선언 이후 노무현 정부시대까지 남북경협이 제도화되고(투자보장 등 4대 경협보장합의서 체결), 정부사업과 민간기업의 교역 및 금강산관광, 개성공단 투자가 진행됨. 효과 있음.

③ 2010년대: 남측의 보수정권이 남북경제관계를 북한 비핵화를 위한 압력제재 수단으로 삼아 경제관계가 중단됨. 효과 없음.

그렇다면 북측을 중심으로 보면 어떨까. 다음과 같지 않을까 생각한다.

① 1990년대: 남북경제교류를 통해 경제회생의 밑자금과 선진기술을 확보함. 효과 미미함.

② 2000년대: 금강산관광으로 경제건설자금 들여오고 개성공단은 남북협력의 상징으로 밑지고 양보하더라도 키워나감. 일부 효과 있음.

③ 2010년대: 중국과의 경제협력으로 전환하고 남측에 대해서는 압력(금강산관광사업 재산몰수)과 대화를 병행함. 일부 효과 있음.

남북한의 경협 성격과 평가

구분	남한	평가	북한	평가
1990년대 (김영삼 정부)	남북경협태동	일부 효과	경제회생 밑자금 선진기술도입	효과 미미
2000년대 (김대중 정부, 노무현 정부)	남북경협제도화 금강산관광 개성공단	효과	경제건설자금 남북경협상징	일부 효과
2010년대 (이명박 정부, 박근혜 정부)	선 비핵화 후 경제협력	효과 없음	북중경협 대남압력/대화	일부 효과

그런데 이와 같은 남북경협 역사에 대한 거시적 분석에는 사회적 경제의 관점이 개입하기 어렵다. 경협주체인 남한의 정부와 기업 모두 시장경제를 배경으로 하고 있으며 북한은 남한에 경제를 개방한 것이 아니었기 때문이다. 북한은 경제회생과 발전에 필요한 자금과 기술을 도입하는 것에 더 큰 관심을 보였다. 남한에서는 남북경협의 문을 연 것도 닫은 것도 사실상 정부였다. 정권의 방침에 따라 기업이 따라야 하는 정경연계가 기본이었다.

김대중 정부가 내세운 정경분리 원칙도 경제를 앞세워서 햇볕정책을 실현하려는 정책의 일환이라는 측면이 있었다. 남북관계의 현실이 경제 분야만 독립적으로 협력할 수 없는 정치 우선의 특성이 있기 때문이다. 그리고 북한은 남북경제협력이 사회에 미치는 영향을 차단하려는 경향을 보였으며 남북경협을 상대하는 북측 기관은 당이나 행정기관 그리고 국영기업이었다. 북한은 남한기업인의 방북을 불허하는 방법으로 남북경협을 통제하는 방법을 사용하였고 남북경협이 이명박 정부에 의해 차단되자 경협대상을 바로 중국으로 전환하였다. 2010년 이후 북중무역이 급증한 것은 이를 반증한다.

2
남북경제협력 초기 사례: 대우 남포합영회사에 대한 미시적 분석

남북경제협력의 물꼬를 튼 것은 대우그룹이었다. 당시 김우중 회장은 1991년 5월에 대한축구협회장 자격으로 평양을 방문한 적이 있었으며, 1992년 1월에 남한 경제인 자격으로서는 처음으로 북한을 공식 방문하였다. 초청자는 당시의 북한 정무원 대외경제위원회 위원장 겸 부총리 김달현이었다. 김우중 회장 일행은 평양시(칼라TV, 피복), 평북 구성(공작기계), 황북 사리원(시멘트, 면방직), 황남 은률(아연광산), 강원 원산(수산물 가공) 등 공장과 광산 그리고 남포항을 시찰하였다.

　김우중 회장은 김일성 주석과 회담하였으며 김달현 부총리와 ① 경공업단지개발, ② 지하자원개발, ③ 제3국 공동진출(건설·제조업) 등 세 분야에서 경제협력을 하기로 합의서를 체결하였다. 김달현 부총리 는 대외경제위원장 겸 조선삼천리회사 이사장 이름으로 서명했다. 이 것이 남북 간에 공식적으로 등장하는 경제협력의 첫 합의였다. 이어 서 북한 김달현 부총리가 7월에 남한을 방문하여 산업시찰을 하는 등 남북 경제관계가 급물살을 타는 듯하였다.

그러나 그 후의 남북관계는 김영삼 정부 시대까지 냉탕과 온탕을 오가는 상황이 되었다. 그 이유는 북한의 '핵개발' 의혹에 대한 미국의 압박이었다. 남한정부는 북한과의 교류협력에 대해 교역확대 → 경공업개발 → 지하자원개발 등 협력사업을 단계적으로 추진한다는 방침(1992년 8월 남북고위급회담 협력교류분과위 남측대책회의)을 정하면서도 북한핵문제와 연계, 정부승인제(민간기업에 대한 통제)를 실시했다.

1992년 10월에 정부의 남북경협사업자승인(대북투자사업자격부여) 제1호를 받은 (주)대우는 남포에 공단을 조성하는 사업을 개시했다. 그러나 1993~94년의 핵위기와 김일성 주석 사망 등의 시기에 남포공단 조성사업이 중단되었다. 1994년 10월의 제네바 핵합의에 따라 미국이 1995년 1월에 대북제재 1단계 완화조치(직접전화개방, 제3국 경유 금융거래, 마그네사이트 수입, 연락사무소 준비업무 등)를 발표하는 분위기에서 다시 남북경제협력사업이 재개되었다. 남북 간 항로도 남포–인천, 나진–부산 간에 개설되었다.

1995년 5월에 대우는 정부로부터 남북경협사업승인 제1호(투자사업에 대한 승인: 남포경공업투자)를 받아 512만 달러를 투자하였다. 연간 3백만 장의 셔츠와 60만 장의 재킷, 30만 개의 가방을 생산하는 설비를 갖추었다. 1996년 4월에 대우는 북한의 조선삼천리총회사와 '민족산업총회사'라는 이름의 합영회사를 설립하고 9월에 조업을 개시하였다. 남북 간 최초의 합영기업이었다.

대우의 남포합영회사는 합영이라 했지만 북한 내에서 원자재 조달을 못하고 남한의 원자재를 들여다 임가공하여 다시 남한으로 가져

오는 100% 위탁가공 형태로 운영되었다. 1997년의 남북 간 위탁가
공 교역실적은 반입액 기준 4,157만 달러였는데, 총 65개 회사가 참
여하였다. 대우, LG상사, 삼성물산 등 대기업 3개 사가 2,838만 달러
로 68%를 차지하였으며, 그중 대우가 1,519만 달러로 전체 위탁가공
반입액의 36.5%을 차지하였다.

1998년에는 2천만 달러 이상을 수출하였는데 일본 미즈노사에 골
프가방, 셔츠, 스키재킷을 OEM(주문자 상표부착 생산)으로 수출한 것
도 포함되었다. 대우의 추가계획은 TV와 냉장고 등 가전공장도 남포
공단 내에 건설하는 것이었다. 그러나 1999년에 아시아통화위기의 영
향으로 자금유동성이 악화된 대우그룹이 해체되는 상황을 맞으면서
남포의 합영회사는 2000년에 합영사업이 중단되고 북한의 국영기업
으로 전환되었다고 한다.

합영회사인 민족산업총회사의 출자비율은 남북이 5:5였고 운영은
6인의 이사회(남북한이 각각 3인씩)에서 결정하지만 실질적인 경영권과
인사권은 북한 측이 행사하였다. 인사권을 공장당위원회 당비서(지금
의 당위원장) 권한으로 두는 것이 북한의 '대안의 사업체계'이다. 당위
원회는 합영기업의 생산계획에 독립성을 주지 않고 국가계획경제에
맞물리도록 통제하고 지도하는 역할을 하였다. 노동자도 북측이 직접
채용하고 기술 교육을 받은 직원들을 다른 공장으로 재배치하는 등
사실상의 국영기업처럼 운영되었고, 합영기업 운영에서 남측의 입장
은 별로 반영되지 않았다.

대우의 경영임원은 방북기간 중에 평양의 초대소에 숙박하면서 매
일 남포로 출근하는 어려움이 있었고, 대우가 공급한 새 타이어에

북한경제와 협동하자

'8·3 소비품생산반'이 만든 제품들

출처_ 조선중앙TV(캡처)

'한국' 명칭이 영어로 박혀있다고 줄과 사포로 밀어내는 촌극도 벌어졌다. 북한 측 생산직 노동자가 1,200여 명이었고 비생산직(관리, 후생, 운전, 경비 등) 부문이 100여 명이었는데, 생산직 노동자 평균임금이 120달러 정도로 이후에 개성공단 노동자들의 임금보다도 높게 책정되었다.

적정 생산노동자 수는 1,000명 정도였으나 각종 작업 외 차출에 대비하여 적정인원 대비 120% 정도의 인원을 채용하였다. 200명 정도의 예비인원은 평소 보수 등의 일을 하며 휴가 등 부족인원 발생 시 투입되는 형태였다. 1990년대 후반 북한경제가 식량위기, 에너지위기 등으로 곤경에 빠지게 되자 남포합영회사는 식당을 운영하여 점심을 제공했지만 노동자들의 전반적인 영양부족으로 오후 3~4시경에는 생산성이 급격히 떨어졌다고 한다.

임금지급, 자재구입 등 경영 및 상거래에는 외화사용이 원칙이었으나 전기료, 수도료 등은 내화지불이 원칙이었기 때문에 내화조달이 필요하였다. 그 조달원천은 불량품 또는 자투리 천을 처분하는 것이었다. 여기서 등장하는 것이 '8월 3일 인민소비품생산'이다. 1984년 당시 김정일 비서가 평양시 경공업제품전시장을 현지지도하면서 제시한 소비품생산운동으로, 남는 자재와 폐기물을 이용해 국가계획과는 무관하게 일용품을 생산해서 판매할 수 있도록 한 자율생산판매 허용조치이다.

기관, 기업소, 협동농장이 소비품생산조직을 내부에 따로 구성하거나 협동조합이 생산하는 방식, 그리고 가내작업반, 부업반을 모집해 생산하는 방식, 노인이나 주부 또는 무직자가 동사무소에 등록하고 집에서 자체로 소비품을 생산하는 방식 등 다양하다. 이렇게 생산한 소비품은 '8월 3일 인민소비품직매점'에서 수매하여 판매하거나 시장에 나오게 된다. 각종 섬유제품, 식료품, 초물(왕골제품), 나무제품, 철제품, 학용품 등 소비품이 국가계획 밖에서 유통되는 것이다. 대우의 남포합영회사도 자투리 천 등을 북측 노동자들로 구성된 '8·3 소비품생산반'이 생활용품으로 만들어 판매하여 내화를 조달하였다.

대우의 경험으로부터 다음과 같은 점을 확인할 수 있다.

① 북한 국영기업과 대우의 합영사업이 북한 내 판매가 아닌 위탁가공 형태였지만 계획 외 경영으로서 자투리 천을 활용한 소비품 생산을 통해 내수에 진입하는 것이 가능했다.

② 북한의 '8월 3일 인민소비품생산'은 국영경리의 보완책으로 등장한 것이지만, 그 틀 안에서도 협동조합이 생산·판매하는 것이 가능한 구조였다. 역으로 말하면 협동조합의 전통이 있었기

에 '8·3 소비품생산반'도 가능했다고 볼 수 있다.

③ 남포합영회사의 '8·3 소비품생산반'은 표면적으로는 불량품과 자투리 자재를 재료로 사용하도록 규정하고 있다. 하지만 실제로는 노동자들이 불량품이나 자투리 천을 더 만들어내는 방법으로 회사제품 생산과는 다르지만 불법이 아닌 계획 외 생활소비품을 생산하는 사실상 전문화된 단위가 되었다.

④ 국가의 공급이 급감한 상황에서 식량 등 소비품을 스스로 조달하기 위한 장마당활동이 확대되고 이를 위한 현금수요가 커졌다. 여기에 하나의 예로서 '8·3 소비품생산반' 명목으로 국가계획생산에서 벗어난 사람들이 기업 안에서든 밖에서든 단위로 모여 공동생산하고 판매하는 행위는 협동소유 방식의 협동조합 운영이 아니더라도 협동조합적 활동에 가깝다.

⑤ 남포합영회사는 임금이 외화로 지급되는 안정된 직장이었기 때문에 사회적경제를 자체에 담을 필요가 없었다. 그럼에도 '8·3 소비품생산반'은 단순히 내화조달 목적을 넘어 합법적 공간에서 계획 외 생산을 공동으로 진행하고 더 많은 판매이익을 함께 추구하였다. 이러한 의식은 배타적 개인주의가 아닌 사회적 공동체의식이 배경에 있기 때문이라고 볼 수 있다. 만일 사적으로 행동해서 불법적 시장판매이익을 추구하려고 마음먹으면 그럴 수도 있었겠지만 그리하지 않았다는 점에 주목할 필요가 있다.

이상과 같은 분석을 해보면 북한이 90년대 이후 경제위기를 대처하는 데서 인민들이 삶의 현장에서 개체화되지 않고 공동체적 해결 방식을 찾아간 것을 볼 수 있다. 어떤 형태로든 협동적 상품과 서비스 생산을 현실적으로 함께 해나갈 수 있는 사회라는 측면에서 북한 사회는 어쩌면 남한사회보다 구성원 간 협력에 따른 자구력과 내구력이 더 강할 수 있다.

돌이켜보면 당시 대우의 경협사업이 노동자들에게 자투리 천을 더 만들도록 계획보다 더 많은 자재를 공급하는 소위 '사회적경제 지원 사업'을 추진했어야 하지 않았을까 하는 농담 아닌 농담을 해본다. 기업의 경제논리가 부딪치는 부분이지만 재료비가 20% 상승한다 해도 이익을 남길 수 있는 방법은 얼마든지 있었을 것이다.

3
남북경협의 역사에서 얻는
교훈과 방향

지난 25년간의 남북경제교류협력 역사에서 남과 북은 상품교역, 위탁가공, 경제협력 등 분야에서 많은 경험을 쌓아왔다. 상호불신이 서로의 발목을 잡기도 하던 시절이었고 실패와 철수의 경험이 경협참여자들의 마음에 남아 있기도 하다. 그러나 남북한은 이제 다시 손을 잡고 평화를 일구려 하고 있다. 그 평화를 이루는 중요한 수단 중의 하나가 군사긴장완화(비핵화)이며 다른 하나가 경제교류협력이다. 남한에서 한때 유행했던 북한의 체제붕괴를 전제로 한 '통일대박' 같은 일은 사실상 불가능하다는 것이 교훈이다. 평화를 일구려는 목적은 민족의 전쟁 없는 생존과 국제사회와 함께 사는 번영이며, 그래야 통일도 의미 있기 때문이다.

한반도 평화를 위해서는 남북당국 간에 정치적 화해와 교류를 위한 더 많은 노력이 필요하다. 서로에게 남은 앙금을 털어내기 위한 행동에 나서야 한다. 남측은 북측과의 경제교류협력에 대해 더 적극적

2000년 '6.15 남북공동선언'에 의해 시작된 개성공업지구의 개발총계획도.
3단계 개발 계획을 수립하였으나 1단계 분양까지만 진행되었다.

출처_ 한국학중앙연구원

이어야 한다. 그리고 북측은 현재의 경제를 발전시키는 데 있어 국제
사회와 협력 속에 남북협력을 통한 상호 경제발전이 중요하다는 점을
명확히 인식하여야 한다.

남북경제협력의 목적을 정리해보자면, 남북한의 산업 간 상호 보완
성을 확대하고 균형적인 경제발전을 이루며 주민의 생활수준을 공동
으로 높이고, 남북이 협력하여 산업의 국제경쟁력을 확보하기 위한 것
이다. 이로부터 남북경협의 방향성을 추출할 수 있는데, ① 보완 ② 균
형 ③ 협동 ④ 경쟁력 등 네 가지이다.

1. 보완

유무상통有無相通으로 남북 상호 간에 보완성을 확대해가는 것이다. 남북교역에서 상품교역을 통해 북측의 농수산물과 광물(석탄, 아연 등)이 남측으로 들어오고, 남측의 경공업 원자재가 북측으로 들어간 바 있다. 특히 북한의 수산물 반입은 남북경제 모두에 혜택을 안겨주었다. 남한에게는 중국, 러시아, 베트남 등에서 들여오는 수산물의 수입대체효과를 가져왔고 북한에게는 중요한 외화가득원이 되었다. 5·24조치 전해인 2009년에 최대 1억 5,500만 달러어치 수산물(오징어, 조개류, 새우, 게, 명태 등)이 북한에서 남한으로 반입되었는데 이는 개성공단의 북한 노동자 연간임금 총액 9천만 달러를 훨씬 넘는 수준이었다. 수산업 부문은 남북 간에 유무상통의 보완이 가능한 주요 부문이다.

또한 북한의 지하자원과 남한의 경공업 원자재를 교환하는 구상무역이 합의되어 진행된 바 있다. 즉, 노무현 정부 때인 2006년 6월 남북 간에 '남북 경공업 및 지하자원 개발 협력에 관한 합의서'가 채택되어 남측이 북측에 섬유, 신발, 비누 등의 생산에 필요한 원자재(8천만 달러)를 제공하고, 북측은 아연, 마그네사이트, 흑연, 석탄 등 지하자원개발에 대한 투자를 남측에 보장하고 생산물을 제공하기로 합의하였다. 이에 따라 남한의 경공업 원자재가 북한에 공급되었다.

2007~08년 초 사이에 남한의 경공업 분야 기술전문가들이 남한 원자재를 공급받은 북한의 공장(평양방직공장, 평양화장품공장, 류원신발공장 등)을 방문하였고, 남북 경공업 전문가 해외공동시찰(08년 1~2월, 중국, 베트남)이 실시되기도 하였다. 그리고 지하자원 개발과 관련하여

남북은 북한 단천지역의 검덕 연·아연광산, 대흥 및 룡양 마그네사이트광산 등 3개 광산에 대해 2007년에 3차례 현지 공동조사를 실시하였다.

한편 북한은 2007년도 상환분(8천만 달러의 3%, 240만 달러)을 2008년 초까지 아연괴 1,005t으로 상환하였다. 남북 산업 간 보완효과가 큰 지하자원-경공업 구상무역은 이명박 정부 등장 이후 금강산 총격사건 등으로 남북관계가 냉각되면서 북한이 진행을 거부함으로써 좌초되었다.

북한은 광물자원이 풍부하다. 매장량으로 세계 10위권 안에 드는 철, 마그네사이트, 텅스텐, 흑연, 금, 구리, 몰리브덴, 형석 등의 자원을 보유한 반면 소비재 경공업 원자재의 국내 생산이 부족하다. 한편 남한은 2017년 한 해에만 300억 달러(일반광 150억 달러, 석탄 150억 달러)의 광물자원을 수입했다. 금속자원의 국내 자급률이 1% 이하이다.

향후 남북경제협력에서 이 '보완' 부분은 계속 중요한 방향이 될 것으로 보인다. 현재 유엔 안보리 제재는 북한으로부터 지정농산물(야채, 과일, 너츠, 공업용식물)과 수산물, 의류, 목재, 지정광물과 토석류(석탄, 철, 철광석, 금, 티타늄광, 바나듐광, 희토류, 동, 니켈, 은, 아연, 납, 납광석, 마그네사이트 등)의 수입을 금지하며 어장 입어료 지불조차 금지하고 있다. 북한의 외화 획득을 원천적으로 차단하겠다는 의도인데, 북한이 완전한 비핵화를 추진한다면 이 제재조치는 해제되어야 한다.

2. 균형

남북 간의 균형적인 경제발전을 위해서는 북한지역의 생산력을 올

2007년 10·4선언에서 합의된 경협 사업

출처_ 국토연구원

리고 남한지역의 산업과 균형을 이루는 협력이 필요하다. 북한지역의 산업이 남한과의 협력을 통해 생산력을 올리기 위해서는 사회간접자본시설의 확충이 최우선적으로 추진되어야 할 것이다. 이를 위해 도로·철도·항만·공항·통신·전력·물류기지 등에 대한 정비사업과 공업단지개발, 관광지역개발 등의 국토개발사업이 남북 간의 협력사업으로 추진되어야 한다. 2007년 10·4 선언에서 합의한 남북 간 경제협력사업은 대부분 남북의 균형적 발전에 목표를 두고 있다. 개성-신의주 철도 개보수, 개성-평양 고속도로 개보수, 서해평화협력특별지대 공동개발, 조선협력단지건설, 개성공단 2단계 개발, 관광사업 등이다.

남북의 균형적 경제발전을 위해서는 남북 상호 간에 다음과 같은 5개 분야에서 경제협력이 우선적으로 추진되어야 한다고 생각한다.

① 원료, 연료, 자재의 상호 안정적 공급
② 농업 부문 생산안정 및 증대
③ 사회간접자본의 확충과 연계(육로확충, 전력공급, 해상항로 연결)
④ 선진기술 및 산업표준체계 공유
⑤ 한반도의 산업배치 균형을 고려한 국토개발

특히 남북한의 기존 교통망을 연결하는 수송망 통합작업에서 도로, 철도와 함께 해운직항로 연결이 다시 이루어져야 한다. 과거 남포-인천, 나진-부산 항로가 개설되어 있었으나, 앞으로 동해안에서는 부산, 포항, 동해에서부터 원산, 청진, 나진이 연계되고 서해안에서는 인천, 목포, 광양에서부터 남포, 해주 연계가 추진되어야 한다고 생각한다.

그리고 한반도의 경제연계를 고려하여 서해안 축과 동해안 축을 중심으로 지역 특성에 맞는 산업배치가 이루어지는 것이 바람직하다.

3. 협동

남북 주민의 생활수준을 공동으로 향상시키기 위한 남북경제협력이다. 이 부분은 사회적경제의 관점에서 접근해야 할 것으로 생각된다. 북한에서는 협동적 소유를 기초로 하는 협동단체와 협동농장이 실제로 존재한다. 이에 따라 이들 조직이 주민의 생활수준을 자립적으로 향상시킬 수 있기 위해 남북이 협력하는 방안을 찾을 필요가 있다.

남한은 노무현 정부 시대인 2005년부터 약 3년간 북한의 농업 생산성 향상과 농업의 자생력 회복을 위해 북한의 협동농장과 농업개발협력 방식의 '남북공동영농사업'을 추진한 바 있다. 당시 (사)통일농수산사업단이 2005년부터 2008년 9월까지 합계 82여억 원의 남북협력기금 지원을 받아 북한의 협동농장에 대한 지원사업을 하였다.

대상 협동농장은 금강산지역 삼일포, 금천리 협동농장, 개성지역 송도리 협동농장 등이었다. 이들 협동농장에 공동영농단지를 조성하고 벼와 밭작물의 생산성 증대사업, 농기계 수리센터 신축 등 영농기반 강화사업, 기술개선, 인력양성 및 지역소득원 개발사업 등을 수행하였다. 이를 위해 농기계 공급, 비닐하우스 설치, 우량종자, 비료, 농약 등 농자재 공급 및 기술 지원, 상업적 양돈기반 조성, 노지 및 시설채소 기반조성 등을 지원하였다(통일부,《2009 통일백서》).

그러나 앞으로는 정부 차원의 지원사업보다는 남한의 협동조합, 사회적기업과 지방자치단체가 북한의 협동단체, 협동농장과 공동으로 농수산물 또는 소비품의 생산 및 공급에서 협력하는 방안을 모색할 필요가 있다. 공동생산 공동소비의 협동적 틀을 남북 간에 공유하는 사례로는 친환경 양돈과 양계 및 콩사료 재배, Non-GMO 콩식품 (두유, 두부, 콩단백, 된장, 간장, 청국장 등) 계약 공급을 남북 간에 직거래로 진행하고 북한 내에서도 공급하는 물류망 공동운영을 제시하고 싶다.

북한 생산협동조합이 생산하는 다양한 물품을 남한의 협동조합이 운영하는 로컬푸드 직매장이나 생협매장에서 판매할 수 있도록 하고, 그 역방향으로 남측 생산품을 북측의 협동단체 직매점에서 판매할 수 있도록 생산 및 유통에서 협동하는 방안이 강구되기를 바란다. 이리하여 남북의 주민들 스스로도 민주적 협동방식을 통해 교류하고 생활 및 소득 향상을 위해 협력하는 모델이 만들어지기를 기대한다. 이를 위해 북한에서 협동단체의 중앙위원회 조직이 다시 기능하고 대외협력사업을 할 수 있도록 움직여주기를 희망한다.

다만, 이러한 희망이 실제로 좋은 결실을 맺기 위해서는 남한의 사회적경제기업 즉, 협동조합이나 사회적기업들이 충분한 사업역량과 신의성실의 비즈니스 윤리를 실천하고 있어야 한다.

4. 경쟁력

남북이 협력하여 산업의 국제경쟁력을 확보하는 것이다. 2000년대까지 북한의 산업시설은 상당히 노후화되어 있었다. 생산 및 경영기술도 낙후되어 있었고 생산력이 낮아 노동력은 사실상 과잉상태였다.

북한경제와 협동하자

그러나 2010년대 들어 특히 김정은 시대의 북한은 중국과 무역을 통해 현대적 산업설비를 들여오고, IT와 과학기술 발전을 통해 생산기술도 현대화하여 새로운 시대를 시작하고 있는 중이다.

북한경제가 자강력을 가지면서 발전하려면 우선 국제시장 경제시스템에 적응하는 경쟁력을 강화해야 한다. 그리고 북한이 가진 최대 생산요소는 자립의 원천인 기술노동과 자원이므로 이를 감안한 산업경쟁력 강화가 이루어져야 한다. 또한 북한의 산업경쟁력 강화는 남한의 산업발전과 함께 이루어지는 것이 바람직하므로 남북이 함께 국제경쟁력을 강화하는 방향이 되어야 할 것이다.

현재 남한의 산업구조는 수출형 중화학, 전자, IT산업 위주로 이루어져 있다. 이러한 발전전략은 그 특성상 세계시장에서 수요감소와 공급과잉이 발생하는 경우 국내 산업이 큰 타격을 입게 된다. 산업구조적인 문제로 인해 남한경제는 위기에 취약하다. 따라서 남한경제는 우선 현재의 산업구조 내에서 고부가가치를 확대하고 국제경쟁력을 강화해야 하며, 장기적으로는 신성장산업을 중심으로 한 구조재편으로 나가야 한다. 또한 그 방식은 적정한 '현금흐름cash flow'과 '고용'을 확보하는 방식이어야 한다. 이러한 측면에서 남한에게는 남북경협이 반드시 필요하며 크게 두 가지 방향을 고려할 수 있다.

첫째는 범용 산업 부문에서 남북이 협력하는 것이다. 남북 간의 경제협력을 통해 이 부문이 품질과 가격에서 경쟁력을 가진 산업으로 보존되고 현금창출원cash cow의 역할을 수행하도록 하는 것이다. 그 구체적인 방안으로 섬유, 의류, 신발, 조립금속, 조선, 전기전자, 기계장비 등의 범용 부문에서 가공조립과 부품 생산공정의 일부를 북한의 개성, 남포, 신의주, 원산, 청진 등으로 이전하고, 남한은 상대적으로 핵심부품 생산 및 디자인 부문에서 기술 및 고용을 전문화함으로써 가격 및 품질 경쟁력을 확보하는 방안을 생각해볼 수 있다. 소위 남북한 간에 수평적 분업 체계를 형성하는 것이다.

둘째는 전략적 산업 부문에서 남북이 협력하는 것이다. 전략적 산업이라 하면 첨단 산업을 떠올릴 수 있지만 나라와 민족의 미래 경제를 지키는 산업이 전략적 산업이다. 남북이 함께 전략성을 갖는 산업 부문은 에너지 및 소재 분야 산업이다. 북한은 자력갱생의 자립경제라는 원칙하에 국내자원인 석탄을 활용한 전력 생산과 석탄화학공업을 중심으로 하고 있다. 남한은 부존자원이 없는 한계로 국제무역에 의존하여 석유를 활용한 석유화학공업을 중심으로 하고 있다.

그런데 북한은 전력이 많이 드는 카바이드 생산(무연탄+석회석)을 기초로 한 석탄화학공업(아세틸렌, 초산, 염화비닐 생산)에서 지금은 카바이드 생산공정을 폐지하였다 한다. 그 대신 석탄가스화를 통해 나오는 탄소하나C_1와 수소를 합성시켜 메탄올$CO + 2H_2 = CH_3OH$을 얻은 후 에틸렌C_2H_4과 프로필렌C_3H_6 등 유기화합물을 만들어냈다. 이를 원료로 휘발유 등 합성석유, 비날론 합성섬유, 합성수지, 합성고무, 농약, 의약품, 물감 등을 생산한다. 또한 석탄가스에 포함된 수소와 질소를 반응시켜 암모니아를 얻어 여기서 질소비료를 생산하는 데도 성공했다.

함경남도 흥남의 흥남비료연합기업소와 평안남도 안주의 남흥청년화학연합기업소 등이 중심이 되어 진행하고 있는데 에너지소비를 70% 절약하면서 석유화학을 대체하는 주체형 탄소하나공업이라 한다. 이제 열량 높은 무연탄은 제철용이나 발전용 등으로 사용하고 석

북한경제와 협동하자

탄소하나C₁화학은 탄소 수가 한 개인 화합물을 출발 원료로 하여
여러 유기화합물을 합성하는 것을 말한다. 탄소하나공업을 통해 석유에서
얻을 수 있는 대부분의 액체 연료 및 화학제품을 얻을 수 있다고 한다.

출처_ 조선중앙TV(캡처)

탄가스화에는 열량이 낮으나 가스화가 쉬운 갈탄을 사용하는데 갈탄은 평안도 안주탄광, 함경도 아오지탄광 등 북한 전역의 매장량이 무연탄보다 풍부하다. 갈탄에서 인조석유를 뽑아내는 기술은 1930년대로 거슬러 올라가는데, 해방 전 일본이 1941년에 조업한 '조선인조석유 아오지공장'이 갈탄에서 수소첨가법으로 생산하는 액화석유생산능력은 연간 5만t이었다(기무라 히테히코, 아베 케이지 등 공저 《북조선의 군사공업화》, 62쪽).

하지만 현재의 탄소하나공업은 기존 석유화학산업을 대체하는 분야라는 점에서 새롭다. 현재 세계적으로는 일본이 수소사회혁명이라는 이름으로 탄소하나-수소공업을 발전시키고 있다. 2020년대에 실용화를 목표로 석탄 또는 천연가스에서 수소를 뽑아 연료전지 및 유기화학제품을 만들어내는 기술 확보에 힘을 기울이고 있으며 도시바와 가와사키중공업이 선도적인 역할을 하고 있다.

석유에 의존하는 시대는 이제 한 50년 정도라고 하지만 석탄은 앞으로도 수백 년은 쓸 수 있다. 문제는 화석연료가 지구온난화를 일으키는 것을 막는 이산화탄소 흡수기술이 뒷받침되어야 한다는 점이다. 석탄가스화 과정에서 발생하는 이산화탄소, 유황 등 기타 물질들에 대한 청정처리기술인데 이 분야에서 남북의 기술협력이 가능할 것이다. 남한은 북한의 갈탄에서 얻는 유기화학물로 석유화학제품을 대체하는 것의 전략성을 인식해야 한다. 중요 소재 원천의 해외의존도를 낮추는 것은 국가 경제안전보장의 중요한 과제이다. 이러한 측면에서 북한의 갈탄을 다시 보게 된다.

4
남북경협의 주체:
정부, 기업, 사회가 함께하는 삼각협력

이상으로 남북경협의 방향에 대해 살펴보았다. 남북경협을 다시 추진하는 데 고려해야 할 문제는 정부와 기업 그리고 사회가 함께 주체로서 삼각협력을 추진해야 한다는 점이다.

먼저 정부의 역할은 (가칭)민족경제협력기금을 구성하고 ODA(정부개발원조)방식을 원용한 남북경협지원체계를 만드는 일이다. 이 기금은 한반도의 균형적 경제발전을 위한 사회간접자본의 확충과 연계를 위해 우선 투입되어야 한다. 남한정부의 ODA제공을 받아 북한당국이 실시 주체가 되고, 건설은 남북한이 공동으로 추진하는 방안이 더 바람직하다. 이렇게 함으로써 남한정부가 사회간접자본 투자의 공공성을 확보하게 되며 북한당국도 남북 간 경제협력의 주체가 되는 것이다. 남한민간기업은 ODA자금의 수혜자로서 참여하고 북한당국은 ODA의 유상차관분을 장기저리(10년 거치 30년 상환, 무상화율 70% 수준)로 상환할 수 있다. 이러한 과정이 남북 간의 사회간접자본 투자에 대한 경제협력의 투명성을 높이고 서로에게 실리를 가져다주는 방안일 수 있다.

현재 한국수출입은행이 운용하고 있는 남북협력기금은 조성액 1조 원 규모(약 10억 달러)이다. 1991년 이후 합계 12조 원이 조성되어 비료와 쌀 지원 등 정부차원의 인도적 대북지원과 경수로 건설, 민간경협지원, 이산가족상봉지원 등에 사용되고 남은 운용가능액이 1조 원이다. 이 규모로는 정부차원의 남북경협을 수행하기에 부족하므로 남북협력기금을 가칭 '민족경제협력기금'으로 발전시켜 향후 사용 가능 총액 30조 원(300억 달러)의 조성금을 확보할 필요가 있다. 이는 남한의 2017년 GDP 1조 5천억 달러의 2% 정도 규모이다.

둘째로 기업의 역할은 남북한의 교역과 투자를 통해 유무상통 보완과 산업의 경쟁력 향상을 이루는 것이다. 방향성에 대한 언급은 앞에서도 했지만, 남한기업이 북한에 투자하고 진출하는 것을 상정하는 경우에는 전략적 목표설정이 중요하다. 상정할 수 있는 목표로는 생산기지 확대 또는 이전, 시장 확대 전략, 사회적 공헌 전략 등을 들 수 있다. 남한기업은 남북 간 경제협력의 발전과정에 대하여 단계별로 적절히 대응하는 전략을 세워야 할 것이다. 즉 북한지역에서 성장이 예상되는 산업 분야를 중심으로 초기 단계부터 장기적인 투자전략을 마련해야 한다.

① 남북경제협력 재개와 함께 수요가 발생하고 장기적으로도 수요 증가가 예상되는 분야
: 농수산업, 음식료품(교역)

북한경제와 협동하자

② 북한지역의 내수산업으로 수요증가가 예상되는 분야

　　: 경공업 분야, 가전 등 조립산업, 광업, 상업유통

　　　시멘트, 비철금속, 석재 등 건자재, 관광, 물류, 숙박 분야

③ 남북한 산업 간 보완성을 지니면서 강력한 국제경쟁력을 가질 수 있는 분야

　　: 자동차, 조선, 철강, 전자산업, IT, 화학, 소재 분야

④ 남한지역 수요증가를 기반으로 북한지역에 수요확대가 예상되는 분야

　　: 금융, 부동산 분야

셋째로, 사회의 역할은 기업중심 시장경제의 활성화 이면에 있는 격차문제와 환경문제 등에 대해 사회적 관점을 가지고 한반도의 지속가능한 발전을 이루기 위한 협동적 접근이다. 이를 위해 남북한에 있는 주민자치의 발전을 추구하는 사회적경제기업과 시민사회단체들의 역할이 중요하다. 그리고 북한에서 협동적 소유의 전통을 살려내어 남북 간 협동을 통해 민주적 자치의 확대를 경험하는 일은 한반도가 선진사회로 가는 중요한 여정이 될 것이다.

공정한 사회를 만들기 위해 기업의 시장가격과 함께 협동생산에 의한 협의가격이 중요한 역할을 하도록 만들며, 이를 위한 사회적금융을 제공하고 환경친화적인 물품을 남북이 공유하는 시스템을 만드는 일은, 한반도에서 살아갈 후대들의 안전한 삶을 위해 바람직한 행동이 될 것이다.

5

북한경제의 발전을 위한
남북경협과 국제협력

북한경제는 지금 새로운 전환기에 있다. 북미관계가 대화를 통해 평화공존 방향으로 나아가고 한반도에 항구적인 평화체제가 등장하게 되면 남북경협과 국제협력이 되돌릴 수 없는 방향으로 나갈 것이다. 북한은 이 기회를 경제혁신의 기폭제로 삼을 수 있다. 그런데 그 방식은 원조 의존 방식이 아니라 자강력을 키우면서 국제협력으로 호혜적인 발전을 추구하는 방식일 것이다.

북한이 지금까지 추구해온 경제정책은 정부 주도의 국내 부존자원賦存資源과 사람에 의존하는 '사회주의경제와 자립적 민족경제건설'을 중심으로 '유무상통의 국제경제 교류협력'을 결합하는 방식이었다. 앞으로 어떤 방향으로 남북경협과 국제협력이 이루어져야 할지 알아본다.

북한 경제개발전략의 특성

1. 정부 주도형 경제개발

일반적으로 사회주의국가와 하는 국제협력을 대상국의 경제에서 정부 역할을 축소하고 시장의 역할을 확대하기 위한 기업 육성과 무역 및 투자 활성화로 보는 경향이 있다. 이는 기업자본주의식(미국식) 시장경제로 이행하는 체제 전환을 목적으로 하는 입장이다. 북한은 이를 받아들이지 않았다.

북한은 경제 계획의 분권화, 가격 기능의 정상화, 임금 보전에 의한 구매력 유지, 수익 중심의 경영 평가, 독립채산제의 강화로 경영상 자립성 확대, 농업관리제도 개선, 소비품 시장 등 서비스 산업 확대 같은 개선 정책을 추진했다. 즉, 북한은 시장경제로 근본적인 전환을 하는 개혁정책을 부정하고, 시장 기능을 계획의 보완 형태로 활용하면서 명령형 계획경제를 지도형 계획경제로 변화시켰다고 할 수 있다.

1980년대 중국의 개혁·개방 정책과 비교해보면 알 수 있는 바와 같이, 북한의 경제관리 개선조치는 중국의 1980년대 개혁조치와 경제의 분권화, 가격 기능의 정상화 등의 면에서 유사하지만, 협동농장과 기업경영 시스템에서는 중국과는 다른 '우리식'의 집단주의적 관리 체계를 유지하고 있다. 집단주의적 경제발전정책을 주도하는 것은 정부이다. 비록 세부적인 정책 형성 과정에서 시행착오적인 정책을 펴는 것도 있으나, 정부가 주도하는 경제발전계획은 국가의 경제자원을 집중적으로 운용하여 조기 도약하는 데 기초가 되어왔다.

2. 국내부존자원과 사람 중심의 자강력 육성

북한은 전통적으로 경제자립노선을 취하고 있다. 자체의 힘을 바탕으로 한 생산 정상화와 현대화를 추진하는 것이 기본 방향이고 우호적 나라와 '국제협력'을 통해 산업설비와 기술을 도입하는 경제적 '실리'를 추구해왔다. 식민지경제의 유산이기는 하지만 수력발전, 석탄, 철강, 비철금속, 화학공업, 철도운수가 개발된 바탕이 있다. 북한은 건국 이후 국제분업보다는 내수보호를 중시하는 수입대체형 공업화 노선을 추진하였다. 천리마운동 같은 집단주의 방식의 노동력 집중투입을 통해 초기 고도성장을 이룰 수 있었다. 하지만 한편으로 국제시장과 연계된 상품시장이 미발달하여 경쟁시장에서 이루어지는 밑으로부터의 기술혁신이 이루어지지 못하고, 기존기술에 의존하는 낙후현상이 1990년대까지 발생한 문제점은 지적되어야 한다.

사회주의정부가 계획으로 주도하는 경제 부문, 특히 소비품의 기술혁신은 사실 세계의 기술혁명 수준을 뒤쳐져 따라가거나 일부 부문에서 따라잡는 정도에 불과했다. 그럼에도 불구하고 북한이 보유한 국내자원과 기술인력 자원은 자강력의 기반이다. 앞으로 북한의 국제협력은 지금까지 부족했던 기술혁신을 추동하는 힘이 되어야 한다.

국제협력을 고려한 북한의 경제개발

1. 북한정부는 유연한 중공업 우선주의를 실시하자

북한은 정부 주도로 공업화를 달성하였으나 산업구조는 주로 광

북한경제와 협동하자

업, 철강, 석탄화학, 기계공업 분야가 중심이 된 중화학공업 중심으로 변하였다. 그런데 증가된 중화학공업 부문이 주민들의 소비품 수요를 충족시키지 못한 채, 더욱이 1965년 이후 '국방·경제병진정책'으로 국내소비가 더욱 위축되는 형국이 되었다.

원래 김일성 주석(당시 수상)이 1953년에 주창한 '중공업 우선주의'란 경공업과 농업을 동시에 발전시키기 위해 산업기계, 농업기계 등 기계공업 부문과 비료 등 화학산업을 우선 발전시킨다는 것이었다. 하지만 국방의 수요가 커지면서 중공업이 소비재 수요와 괴리되는 문제가 발생하였던 것이다. 더욱이 1990년대 후반 이후의 선군정치에서는 국방공업 우선으로 자원을 배분하고 군대가 경제건설을 이끌게 되었다.

이제 병진정책에서 경제집중정책으로 전환됨에 따라 중공업이 경공업 및 농업, 건설, 서비스 산업과 연결되는 방향으로 개선되어야 한다. 이러한 분야로 가장 적합한 부문이 전기·전자, 유기화학, 산업기계, 수송기계, 시멘트, 발전설비 등의 분야이다. 이 분야의 생산기술 수준을 끌어올리려면 자강력을 기반으로 한 국제협력이 절실하다. 그리고 식품, 섬유 등의 소비재산업을 육성하여 국내소비 및 수출을 향상시키는 것이 중요하다.

2. 사람 중심의 자주성을 밑천으로 민주적 생산소비자운동과 국제협력을 열자

북한은 1950년대 이후 사회주의경제로 전환하는 과정에서 국영경리와 협동경리를 통해 내수 중심의 집단주의적 사회운영을 해나갔다.

그러나 1990년대 이후에는 주로 새로 등장한 개인보따리상과 시장상공인들이 합법적인 보따리무역이나 기관단체를 이용한 무역, 비합법적인 밀무역을 통해 외국시장과 연계된 국내시장을 확대하고 자체의 유통망을 키워나갔다.

많은 분석가들은 이러한 사적 국제무역이 커지면 북한의 체제는 시장경제로 전환하는 방향으로 갈 것이며 국제협력은 이 방향을 지원하는 것이어야 한다고 주장하고 있다. 그러나 북한경제의 현실을 보면, 계획과 시장 사이에서 상호 배제와 결탁을 반복하다가 점차 상호 협력과 공존을 추구하는 형태로 변화하고 있어서 이른바 '체제전환'으로는 이어지지 않고 있다.

이는 베트남식 시장화 모델과는 사뭇 다르다. 베트남에서는 1986년에 시작한 도이모이(쇄신) 정책으로 급진적인 가격자유화와 완전 시장경제화를 추진하면서 시장의 개인 상인들이 상품유통을 도맡았다. 이렇게 개인 소상품 판매시장이 지배적으로 된 것이 베트남식 시장화 모델이다. 이러한 상황에서 그전까지 존재하던 각 지역의 소비조합은 다 해체되고 90년대 초에는 오로지 호치민시의 토지제공을 받고 있던 '호치민시 상업합작사(소비조합)'만이 살아남았다. 이 소비조합이 이름을 '사이공 코프Saigon Co-op'로 바꾸고 슈퍼마켓을 중심으로 한 사업으로 성공한다. 협동경리가 개인경리와 경쟁해서 이긴 사례이다.

사이공 코프는 2015년판 아시아·태평양지역의 소매업 톱 500에서 상위 200위에 올랐다. 현재 슈퍼마켓 코프마트 78곳, 코프푸드 스토어 94개 외에 싱가포르의 노동조합계 슈퍼마켓 체인인 NTUCNational Trades Union Congress(싱가포르 전국노동자 조합회의) 페어프라이스와 합작으

북한경제와 협동하자

사이공 코프(Saigon Co-op)

출처_ International Co-operative Alliance

로 하이퍼마켓 코프엑스트라 등을 운영하고 있다. 2018년에는 페어 프라이스와 합작으로 편의점 치어스Cheers 50개 점포를 오픈할 계획을 발표한 바 있다. 사이공 코프가 이렇게 성장하게 된 데는 싱가포르 생협과 일본 생협의 적극적인 협력이 큰 힘이 되었다.

북한은 협동경리가 살아남은 바탕이 있고 이것이 북한 자강력의 한 부분일 수 있다. 북한의 생산판매협동조합, 편의협동조합, 협동농장들은 지금도 임명이 아니라 선거로 관리위원장을 선출한다. 선거라 해도 민주성이 보장된 것은 아닐 수도 있지만 돈 선거라 불리는 남한의 일부 단체장 선거제도도 자랑할 만한 것은 아니다. 어쨌든 북한은 협동경리의 민주성과 사회적경제의 중요성을 깨우쳐 민간의 자주적 국제협력을 통해 소비품 생산과 유통에서 혁신을 이루고, 이 부분에서 국영경리와 공존하는 민영 사회적경제의 기틀을 마련해야 한다.

3. 민족경제와 동북아시아 경제협력을 연결하자

남북한의 안전 보장 유지와 주변국의 안보 우려 해소를 위해 남한과 북한이 추진해야 할 것은 동북아 경제안보협력체 구성을 통한 상호 인정과 협력이다. 동북아지역(한반도, 일본, 중국 동북3성, 러시아 연해주, 몽골)은 불행한 역사의 한 시기가 있었지만, 경제 조건이 다양하고 상호 보완할 영역이 많은 지역이다.

현재 3억 명의 인구를 가진 이 지역은 국경을 넘은 다자간 국제협력을 실현할 수 있는 잠재성이 있다. 이 가운데 북한이 경제개발과 국제협력을 위해 필요로 하는 산업과 인프라 부분의 경제협력은 남북의 축을 중심으로 동북아지역이 공영을 추구하는 주요한 모델이 될 것이다. 그 가운데서도 에너지, 물류, 수산업 등의 분야는 중국과 러시아, 일본이 모두 관심을 갖는 다자간 협력의 대상이 될 수 있다.

① 에너지 부문: 한·중·러·일 4개국과 북한의 다자간 협력 틀 형성

에너지 지원을 위한 다자간 협력이란 북한을 둘러싼 한국, 일본, 중국, 러시아의 협력을 통해 에너지 공급 정상화를 추구하는 것이다. 중국, 러시아, 일본, 한국 및 북한이 가칭 '동북아 에너지 협력회의'를 구성하여 한·중·러·일 4개국과 북한의 협력사업으로 동북아에서 에너지를 공유하는 것을 고려할 수 있다. 사업 내용으로는 러시아의 원유 및 석유제품, 전력, 천연가스를 공급하는 국제수송 네트워크 구성 등이 있다.

② 철도, 도로, 항만, 공항 부문: '동북아시아 무역회랑' 형성

북한의 육로 수송망을 국제수송망으로 연결하기 위한 철도 및 도로 개선이 필요하다. 이를 위해서는 동북아지역 내에 육로, 해로, 항공로 수송망으로 연계하는 '수송회랑'을 구성하는 것이 필요하다. 이 수송회랑의 과제로서 우선 평양과 서울을 연결하는 남북한의 철도 및 도로가 하루빨리 연결되어야 한다. 이와 병행하여 북한 내의 철도 및 도로의 정비가 필요하다.

한반도 및 중국은 표준궤 1,435mm를 사용하고 러시아 및 몽골은 광궤 1,520mm를 사용한다. 따라서 동북아시아지역의 철도통합을 이루려면 국경 통과 시 환적 또는 대차bogie 교환이 필요하다. 그리고 국제수송회랑으로서 기능하려면 남북한, 중국, 러시아, 일본 등 관계국 간에 수송운임 및 수입의 정산, 수송보험 등에 관한 수송협정 체결, 국경통관검사 간소화, 국제열차 운행조정, 안전성 확보, 화물 트레이싱 보장 등 소프트 인프라의 정비도 이루어져야 한다. 해양 연결을 위한 항만의 정비와 공항정비도 중요하다.

또한 남북한과 중국, 러시아, 몽골, 일본 등이 참여하는 (가칭) '동북아시아 물류협력협의회'가 구성되어야 한다. 이러한 다자간 협력 틀을 통해 해상운송 분야에서도 황해와 동해를 각각의 환황해권, 환동해권으로 연결하는 항만도시 간 산업공정 협력, 즉, 제조업 분야의 원료, 부품·소재 가공, 완성품 조립 등의 공정 간 협력과 크루저운항 등의 해양관광을 활성화할 수 있을 것이다.

③ 수산 부문: 수출형 수산물 가공 공단 조성
남북 간의 수산 분야 협력사업이 동북아와 연계한 협력으로 발전

하려면 수출형 수산물가공 공단이 함경도의 북청항 등 어업항을 중심으로 형성될 필요가 있다. 남한과 중국, 러시아 및 일본은 어선 건조와 어선 수리, 양식어업, 과학적 어로사업 등에서 기술협력이 가능할 것이다. 특히 북한이 생산하는 비날론 섬유는 그 특성이 텐트 또는 어망 제조에 가장 적합하므로, 비날론 어구 생산을 통해 수출산업을 육성하도록 협력할 수 있을 것이다.

④ 금융 부문: 협력체계 구축

한반도와 동북아지역의 협력체계를 구축하는 데는 금융 부문의 협력을 도외시할 수 없다. 남한이 가진 자금력만으로는 동북아와 한반도를 아우르는 경제협력 체계의 구상을 펼칠 수 없기 때문이다. 국제금융기관인 세계은행과 아시아개발은행을 비롯해 중국이 주도하는 아시아인프라투자은행AIIB도 존재한다. 그리고 동북아지역 각국의 개발은행 또는 수출입은행 간 협력 네트워크도 있으므로 상호 연계하면서 금융지원이 가능하도록 해야 한다.

또는 동아시아 역내 국가들이 스스로 금융협조를 하는 형태로 중국, 러시아, 북한, 한국 등이 중심이 되어 (가칭) '동북아지역 경제협력 공동기금'을 창설하는 방안도 고려할 수 있을 것이다. 이 경우는 금융자본에 의한 예속의 가능성을 해결하는 것이 주요 목적이지만 투자 및 융자, 기술 원조를 가능하게 하는 기금의 규모가 크지 못할 것이라는 염려가 있다. 그러나 이미 '아프리카개발기금' '카리브개발은행' 등에서 볼 수 있듯이 역내 국가들끼리 금융협조를 한 성공사례가 있으므로, 동북아지역에서도 이와 같은 가능성을 찾을 수도 있을 것이다.

북한경제와 협동하자

남북 경제협력과 동북아 경제협력의 긴밀한 상호연관성을 고려한다면, 동북아지역의 국가들과 남북이 지역협력을 위한 정부 및 민간급 협의체 구성을 서둘러야 하고 그 핵심에 남북의 경제협력이 자리해야 할 것이다.

4장

자강력으로 본
북한경제의 이해

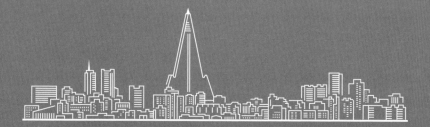

북한이 경제개발과 생산력 향상을 통해 합리적이고 유연한 체제를 유지하는 것과 국제사회와 우호적인 평화공존을 이루는 것은 서로 상관관계가 깊다. 북한이 경제개발을 통해 자강력을 높임과 동시에 국제사회와의 경제협력을 통해 이러한 과정을 보완하는 것이 중요하기 때문이다.

북한이 자강력을 높이기 위해서는 도로, 철도, 항만 등 사회기반시설을 확충하고 외화획득이 가능한 산업을 집중 발굴하며 법제도 개선, 인재양성 등을 추진해야 한다. 이를 위해서는 산업기술혁신이 필요하고 세계시장경제와 교류하면서 이를 보완하는 데 주안점을 둔 경제개발전략을 세워야 한다.

이제는 혁신이다. 북한경제가 혁신을 이루려면 어떠한 전략을 세우는 것이 좋은지 알기 위해서는 북한경제의 토대가 되는 산업과 경제인프라에 대해 살펴볼 필요가 있다.

1
농업:
정곡 500만 톤이면 어려움은 없다

아직도 북한경제에 대한 대외적인 이미지는 1990년대 중반 이후 발생한 식량위기가 대표적일 것이다. 영양부족으로 굶주린 모습이 동영상으로 보도되는 바람에 북한정부는 체면이 많이 깎였다. 그렇지만 북한은 식량위기 직후부터 국제사회에 이를 숨기지 않았고, 남한을 비롯해서 여러 나라와 국제기관으로부터 지원을 받았다.

2018년에도 FAO(유엔 산하 식량농업기구)는 〈분기별 작황 전망과 식량 상황 보고서〉에서 북한을 외부 지원이 필요한 40개 식량부족 국가군에 포함시키고, 부족량이 64만t이라고 지적했다. 특히 유아 및 어린이에 대한 영양공급이 필요하다고 한다. 벌써 20년 이상 지속되고 있는 북한의 식량부족 문제는 외부사회가 북한경제를 실패한 것으로 간주하는 근거로 사용되고 있다. '먹는 문제'는 경제의 근간이라고 하는데 북한은 지금도 식량이 정말 부족한가.

탈곡 후 정곡 500만t이면 위기는 없다

　FAO는 홈페이지(http://www.fao.org/countryprofiles/)에서 북한의 농림수산 분야에 대해 비교적 소상한 통계를 제공하고 있다. 이 통계를 근거로 북한의 농업 부문을 보면, 2017년 농촌인구는 총인구 2,540만 명 중 39%인 985만 명이고, 농민 800만 명, 농업경제활동인구 300만 명이다. 영양 상태는 영양부족 인구가 2015~17년 3년 평균 1,050만 명, 영양부족으로 인한 질병인구 비율이 43.5%로 보고되고 있다. 5세 이하 왜소아동 비율은 28%이다. FAO는 북한이 아직도 심각한 식량문제에 시달리고 있음을 지적하고 있다. 정말 그럴까.

　북한은 1984년에 1,000만t의 곡물생산량을 달성했다고 발표한 바 있지만 이를 신뢰하기는 어렵다. 북한의 곡물 통계 수치는 탈곡 전 조곡粗穀(탈곡하기 전 껍질이 있는 상태의 곡물) 기준인지, 탈곡 후 정곡精穀(껍데기를 벗겨 내고 난 낟알) 기준인지 알아야 한다. 북한의 1990년대 중후반 곡물생산은 정곡 기준으로 환산해서 260만t 수준까지 떨어지고, 중국으로부터 식량수입도 되지 않아 식량위기가 발생했다. 그러나 그 후 북한의 곡물생산은 서서히 회복되어 FAO 통계상 정곡 기준으로 2004년에는 420만t을 넘었고 2014~17년은 약 500만t 내외이다(조곡 기준으로는 600만t). 북한당국은 조곡 기준으로 발표하는데, 2016년의 곡물생산량은 589만t이었고 2017년은 가뭄피해 영향으로 다소 줄어 545만t 정도였다고 한다.

　그럼 정곡 500만t이 어느 정도의 규모를 뜻하는지 알아보자. FAO는 1인당 하루 필요열량 2,130kcal의 75%인 최저열량 1,640kcal를

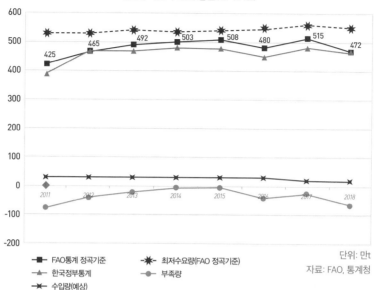

북한의 곡물 수요와 생산(정곡 기준)

단위: 만t
자료: FAO, 통계청

- ■ FAO통계 정곡기준
- ★ 최저수요량(FAO 정곡기준)
- ▲ 한국정부통계
- ● 부족량
- ✳ 수입량(예상)

공급하는 것을 식량의 최저수요량으로 정하고 있다. 이를 곡물로 충당할 때 쌀과 옥수수 기준으로 100g당 평균 350kcal의 열량으로 계산하면, 1인당 하루 480g이 소요되고 연간으로는 175kg(쌀 58kg, 옥수수 81.8kg, 밀과 보리 6.2kg, 기타 곡물 5.3kg 등 주곡 151.3kg과 감자 13.4kg, 콩 10kg)이다. 여기에 북한의 최근 인구 2,540만 명을 곱하면 연간 약 450만t이 된다. 그리고 식량용도 이외에 종자, 사료, 수확 및 보관과 정상의 손실분 등에 들어가는 100만t 정도를 더하면 정곡기준으로 550만t이 된다.

이렇게 FAO 기준으로 보면 북한은 수입 또는 지원이 없다면 연간 50만t 정도의 곡물이 부족하다고 할 수 있다. 연간 30만t 정도를 수입한다 치면 20만t 정도 부족하게 된다. FAO는 북한의 2018년 식량가용량을 정곡기준 472만t 정도라고 전망했다. 쌀 157만t, 옥수수 220만t, 밀과 보리 7만t, 기타곡물 14만t, 감자 47만t, 콩 27만t이다. 550만t 수요에 80만t이 부족한데 15만t을 수입한다고 예상하면 65만t 정도가 부족하다는 것이다.

식량소비는 곡물만이 아니다

FAO의 최저곡물수요량은 필요열량의 75%를 곡물로 공급하는 것을 상정하고 있다. 그런데 사실은 곡물과 함께 상당량의 야채류, 어류, 과일류, 육류 등 비곡물 식품을 섭취하기 때문에 실제 곡물수요량은 더 줄어들 수 있다.

한국은행이 추계한 북한의 수산물 생산량은 2010년에 63만t에서 2016년 101만t으로 증가했다. 실제로 북한의 한 기업소에서는 하루 열량공급을 1,969kcal로 설정하고 곡물 공급기준은 1,143kcal(전체의 58%, 하루 324g)로 연간 118kg으로 하고 나머지를 기타 비곡류 식품으로 공급하는 기준을 게시하기도 하였다.

이를 참고로 하여 대략의 계산으로 성인 1인당 하루 필요열량 2,130kcal의 65%를 곡물로 공급하고 나머지 35%를 수산물과 축산물 그리고 채소류 등으로 보충한다고 가정해보자. 65%에 해당하는 하루 1,400kcal에 해당하는 곡물수요량은 하루 410g, 연간 150kg이 되고 전체 국민의 필요식량수요량은 380만t이 된다. 전체 북한주민이 1일 1만t 식량이면 된다는 계산이 나온다. 여기에 사료, 종자, 손실 등

북한의 곡물 수요(정곡 기준)에 대한 비교

구분	FAO최저수요량 (필요열량의 75%)	필요열량의 65% 기준	북한당국 목표
1인 1일 열량	필요 2,130kcal 중 최저 1,600kcal	필요 2,130kcal 중 1,400kcal	2,000kcal
1인당 수요	1일 480g 연간 175kg	1일 410g 연간 150kg	1일 573g 연간 207kg
연간 식량수요량	450만t	380만t	525만t
연간 곡물수요량	550만t	480만t	700만t

약 100만t을 더하여 480만t의 곡물이면 수산물과 축산물, 야채, 버섯 등 부식류와 함께 북한의 '먹는 문제'를 해결할 수 있다.

그렇다면 현재 연간 정곡 기준 생산 500만t 규모로 이미 필요식량 공급 문제를 해결했다고도 말할 수 있다. 한편, 북한당국의 곡물 공급 목표량은 1인당 하루 열량 2,000kcal를 곡물로 보장하는 573g으로 연간 207kg이다. 이는 전통적으로 하루 삼시 세끼에 600g을 공급하는 것이 기본이었던 데 연유한다. 부식보다는 주곡 식사를 더 중시하고 밥을 많이 먹던 전통 습관에 맞춰 '이밥에 고기국'을 보장하는 것을 먹는 문제 해결로 보는 것이다. 참고로 남한은 통계청 기준 2017년 1인당 연간 양곡 소비량이 70.9kg(이중 쌀은 61.8kg)이다.

북한이 안정적으로 정곡 기준 500만t 이상을 계속 생산하고 기타 식품류로서 축산물과 수산물의 공급을 늘릴 수 있다면, 사실 식량 수입 없이도 먹는 문제를 해결할 수 있다.

식량분배 시스템과 문제점

북한에서 곡물 생산 후 분배는 어떻게 하는지 알아보자. 김정은 시대에 들어 농업 분야에서 여러 개선 조치가 이루어졌다고 하는데, 현재 알려진 바로는 국가에 농자재 공급대가 등으로 30% 정도를 바치고, 나머지 70%가 기본적으로는 현물분배라고 한다. 그런데 국가수매계획이라는 것이 있어 실제로는 도시에 곡물을 공급하기 위해 70% 중 30~40% 정도가 수매에 들어가 현금으로 지급받고 나머지 30~40%가 농민에게 현물로 분배된다.

과거 완전계획경제 시대에는 협동농장의 자체 소요량을 뺀 나머지를 전량 강제수매하고 국정가격을 지급하는 것이 원칙인 시대도 있었다고 하는데, 농촌 현실을 고려하여 현물분배 원칙으로 바꾸었다 한다.

구체적으로 살펴보면, 국가에 납부하는 약 30%의 곡물은 토지사용료와 '생산비용 국가조달 원칙'에 따라 국가가 공급하는 수리시설水利施設 사용료, 비료대금, 농기계사용료, 비닐하우스 자재 등 생산비로 공제된다. 그리고 30~40%가 국가 또는 기업소, 기관, 단체에 수매된 후 협동농장에 현금으로 지급된다. 국정수매가격은 쌀이 1kg에 40원 (2002년 7·1조치 이후 가격. 최근 인상되었다는 말도 있으나 미확인)이고, 기업소 등이 수매상점을 통해 수매하는 협의가격은 시장가격(현재 쌀 1kg에 5,000원 수준)보다는 낮은 가격(시장가격의 50~70% 수준)에서 협의로 정해진다.

이렇게 국정가격, 협의가격, 시장가격 등으로 삼원화된 곡물가격체

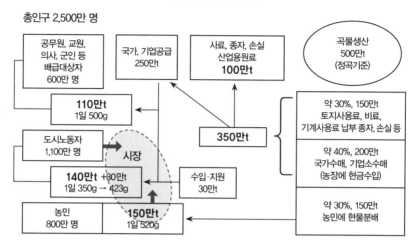

북한의 식량분배 흐름도

총인구 2,500만 명

공무원, 교원, 의사, 군인 등 배급대상자 600만 명

국가, 기업공급 250만t

사료, 종자, 손실 산업용원료 **100만t**

곡물생산 500만t (정곡기준)

110만t 1일 500g

도시노동자 1,100만 명

시장

약 30%, 150만t 토지사용료, 비료, 기계사용료 납부 종자, 손실 등

350만t

140만t +30만t 1일 350g → 423g

수입·지원 30만t

약 40%, 200만t 국가수매, 기업소수매 (농장에 현금수입)

농민 800만 명

150만t 1일 520g

약 30%, 150만t 농민에 현물분배

계 문제가 향후 북한이 해결해야 할 과제이다. 나머지 30~40%의 곡물과 협동농장 현금수입을 합친 분배대상 중에서 협동조합 공동기금(공동축적기금, 공동소비기금, 원호기금) 몫을 내놓고 농민 자신의 '노력일'(협동농장 기준 작업 정량표에 의해 평가된 노동일수)에 따라 분배받게 된다. 대체로 농민은 총생산량의 60% 수준에서 현물 및 현금으로 분배받고 40%가 국가납부 및 협동농장기금으로 들어간다고 한다.

한편으로 북한은 사회주의국가이기에 '국가생산계획'이라는 것이 있다. 이 계획이 과거에는 터무니없이 높았으나 이제는 많이 현실화되어 실제의 생산 수준에 가까워졌다 한다.

예를 들어, 한 협동농장의 곡물생산계획이 1,000t이라고 하자. 여기서 납부와 수매를 합쳐 700t은 도시에 공급하고 나머지 300t을 농민들에게 현물분배한다. 그런데 그 협동농장이 국가생산계획보다 많은 1,200t을 생산했다면, 1,000t은 계획대로 처리하고 초과량인 200t

은 협동농장(작업반 또는 분조)가 자율적으로 처분할 수 있다(이것을 '독립채산제'라고 한다. 생산수단은 국가의 소유이지만 그 관리와 이용을 공장이나 기업체에 위임하여 기업활동을 독자적으로 하게 하는 기업관리 방법을 말한다).

국가는 납부된 곡물과 수매한 곡물을 가지고 국민의 20%에 해당하는 배급대상자(공무원, 교원, 병원근무자, 영예군인 및 당원 일부)와 예산제기업 노동자에게 국정가격으로 배급하고 군대에 무상배급한다. 군대는 별도의 토지를 가지고 자체적으로 식량생산을 하기도 하는데 이 생산량은 국가통계에 포함되지는 않는다. 500만t 곡물분배의 흐름을 정리하면 앞 페이지의 도표와 같다.

앞의 식량분배 흐름에서 유의할 점은 다음과 같다.

첫째로 배급대상자 600만 명 중 군인 100만 명을 제외한 500만 명이 국정가격 공급대상자이다. 연간 식량 중 약 110만t이 1일 500g 정도로 나뉘어 공급되는데 이는 농장에서 납부된 150만t 곡물로 충당 가능하다. 군인 이외의 대상자들은 한 달 생활비로 3,000원 내외를 받는데 국정가격 쌀 1kg에 46원, 옥수수 25원 정도이므로 식량구입에 문제가 없다.

둘째로 FAO가 설정한 사료, 종자, 손실 등 비식량 100만t에는 식품생산, 주류생산 등 산업용 원료로 들어가는 곡물이 빠져 있다. 여기서는 산업용 원료까지 포함해서 100만t으로 설정하였지만 실제로는 더 많은 곡물이 비식용으로 처리될 것으로 보인다. 축산업 발전에 따른 사료(주로 옥수수와 감자) 수요의 증가도 감안해야 한다. 그리고 국가가 어느 정도의 식량을 비상용으로 비축하는가 하는 점도 추가

북한경제와 협동하자

로 고려해야 한다. 비축곡물은 공급에서 제외되어 식량공급 부족을 야기할 수도 있기 때문이다. 또 비축곡물이 어느 정도 공급에 재투입되는가 하는 문제도 있는데 이러한 부분은 알 수가 없다.

셋째로 식량문제를 이야기할 때의 주 대상은 도시노동자 계층 1,100만 명이다. 원래 북한의 사회주의계획경제하에서는 이 계층에게 국정가격으로 수매 및 분배가 이루어져 낮은 생활비 수준으로도 곡물을 공급받을 수 있어야 한다. 그러나 식량생산 급감과 공급부족으로 인한 미공급사태가 발생하면서 농민시장이 이를 대체해갔다.

지금까지 20여년 사이에 많은 혼란과 변화가 있었고 결국 지금의 국가방침은 나라가 최대한 국정가격으로 보장하는 방법을 찾되 농민의 생산의욕을 고취하기 위해서 결정한 현물분배와 비강제 수매방식을 추진하는 것으로 되었다. 도시노동자들은 기업소가 국가의 생산계획과 예산계획에 따라 철저히 운영되는 예산제기업이라면 국정가격 공급을 받지만, 경영의 자율성이 인정되는 독립채산제 기업이라면 국정가격 공급에서 제외된다.

국정가격 공급에서 제외된 기업소, 기관, 단체는 자체적으로 공급하거나 부족하면 시장에서 시장가격으로 구입해야 한다. 하나의 방식은 시장가격으로 식량을 구입하는 비용을 월급에 포함시켜 30~50만 원을 노동자에게 월급으로 지급하는 형태이다. 주로 시장판매형 소비품 생산이나 서비스업, 탄광 같은 기업소인데 노동자는 현실화된 월급으로 시장에서 1kg에 5,000원 하는 쌀을 구입할 수 있다.

그리고 두 번째 방식은 예를 들어 생활비 4,000~5,000원에 식량 50kg을 월급 형태로 지급하는 것이다. 기업소, 기관, 단체가 협동농장으로부터 협의가격으로 수매하여 공급하며 이때 가격은 시장가격보다는 싼 가격이다. 협동농장은 자체의 직매소(구 농촌소비조합)를 통해 기업소, 단체의 생산품과의 교환가격으로 협의가격을 설정하기도 한다. 이러한 과정을 거쳐 140만t이 구역시장이나 협동단체상점, 기업소 직매점 등과 같은 분배체계를 거쳐 도시노동자에게 분배되는데 1인 평균 하루 350g 정도의 양이 된다. 여기에 해외로부터 들어오는 곡물 30만t이 협의가격 또는 시장가격으로 공급되면 1인당 하루 423g 정도의 공급량이 된다.

넷째로, 농민 800만 명은 현물분배 150만t으로 1인당 하루 520g을 지급받게 되는데 문제는 전국의 농촌이 고르게 곡물을 생산하는 게 아니라는 점이다. 평안도와 황해도는 평지곡창지대라 쌀농사가 위주이고 함경도·강원도·자강도·양강도는 산악지대라 밭농사에 옥수수, 감자 등이 위주이다. 협동농장도 양곡 위주와 야채 위주 또는 축산 위주 등 전문화된 형태도 있다. 감자나 남새(야채)를 주로 생산하는 농장이라고 감자나 야채만 먹을 수는 없는 노릇이다. 따라서 식량생산이 부족한 협동농장에 식량전문 협동농장이 식량을 공급하는 것도 중요한 과제가 된다. 국가수매 또는 직매소를 통한 협동농장 간 거래가 교통문제 등의 이유로 원활하지 못할 경우, 총생산량에 문제가 없어도 지역 간에 공급격차가 발생할 수 있다.

다섯째로, 생산물 통계의 문제와 비경제적 요인이 있을 수 있다. FAO통계든 북한의 자체통계든 식량통계는 전수조사를 하는 것이 아니라 선택된 모집단을 조사하여 전체량을 추정하기 때문에 실제 상황과 차이가 날 수도 있다. 선군시대에 협동농장에는 군대지원, 혁명

수도지원 등 명목으로 준조세적인 공출이 있었다. 이제 그러한 강제성은 사라졌다고 한다.

이상과 같은 유의점으로부터 식량비축, 산업용 원료, 축산수요 증가, 지역적 편차, 운송문제 등의 제반요인을 고려한다면, FAO의 최저 수요량인 정곡 기준 550만t에 50만t 정도를 더하여 600만t으로 보는 것이 타당할 수도 있다. 그런데 수산물, 축산물 공급증가 등을 고려하여 필요열량의 65%를 식량으로 공급한다는 가정이라면 520만t 정도를 곡물수요량으로 볼 수 있겠다.

그런데 한 가지 더 고려해야 할 사항이 있다. 곡물의 구성이다. FAO가 추계한 2018년 식량가용량인 정곡기준 472만t은 쌀 157만t, 옥수수 220만t, 그리고 감자 47만t, 콩 27만t 등으로 구성되어 있다. 쌀의 비중이 33%에 불과하다. 옥수수가 47%, 감자와 콩이 합쳐서 16%이다. 삼시세끼 중 한 끼 정도만 흰쌀밥을 먹을 수 있다는 이야기라 조선 사람이 소망하는 쌀밥을 양껏 먹기에는 쌀 공급이 턱없이 부족하다. 그리고 감자는 김정일 시대에 주곡의 위치에 올라섰다고는 하지만 '이밥에 고깃국'을 따지는 조선 사람의 심정에선 쌀의 수요가 높을 수밖에 없다.

쌀이 부족하고 옥수수, 감자, 콩은 상대적으로 풍부한 북한이다. 남한은 쌀 생산량이 400만t 정도인데 2017년 쌀재고량이 350만t이라 쌀이 남아돈다. 향후 남북협력시대에는 식품가공용과 사료용으로 쓸 수 있는 옥수수, 감자, 콩을 남한에 공급하고 남한의 쌀을 북한에 공급하는 곡물의 유무상통이 필연적이라고 본다.

농업생산력: 자강력이 회복되고 있다

북한에서 농사는 자립경제의 근간이다. 북한은 1964년에 농업부문 실행지침서인 '사회주의농촌테제'를 발표한 이후 기본적으로 농업의 주체화, 현대화, 과학화를 중심으로 농촌4화(수리화, 전기화, 기계화, 화학화)를 통한 식량증산에 주력해왔다. 1970년대 중반까지만 해도 북한의 비료 생산능력은 남한을 능가했다. 그 결과 1970년대 중반부터 1980년대 중반까지 식량의 자급자족을 어느 정도 실현하였다. 1979년에 당시 김일성 주석이 "우리나라에서도 한때에는 다른 나라에서 쌀을 사다 먹었습니다. 그래서 나는 1973년부터 농사를 직접 틀어쥐고 지도하였습니다. 그 후부터 우리나라에서 식량을 자급자족하고 있습니다(〈황해남도 농촌경리 부문과 공업 부문에 나서는 과업: 노동당 황남위원회 전원회의 확대회의에서 한 연설〉, 1979년 9월 21일)"라고 말한 바 있다.

사실 북한에서 '주체농법'이 등장한 시기가 1973년이었는데 그 내용은 단위면적당 수확량 높이기, 적기적작適期適作, 적지적작適地適作, 밀식재배, 집약농법, 품종개량, 과학적 시비체계수립 등이었다. 특히 옥수수(북한에서는 강냉이라 한다)를 주곡으로 삼고 집약농법의 일환으로 '강냉이영양단지'를 고안했다. 학생들까지 동원해 집중적인 노동력을 투입함으로써 옥수수생산량을 늘려 식량자급을 가능하게 하였다고 할 수 있다. 강냉이영양단지란 흙에 퇴비와 부식토, 질소비료를 한데 섞어 물을 부어 이긴 것을 기계로 찍어서 단지로 만들어 그 안에 옥수수 씨를 넣고 키운 것인데, 이 단지를 밭에 이식하여 옥수수를 키운다. 직파에 비해 노동력이 많이 들지만 수확이 많아지고 빨리 수확할 수 있다고 한다. 속된 말로 개고생을 하더라도 수확이 월등하게 좋다면 농민들이 자기 집 텃밭에도 영양단지 방식을 썼을 텐데 그러지는 않았던 모양이다.

1990년대 들어서도 북한 농업정책의 기본은 식량증산으로 정책에 큰 변화는 없었다. 변화가 있다면 감자농사를 중시하기 시작한 것이었다. 김일성 주석이 비료 걱정 없이 '강냉이'에 꽂혔다면 김정일 위원장은 비료 걱정 때문에 '감자'에 꽂혔다고 할까. 비료공급이 감소하는 상황에서 비료를 많이 먹는 옥수수보다는 비료를 적게 들이고도 대량생산이 가능한 감자 생산이 1998년부터 장려되어, 재배면적도 98년에 4만ha에서 2005년에는 20만ha로 증가하였다.

그런데 생산력이 높아져야 식량증산이 가능하다. 농산물의 생산력을 결정하는 요인은 자연기후 여건과 더불어 노동력의 양과 질, 토지의 면적과 질, 종자, 농업기술, 관개시설 그리고 비료, 농기계, 농약, 비닐박막 등 각종 농자재 공급이다. 이러한 결정요인 중 중요한 부분이 1990년대 이후 20년 가까이 악화 또는 부족한 상황이 지속되었다. 자체의 역량 즉 자강력이 약화된 시기였다.

북한은 식량위기가 시작된 1990년대 중반부터 2012년까지 20차례의 홍수와 7차례의 태풍, 3차례의 심각한 가뭄(1997년, 2001년, 2012년) 등의 자연재해를 겪었다. 자연재해에 취약한 농촌이 된 것은, 땔감 확보와 산간 경사지 다락밭 조성을 위해 삼림벌채를 하여 민둥산이 많아져 토지가 침식에 취약해진 결과이기도 하다. 또한 비료 등 농자재공급이 부족했던 결과이다.

2014년에 북중 국경 지대에서 촬영한 북한의 다락밭.
다락밭은 1976년 3월 전국농업열성자회의에서 김일성 주석이 알곡증산을 위해
산비탈 밭을 다락밭으로 만들 것을 교시한 것을 계기로 하여 대규모로 조성되었다.

북한에는 '질소비료 1t을 쓰게 되면 쌀이 10t 나온다는 1:10 원칙이라는 것이 있었다. 비료생산은 성분량 기준으로 1985년에 76만t 수준에서 94년에 22만t, 98년엔 5만t 수준으로 급감하였다. 2008~12년 사이에 평균 국내생산량이 22만t 정도로 다시 회복되었으나, 필요성분량 70만t의 30% 수준에 불과했다. 중요 농자재인 비닐박막은 조기수확, 냉해방지, 잡초 방제, 동물피해방지 등의 효과가 있으나 석유화학산업 미발달로 국내생산량이 부족했다. 그리고 석유에너지 부족에 따른 농기계화 미진도 농업생산력을 제약하는 요인이었다.

이렇게 농업생산력이 감퇴하는 가운데, 1996년에는 논에서 1ha당 벼(조곡) 2.91t을 생산하는데 그쳐 쌀생산량이 국제 수준의 절반으로 떨어졌다(통일부 추정. 정곡기준 평균생산량은 쌀 2.33t/ha, 옥수수 3.08t/

북한경제와 협동하자

남북한 농업 부문 현황 비교(북한 경지 면적 중 다락밭 55만ha 제외)

	북한		남한
	1996년	2017년	2016년
총인구	2,356만 명	2,523만 명	5,125만 명
농업인구(취업)	335만 명	300만 명	242.4만 명
경지면적 (관개농지)	144만ha 논: 54만ha 밭: 90만ha	146만ha 논: 47만ha 밭: 99만ha	164만ha 논: 89만ha 밭: 75만ha
곡물생산량(조곡)	369만t	575만t	547.6만t
단위면적당 생산량	벼: 2.91t/ha	벼: 5.40t/ha	벼: 7.23t/ha

출처_ FAO, 통계청

ha). 이런 생산력의 하락은 심각한 사회문제가 되었을 것이고 책임소재를 가려야 했을 것이다. 북한이 공식적으로 발표하지는 않았지만 당시 노동당 농업담당비서 서관희는 1997년에 '30년 동안 미제의 고용간첩으로 암약하며 당의 농업정책을 깡그리 말아먹었다'는 죄목으로 공개처형되었다고 한다.

생산력 감퇴의 주요 요인으로 협동농장의 집단주의적인 조직 및 분배방식으로 인해 생긴 부작용인 농민들의 노동의욕 상실을 꼽기도 한다. 일본의 재일동포 총련 기관지인《조선신보》1997년 8월 4일자에서, 1996년에 협동농장의 분조관리제 개선(분조원 규모 7~10명으로 축소, 초과생산물을 분조 자율처분)으로 1ha당 벼(조곡기준)를 6.54t 생산하여 계획량 6.3t을 초과달성하였으며, 옥수수(조곡환산)는 5.2t으로 0.4t을 초과달성하였다고 보도하였다. 이 통계수치의 신뢰성은 차치하더라도 분조관리제 개선으로 생산성이 향상되었다는 것을 말하려는 것은 분명하다. 조직관계를 개선하고 농민들에게 계획초과분의

흥남비료연합기업소(2018)

출처_ 내나라(캡처), 재일교포에게 이찬우 입수

자율처분권을 주는 분배관계 개선이 생산력에도 영향을 미친다고 할
수 있다.

북한은 협동농장 시스템을 근원적으로 변경하지 않고 곡물생산량
을 다시 회복하고 있다. 2017년의 FAO의 추계를 보면 국제 수준인
1ha당 벼 5.40t을 생산하는 수준으로 회복되었다. 남한은 2016년에
1ha당 벼 7.23t을 생산하였다. 북한은 협동농장을 해체하지 않고서도
운영상 개선으로 생산력을 회복한 것이어서 생산관계의 문제점보다
는 생산력의 문제점이 더 컸다고 볼 수 있다. 농자재 투입이 더 원활
해진다면 생산력은 더 높아질 수 있다.

생산력을 회복하게 된 외부경제 요인으로는 2013년 이후 자연재해

북한경제와 협동하자

가 별로 없었던 점을 들 수 있다. 내부경제 요인으로 가장 큰 요인으로는 곡물생산에 직접적인 영향을 주는 비료공급이 회복된 것을 들 수 있다. 비료공급은 FAO 통계로 2010년 성분량 기준 50만t 수준(중국에서 29만t 수입, 4,123만 달러 상당)에서 2016년에 85만t(중국에서 16만t 수입, 3,762만 달러 상당)으로까지 증가하였다. 중국으로부터 비료 수입이 줄고 총공급량이 늘어난 것은 국내의 비료생산이 정상화되고 증가한 것에 기인한다.

북한 국내의 화학비료 공급은 흥남비료공장이 중심역할을 하고 있다. 1927년에 노구치 시타가우野口遵가 세운 조선질소비료 흥남공장을 기반으로 한 이 공장은 1930년부터 비료를 생산하기 시작하였다. 당시 세계 제2의 생산능력이었는데 석탄화학으로 비료 원료인 유안 생산능력이 48만t이었다. 흥남비료공장은 현재 갈탄가스화를 통한 비료 생산공정을 건설 중에 있다고 한다.

그렇지만 질소비료에 과다하게 의존하는 시비체계는 토양 산성화와 지력감퇴, 미네랄 부족으로 인한 작물양분 불균형, 병충해 심화, 지하수 오염, 인체 축적 시 산소결핍증 등의 우려가 있다. 토양의 건전성이 중요한데 화학비료는 유익한 미생물을 죽일 수 있다. 농업은 원래 미생물이 주요한 역할을 하는 것이어서 화학비료나 농약 사용으로 미생물이 죽으면 생산력은 점점 떨어지게 된다. 북한에서도 유기농법의 필요성이 제기되면서 우렁이농법, 퇴비 이용 등 친환경 자연농업에 관심을 많이 기울이고 있다.

《노동신문》은 2014년 3월 16일자에서 유기농법을 적극 장려하자고 호소하면서 다음과 같이 언급하였다. "유기농법에서 기본은 유기질비료를 많이 생산하여 리용하는 것이다. 효과성이 높은 흙보산비료와 유기질복합비료, 미생물비료, 후민산염, 아미노산미량원소복합비료를 비롯한 유기질비료생산에 힘을 넣어 정보당 시비량을 늘여야 한다. 고리형 순환생산체계를 확립하고 생물농약을 적극 리용하며 우렝이유기농법을 받아들여야 한다. 큰모재배, 감자 대 알곡 두벌농사방법, 록비작물재배를 비롯한 좋은 재배방법과 기술을 적극 받아들여 유기농법도입성과를 계속 확대해나가야 한다."

그 후 서해안 염주군의 남압협동농장에서 우렝이유기농법을 적극 받아들여 곡물생산이 늘었다는 보도가 있었다.《근로자》2018년 8호는 평안북도 신의주에서 "농장들에서 우렝이유기농법을 비롯한 선진 영농방법을 적극 받아들이고 매 영농공정들을 주체농법의 요구대로 알심있게 진행하도록 하였다"고 알리고 있다(리재남 신의주시당위원회 위원장, 〈당조직 정치사업을 진공적으로 벌리는 것은 새로운 전략적 로선의 승리를 위한 중요한 요구〉).

생산관계: 자강력을 높이는 협동농장 시스템의 과제

북한의 농업생산력이 뒤쳐진 데는 사회주의적 생산관계로서 ① 소유관계인 농지의 집단소유, ② 조직관계인 협동농장의 집단주의, ③ 분배관계인 국가의 저가수매가 주요한 원인이라는 지적이 있어왔다. "내 땅이 아닌데서 열심히 일하나 안 하나 마찬가지고 분배도 적다면 누가 열심히 경작을 하겠는가"라는 지적인데, 이는 구소련, 중국, 동유

럼의 집단농장의 해체 후 농업생산증가라는 경험들로 인해 그 타당
성이 확고한 것으로 회자된다.

사회주의국가인 북한이 1950년대에 협동농장화를 실현한 것은 당
시 공산권의 공통된 현상이었다고 할 수 있다. 소련과 중국은 국가의
행정사법체계(관료체제)와 집단농장(소련은 콜호즈, 중국은 인민공사) 관
리체계를 일원화시켜 농업에 비전문적인 관료들의 수많은 시행착오와
비효율, 낭비, 그리고 경작과 경영관리에서 발언권이 없는 농민들의
반발과 동기부여 상실을 낳았다. 국가의 일괄저가수매와 판매는 도
시노동자의 생계비 지출을 억제함으로써 저소비 → 국가자본축적 →
중공업투자증가 → 공업성장으로 이어지는 발전전략에 따른 것이었
고, 당연히 농업 부문의 희생을 전제로 한 것이었다.

북한의 협동농장화 방식은 기본 틀에 있어서는 중국의 방식과 같
았다. 즉, 중국이 토지개혁 후 1953년부터 소토지 자영농민들로 합
작사(협동조합)를 만들게 하고, 1958년부터 토지집체화를 통해 인민
공사로 나아가고, 궁극적으로는 전민全民소유의 완전공유제인 국영농
장으로 전환한다는 방향과 같았다. 그러나 그 방식은 달랐다. 북한은
개별 협동농장이 리里 단위 행정체계와 일원화(1958년)되어 협동농장
원들이 선거로 선출한 리협동농장관리위원장이 리인민위원장을 겸직
한다. 그러나 도道와 군郡의 행정체계와 농업관리 체계는 분리되었다
(1962년). 소련과 중국에선 집단농장화 과정에서 수많은 폭동과 아사
자가 발생하였다. 중국의 경우 1958년 식량생산이 57년 대비 26.4%
감소하는 식량위기 상황까지 발생했다.

그러나 북한은 1950년대 협동농장화 과정에서 농촌의 안정과 발

전이 이루어진 특이한 경험을 하였다. 해방 후 토지개혁으로 땅을 갖게 된 농민들이 전쟁 후 피폐화된 농촌에서 1955년까지 전체농가의 45%가 노력협조반 방식(제1형태), 토지출자 후 공동경리와 출자 몫 분배방식(제2형태), 생산수단통합과 노동분배 방식(제3형태) 등 다양한 농업협동조합을 만들었다. 1958년에 이르러 농업협동조합이 리단위로 통합(3,843개소)되어 제3형태의 농업협동조합으로 모든 농민이 참여하는 것으로 정리되었다(《조선중앙년감》, 1960년). 알곡(조곡)생산은 1954년 226만t에서 1960년 380만t으로 증가하였다.

농민의 자발성과 국가의 유도가 결합된 방식이었는데, 리 단위에서 국가의 행정체계와 통합하면서 교육, 문화, 보건, 후생 부문까지 포괄하는 생활전반의 조직체계가 되었다. 단위협동농장의 최고기관은 농장원총회(대표자회의)이다. 여기서 관리위원장(리인민위원장 겸임) 선출과 관리위원회 구성 비준, 협동농장 규약과 제반 규정의 제정 및 수정, 조합원의 가입과 탈퇴, 상벌의 결정, 계획·계약·결산·분배 등 결정사항에 대한 비준 등이 이루어진다.

그리고 농촌소비조합 상점과 농촌신용협동조합 등이 농촌협동조합(나중의 협동농장)에 흡수되어 협동농장이 생산·분배·소비의 전 경제활동을 책임지게 되었다. 북한에서 다양한 협동조합은 농촌 부문과 어촌 부문, 그리고 도시 부문으로 나뉘는데 농촌 부문은 농촌협동조합으로 통합되어 협동농장으로 개명된다. 어촌 부문은 수산협동조합이 계속 존재하고 도시 부문은 생산협동조합, 생산판매협동조합, 편의협동조합이 계속 존재한다.

하지만 북한에서는 60년대 이후 50년 이상 협동농장 시스템이 이어지면서 생산수단통합과 노동에 의한 분배방식이 농민의 생산의욕을 감퇴시키는 요인이 된 것도 사실일 것이다. 다만 1966년 이후 분조관리제(작업반 우대제, 분조도급제), 2014년 포전담당책임제 등 제도적 개선이 진행되면서, 사회주의 시대의 소련이나 중국과 달리 농촌이 피폐화하지 않고 자력갱생의 기반으로 존재할 수 있었다.

리 단위의 협동농장 운영은 내부에 작업반, 분조 등의 생산담당 조직 세분화를 통해 이루어지며, 분조 내에 3~5명 단위의 포전담당책임제를 2014년부터 전면실시해왔다. 1990년대 중반부터 분조관리제 구성인원 축소와 초과생산물 자율처분 등을 추진해오다가 우여곡절을 겪으면서 현물분배와 초과생산물 처리권을 주는 것으로 김정은 시대에 전면실시했다.

포전담당책임제에 대해 김정은 위원장은 2014년 2월 '전국 농업부문 분조장 대회' 참가자에게 보낸 서한에서 "농장원의 생산 열의를 높이기 위해 분조관리제 안에서 포전담당책임제를 실시하도록 했다"면서 "분배에서 평균주의는 사회주의 분배원칙과 인연이 없다"고 언급하기도 하였다. 농민들은 국가에서 공급하는 비료를 받지 않고 자체 퇴비를 생산해서 시비함으로써 분배 몫을 늘리거나, 작목 선정에서 농장생산계획달성 조건하의 자율권(자기 포전에서 땅콩농사를 해보겠다면 협의하여 인정해줌)을 주는 형태가 되었기 때문에 농민들의 생산의욕이 높아졌다고 한다.

이러한 제도개선에 대해 중국식 개혁개방이 필요하다는 지적들이 있다. 중국에서는 1978년에 안휘성安徽省 봉양현鳳陽縣 소강촌小崗村에서 농민들이 비밀리에 생산협약을 맺어, 농가가 생산과 판매를 직접

담당하고 인민공사에 토지청부비를 납부하는 '농가생산청부제'를 실시하여 성공을 거두었다. 이 성과가 정부에 보고되어 등소평이 1980년에 이를 공식 인정하고 1983년에는 인민공사를 폐지하였다. 실패한 인민공사에 연연할 필요가 없었던 것이다. 토지소유는 지방정부의 집체소유로 두고 농민에게 토지경작권(사용권)을 주었다. 그리고 농민이 세금을 낸 후 수매와 직접 판매를 할 수 있는 이중가격제를 실시하면서 시장가격이 중심이 되어갔다.

2008년에는 농민이 농지사용권을 대여·양도·매매할 수 있도록 허용하여 소유권은 아니지만 사실상 소유권과 같은 권리 행사가 가능하게 되었다. 농민은 토지사용권을 농촌에 투자하는 기업에 대여 또는 출자하여 이용료 또는 수익금을 받을 수도 있게 되었다. 소유관계인 토지의 공유를 유지하면서 조직관계인 인민공사와 분배관계인 국가일괄수매를 폐지하고 농가생산책임제로 전환한 것이 농민의 생산의욕을 불러일으켜 농업생산이 발전했다고 한다. 1985년부터는 정부가 식량계약 주문수매제를 실시했다.

1978년부터 1988년까지 10년간 농업생산의 평균성장률은 6.5%로, 생산력 증대에 생산관계의 변화가 크게 기여한다는 실증으로 되었다. 그러나 1990년대 이후 중국은 이른바 도시와 농촌의 격차인 3농(농촌·농민·농업) 문제가 대두되면서 소농화된 농민의 사회보장문제, 농업 생산력의 한계문제, 농촌 피폐화 문제가 나타났다. 시장경제에 옷벗고 나온 농민들이 온포溫飽(따뜻하고 배부른 생활) 문제는 해결하였으나 상대적 빈곤문제로 농촌을 버리는 상황이다. 그리고 이제는 농업용수 부족과 환경오염 등으로 농업생산성이 떨어지고 있다.

북한경제와 협동하자

그러므로 북한의 농업생산관계 개선을 말하면서 중국식 농업개혁을 제기하려면 신중해야 한다. 이러한 인식에서부터 앞으로 협동농장의 혁신을 전망할 때 몇 가지 다음과 같은 과제를 고려해야 할 것으로 본다.

첫째로, 식량완전자급을 목표로 하기보다는 전략적 곡물은 자립을 추구하고 영양 밸런스를 고려한 농업생산으로 진화하는 것이다. 앞으로 생활수준이 높아지면서 현재처럼 옥수수, 감자 등과 함께 밀가루로 만든 빵의 수요도 높아질 것이다. 이미 북한이 중국으로부터 들여오는 밀가루 수입량이 2017년에 9만t 정도에 달했다. 그리고 축산과 수산 부문의 발전은 영양균형에 커다란 전환을 가져다줄 것이다. 협동농장은 환금성이 높은 특용작물과 축산물을 더 많이 생산하여 국내공급을 늘이고 외화를 벌어들여, 그 외화로 필요한 곡물과 곡분을 수입하는 것도 필요하다. 완전자급자족을 이루는 것이 아니라 자력갱생하면서 생활의 질을 높이는 것이 자강력이다.

둘째로, 협동농장의 시스템을 혁신하는 문제이다. 소유관계는 중국처럼 집체소유(협동소유)로 그대로 두고 조직관계와 분배관계의 혁신을 하는 것인데, 중국이 한 것처럼 협동농장을 해체하고 개인가족경영으로 바꾸는 방법이 능사는 아니라는 점을 지적하고 싶다. 북한의 역사에서 농촌협동조합으로서 협동농장이 가져왔던 긍정적 측면을 무시할 수 없기 때문이다.

1950년대 협동농장화 과정에서 생산수단 통합과 노동분배라는 제3형태로 1958년까지 3년 만에 협동화가 완성됨으로써, 제1 또는 제2형태에서 있었던 농민의 자기 토지 소유의식과 출자 몫에 따른 분배가 사라졌던 것은 급격한 사회주의적 전환의 결과였다. 그 후 농민들의 생산의욕과 관련하여 끊임없이 제기되는 문제점의 단초가 되었다는 점도 무시할 수는 없다.

앞으로는 농민이 중심이 된 협동농장의 생산결정권과 농민의 토지사용권 행사에 대한 관심 등을 고려할 필요가 있다. 또한 집단적 공동체 경리를 통한 사회보장과 안전망 확보도 중요하다. 그리고 국가적 차원에서 전략적인 곡물을 계속 보장하는 식량안전보장 문제도 중요하다. 이러한 과제들을 해결하기 위해서는, 조직관계에서 협동농장을 유연하게 운영해야 한다고 생각한다. 전략작물 생산을 담당하는 부분은 국가수매량(수매가)과 농민의 자율처분량(판매가) 사이의 조정이 어렵지만, 포전담당책임제 등 농민의 자율적 책임과 권한을 높이는 방식으로 유연하게 운영하는 것이 좋다.

그리고 기타 농산물에 대해서는 일부 작업반 또는 분조를 그 자체로서 독립채산제로 운영하거나, 일부 지역을 선정하여 시범적으로 일부 분조들이 협동농장에서 독립하여 소규모 농업협동조합으로서 협동농장 또는 도시 부문과 자유로이 계약주문생산 하는 방식을 혼용하여 실험해보는 게 좋지 않을까 생각한다. 분배관계에서는 협동농장의 농민현물분배와 협의가격 수매(계약주문판매)를 중심으로 관리하여 시장가격의 폭등과 폭락을 막고, 농민에게 실질적 이익이 주어지는 협동조합적 분배를 강화하는 것도 고려할 필요가 있다.

셋째로, 농업 부문의 남북협력을 비롯한 국제협력을 확대하는 것이다. 이는 북한의 자강력을 키우는 일이다. 생산기술, 자재공급, 품종개량, 비교우위 품목의 유무상통, 계약재배, 협동조합 간 직거래, 판매시장 확

북한경제와 협동하자

대 등 다양한 분야에서 협력하는 것이 좋다. 북한의 옥수수, 감자, 특용작물과 남한의 쌀, 기타 특용작물의 교환도 좋고, 북한이 필요로 하는 농업기술과 농자재에 대한 국제협력도 좋다. 농업 부문의 인재육성은 특히 중요하다. 기술연수를 위해 남북 간 그리고 국제사회에서 장기 체류하면서 기술교류를 하는 시대가 빨리 오기를 기대한다.

2

공업과 과학기술:
주체철, 주체비료, 주체섬유
그리고 CNC와 스마트폰

2010년에 북한이 출판한 《광명백과사전5(경제)》에서는 공업에 대해서 김일성 주석이 교시한 "공업이란 사람들이 자연과 투쟁하는 전선을 말합니다"(《김일성전집》 32권, p.136)를 인용하고 있다. 그러면서 공업이 자연을 정복하기 위한 투쟁을 가장 능동적으로 진행하여 자연물을 채취하고 가공하여 여러 가지 생산수단과 소비재를 생산하는 물질적 생산 부문이라고 설명한다.

'자연을 정복하기 위한 투쟁'으로 부연 설명한 것을 보면, 근대적 공업이 발생한 18~19세기 서양에서 '인간이 본위요 자연이 객체'라고 본 계몽주의와 마르크시즘의 관점이 느껴진다. 자연은 사람에게 이익을 주기 위해 정복당해도 좋은 대상이 아니라 공생의 관계이다. 생태와 환경을 외면한 공업이 지속가능하지 못하다는 것은 이제는 상식이다. 북한에도 국토환경보호가 중요한 과제로 산에 나무심기운동이 활발하다는 소식을 접하면서 조금은 위안이 된다.

공업은 북한이 경제에서 가장 중요하게 취급하고 있는 부문이다. 북한의 공업 분류를 보면 중공업에 채취(석탄, 광업, 원유 및 가스채취업, 임업, 어업), 전력, 금속, 기계, 화학, 건재공업을 포함시키고, 경공업에 방직, 피복, 신발, 식료, 일용품, 종이 등 소비재공업을 포함시키고 있다. 농림수산업, 광업, 제조업 등으로 분류하는 남한과는 좀 다르다.

식민지 공업의 유산

북한은 건국 후부터 식민지적 편파성을 없애고 자립적이며 현대적인 사회주의 공업을 건설하는 것을 핵심 과제로 삼아왔다고 주장한다. 북한은 일제강점기에 형성된 공업을 식민지적 편파성으로 설명하는 주요한 이유로, 일본이 조선의 지하자원을 약탈하고 대륙침탈을 위한 병참기지로 삼아 군수물자 원료와 반제품을 생산하는 중화학공업을 중심으로 공업을 기형적으로 배치한 것을 든다. 중화학공업에서도 금속공업(16%)과 기계공업(4%)의 비율이 합쳐서 20% 정도로 낮고 석탄화학공업이 34%(1939년)로 높았다고 한다.

북한의 공업정책

자립적 민족공업의 내용	구체 내용
사회주의공업 건설 원칙	중공업을 우선적으로 발전시키면서 경공업을 동시에 발전시킴
다방면적인 공업생산구조 확립	기계공업을 핵심으로 중공업기지와 발전된 현대적 경공업기지를 육성함
자체의 튼튼한 원료기지 꾸림	채취공업을 앞세우고 가공원료(합성 및 인조원료)생산 발전시킴

출처_《광명백과사전5(경제)》(184~185쪽)

북한의 지하자원과 산업

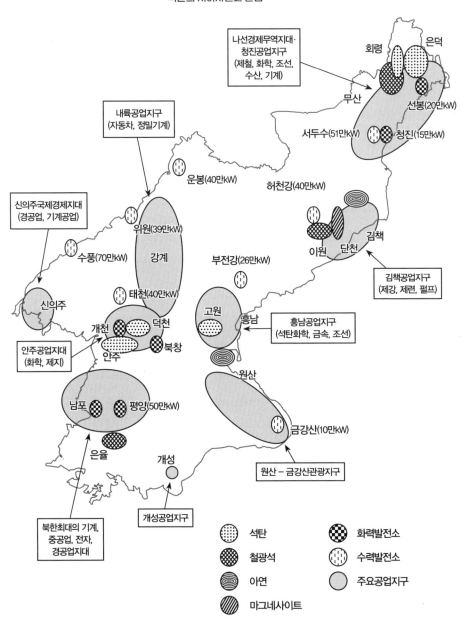

나선경제무역지대·청진공업지구
(제철, 화학, 조선, 수산, 기계)

회령

은덕

무산

선봉(20만kW)

서두수(51만kW)

청진(15만kW)

내륙공업지구
(자동차, 정밀기계)

운봉(40만kW)

허천강(40만kW)

신의주국제경제지대
(경공업, 기계공업)

위원(39만kW)

강계

부전강(26만kW)

김책

이원   단천

수풍(70만kW)

태천(40만kW)

김책공업지구
(제강, 제련, 펄프)

신의주

개천   덕천

고원

홍남

흥남공업지구
(석탄화학, 금속, 조선)

안주공업지대
(화학, 제지)

안주   북창

남포   평양(50만kW)

원산

은율

금강산(10만kW)

개성

원산 – 금강산관광지구

북한최대의 기계,
중공업, 전자,
경공업지대

개성공업지구

석탄   화력발전소

철광석   수력발전소

아연   주요공업지구

마그네사이트

북한경제와 협동하자

석탄화학제품은 비료도 있지만 군수물자인 화약, 폭발물, 연료를 생산하였다. 기계공업은 거의 일본에 의존하였고 제철공업생산도 선철 8할에 강철 2할이었고 선철의 90%, 강철의 70%를 일본으로 보냈다(1944년). 전반적으로 공업제품의 조선 내 수요를 보장하는 구조가 아니었다. 1940년에는 채굴된 광물의 96%를 일본으로 보냈다 한다(《조선경제연보》, 1948년). 이러한 상황을 뒤집어보면 해방 후 북한에서는 광업과 중화학공업(제철, 화학)의 토대가 있었고 기계공업과 경공업이 미약했다고 할 수 있다. 북한의 공업정책은 이러한 상황을 배경으로 나왔다고 할 수 있다.

사실 일제강점기의 공업정책은 계획경제(통제경제) 방식으로 진행되었다. 공업개발을 위한 기초시설로서 전력개발과 철도 및 항만 개발이 이루어졌는데, 산업정책 측면에서 식민지공업정책의 특징은 '전력선행형'의 개발정책이었다. 함경남도에서 1929년에 준공된 부전강 수력발전소와 1932년에 준공된 장진강수력발전소(6·25때 장진호전투로 유명)의 전력을 이용한 흥남지역의 석탄화학공업단지 조성은 가장 대표적인 사례이다. 평안북도 신의주의 외항으로서 다사도항 개발(현재의 대계도간척지)도 압록강의 수풍댐 수력 사용을 배경으로 한다.

그리고 1930년대 말에는 만주와 조선 식민지의 경제적 통합을 '만선일여滿鮮一如'라는 이름하에 추진하였는데 남만주철도주식회사(만철)가 담당한 함경북도 나진항 개발과 도문-나진 철도 연결이 대표적인 사례이다. 지역적으로 보면 남포와 원산, 흥남, 청진의 항만지역을 중심으로 한 공업지대, 만주와의 물류관문인 나진항, 신의주-안동(단동) 공업지대, 기타 탄광 및 광산지대로 분포된다. 현재 북한 공업지대의 근간은 일제강점기에 형성되었다.

그러나 북한은 공업화 추진 역사를 '주체공업의 역사'로 설명하고 있다. 《노동신문》 2009년 10월 16일자는 당시 노동당 계획재정부장 박남기 필명 논설로 '주체공업이 걸어온 60여년 력사를 회고하여'를 실은 바 있다. 이때만 해도 박남기 부장이 권세가 있던 시기였다. 북한이 공식보도하지는 않았지만 그는 곧이어 11월 30일에 단행한 화폐개혁 조치가 실패한 책임을 지고 처형되었다고 한다.

어쨌든 이 논설에서 그는 "일제가 남긴 공업은 자원략탈형의 식민지공업이며, 그 보잘것없는 밑천마저 전쟁기간에 8,700여개 공장·기업소가 파괴되어 전쟁 전의 10~20% 수준으로 떨어졌으나, 50년대는 "잿더미에서 떨쳐 일어나 사회주의공업화의 기초를 닦은 시기로, 1957~60년 공업생산 연평균 증가속도가 36.6%에 이르렀다"고 소개하였다.

재미있는 점은 이 논설에서 박남기 부장이 "일본의 어용사가들, 우익정객들이 기회가 있을 때마다 지난 시기 조선에 마치 '공업의 기틀'을 선사해준 것처럼 떠들고 있는데 그것은 황당하기 그지없는 력사 왜곡이다"라고 지적한 점이다. 그러면서 전쟁 이후 세계사회가 조선의 파괴상을 두고 문자 그대로 '영'이 된 나라라고 평한 것을 소개하며 "령은 말 그대로 기초도 기둥도 없고 싹조차 없는 상태이다. 령에 아무리 큰 수자를 곱하여도 령밖에 다른 것은 더 나올 것이 없다. 바로 이런 속에서 제힘으로 기초를 닦고 기둥을 세우며 세계가 보란 듯이 솟구쳐온 것"이 북한의 공업역사라고 자찬하였다.

정말 '제로' 상태에서 제힘으로 성장하였다면 비판할 일이 없게 된다. 그래도 그는 "우리의 공업건설력사를 돌이켜보면 결국 그 과정은 전후에 제시된 경제건설로선이 승리하여온 과정이었다"고 하면서 이 노선에 따라 "적들이 100년이 걸려도 다시 일어서지 못한다던 이 땅 위에 자립경제의 기둥을 튼튼히 세울 수 있었다"고 정리하였다.

그러나 나는 북한의 자립경제정책과 주체공업의 역사를 긍정적으로 본다 하더라도 북한의 경제적 토대를 '제로'로 부정하는 입장에는 동의하기 어렵다. 흥남의 질소비료 공장만 해도 전쟁 시기 흥남철수 때 폭격을 받았다고 하지만, 그 후 비료공장의 재건이 잿더미에서 제로베이스로 재출발한 것은 결코 아니기 때문이다. 전쟁 후까지 귀국하지 않은 일본인 기술자들이 북한의 전후복구에 참여했던 것도 사실이고 비료공장 설비가 상당 부분 그대로 남아 있어 황무지에서 재건이 시작된 것은 아니었다.

어쨌든 북한은 1950년대 이후 사회주의공업화를 추진하면서 원료, 연료, 동력문제를 자체의 자원에 의거하여 해결하는 것을 가장 중시하였다. 그리고 전쟁 시의 시설보호를 중시하여 자강도 등 내륙산간 지역에 기계공업 등 중공업을, 남포, 신의주, 해주 등 연안도시 지역에 경공업을 새로 건설하였다.

주요 공업 부문

북한의 공업에서 자강력의 중심이 되는 화학과 금속 부문을 들여다보자.

1. 화학공업: 주체비료, 주체섬유

북한은 일제강점기부터 중시되어온 석탄화학공업을 지금까지 자력 갱생을 위한 주체공업의 중심으로 삼고 있다. 1970년대에 평안남도 청천강 기슭에 있는 안주시에 건설한 남흥청년화학연합기업소가 북한 석유화학 분야의 유일한 공장이다.

생산능력은 에틸렌 6만t, 프로필렌 1.4만t으로 생산설비는 프랑스(나프타분해설비), 핀란드(제지설비), 서독과 루마니아(유도설비), 일본(에틸렌공정)에서 도입하였다. 이 공장은 중국에서 단동을 거쳐 압록강 밑으로 이어진 송유관을 통해 들어오는 원유를 평안북도 피현군의 봉화화학공장에서 정유한 후 나온 나프타를 원료로 석유화학제품을 만든다.

지금도 중국에서 연간 50만t(325만 배럴) 분량의 원유가 북한에 공급된다고 본다. 민생용으로 쓰인다면 이 규모는 유엔 제재의 허용범위(연간 400만 배럴) 이내이다. 그런데 최근에는 석유화학공장인 남흥청년화학공장에서도 2009년에 무연탄가스화를 통한 비료(주체비료) 생산시설을 만든 바 있고, 지금은 탄소하나공업으로 석탄에서 메탄올을 만들어 에틸렌과 프로필렌, 폴리염화비닐 등 기초화학제품을 만들고 있다. 석유화학제품을 석탄에서 생산하는 쪽으로 방향을 틀고 있는 것이다.

석탄화학 분야에서 '주체섬유'로 유명한 비날론은 단독 의류섬유로는 각광을 받지 못하고 혼방섬유, 천막, 밧줄 등에 쓰이며 수요가 많지 않다고 한다. 어망 등 새로운 수요개발이 필요하다.

북한의 철강공장(단위: 만t/년)

기업명	기원(준공)	특징	생산능력(2014년 말)			원료(철광석)
			제선	제강	압연	
황해제철연합기업소(송림)	미츠비시 겸이포제철소(1918)	1958년부터 복구, 설비증설 종업원 1만 명(2004년)	113.4	194.5	75.0	서부광산(은율, 안악)
성진제강연합기업소(김책)	일본고주파중공업 성진공장(1935)	1955년부터 소련지원으로 복구, 설비증설 종업원 25,000명(2004년)	48.0	72.6	41.5	고로가 없어 선철을 사용
천리마제강연합기업소(강선)	강선제강소(1936)	설립 당시 특수강 1만 생산능력, 1955년 이후 설비증설		76.4	55.0	제철시설이 없어 선철과 고철 사용
청진제강소(청진)	청진제강소(1939)	1944~80년까지 입철생산 *무연탄을 연료로 사용	96.0			무산철광산
김책제철연합기업소(청진)	일본제철 청진제철소(1942)	1954년부터 소련이 지원하여 복구, 설비증설 종업원 5만 명(2004년)	222.7	240.0	147.0	무산철광산 파이프수송(98km)
보산제철소(남포)	(1969)	회전로, 평로, 전기로 종업원 5,000명	42.0			은율철광산
전국합계			552.1	650.2	403.7	

출처_ 한국산업은행 (《북한의 주요 산업》, 2015, 206쪽)

2. 철강금속공업: 주체철

철강금속공업 부문을 보면, 대부분 공장이 일제강점기에 건설된 후 전쟁 중에 파괴되었다가 1950년대 후반부터 소련 등의 지원으로 복구되고 증설되었다.

2000년대 후반부터 무산철광산의 철광석이 중국으로 대량으로 수출(2016년에 164만t, 7,400백만 달러)되는 등 철광개발이 다시 본격화하면서 청진의 김책제철소 설비개선도 이루어졌다. 그 방향은 소위 '주체철'로 불리는 것으로 용광로에 철광석과 무연탄가스를 투입해

산소열법(산소용융환원법)으로 선철을 생산하는 방식이다.

철 생산에는 연료로 코크스를 투입하는 것이 일반적인데 북한에는 코크스를 만드는 원료인 코크스탄(역청탄)이 없기에 무연탄으로 대신하는 생산방법이다. 이 방식의 원류는 일본의 만철滿鉄이 1938년부터 만주의 푸순撫順에 설립한 제철시험공장에서 코크스를 사용하지 않고 무연탄과 철광석을 로터리 킬른식 회전로回転炉에 넣어 탄소함유량이 적은 선철과 강괴를 생산하는 '일본식' 제철법을 만든 것으로 거슬러 올라간다(이시바시 탄잔石橋湛山,《만선산업의 인상滿鮮産業の印象》145~146쪽). 만철은 비코크스 제조법으로 만든 강철로 '만철도滿鉄刀'로 불린 일본도(정식 명칭은 興亞一心刀)를 대량으로 생산하여 일본관동군과 만주국군滿軍에 제공하였다 한다.

북한에서도 해방 전부터 있던 청진제강소가 무연탄을 사용하는 입철粒鉄(가루철)을 생산해왔지만, 품질이 좋지 않고 회전로 보수의 문제가 많아 1970년대부터 새로운 방식의 비코크스 제철법을 실험하였다. 당시엔 소련과 중국으로부터 코크스탄을 수입하는 데 문제가 없었고 주요 제철소에서는 코크스를 연료로 사용하고 있었다. 하지만 '우리의 연료로 철을 만들자'는 입장이었던 김일성 주석이 1976년 8월 당중앙위원회 정치위원회(정치국) 회의에서 "우리가 주체공업을 하지 않으면 후손들이 고생한다. 우리가 후손들에게 넘겨줄 수 있는 가장 좋은 유산이 주체공업이다. 우리나라에는 코크스탄이 없고 다른 나라에 있는 코크스탄을 탐내야 무슨 소용이 있는가. 좋든 나쁘든 자기 손에 쥐고 있는 것이 제일 중요하다"라고 교시하였다 한다.

김일성 주석은 청진제강소를 합계 13번을 현지지도할 정도로 정성

주체철을 보는 김일성 주석(1978)

출처_ 조선의 오늘

을 쏟았다. 1978년 5월에 청진제강소가 새로운 방식으로 입철에 비해 생산성이 두 배 높은 철 생산에 성공하여 이 철을 김일성 주석이 '주체철'로 명명하였다. 이때의 주체철은 야구공 같은 둥근 모양(산화배소구단광)이었고 강철 생산의 원료로 되기에는 제강과정에서 많은 기술적 어려움이 있었다. 코크스용광로와는 공정원리상 본질적으로 차이가 있는 산소열법용광로를 주체철 생산방식으로 채택하였는데 첨단과학으로 해결해야 하는 기술이었다 한다. 결국 2009년 성진제강에서 주체철 제강공법 개발에 성공하였고 2010년에는 김책제철연합기업소(청진제강소 포괄), 2012년에는 황해제철연합기업소와 천리마제강연합기업소에서 제조에 성공하였다고 한다.

김책제철에서는 2010년부터 제조공정에서 중유를 쓰지 않는 고온공기연소식가열로의 자동운전시스템을 김책공업종합대학 자동화공학부 로봇조종공학 강좌 연구집단과 함께 개발하기 시작하여 2015

출처_《노동신문》(지면 촬영)

년에 완료하였다. 이어 2017년부터 산소열법용광로와 산소분리계통으로 이루어지는 통합자동화시스템을 구축하는 사업을 시작하여 2018년 1월 16일에 첫 주체철을 출선하였다(박지민 김책공업종합대학 강좌장 〈첨단돌파전과 인민경제의 주체화〉,《근로자》 2018년 8호).

《노동신문》은 2018년 8월 29일자에서 '김책제철에서 주체쇠물로 첫 강판생산, 석탄가스에 의한 압연강재생산체계 확립'이라는 제목의 기사를 보도하였고, 9월 26일자에서는 "김책제철에서 100% 자체 기술과 연료, 원료로 운영되는 주체철 생산공정을 확립하고 25일 이에 대한 준공식을 진행했다"고 보도하였다. 김일성 시대에 '주체철' 이름이 생긴 지 30년 지나 김정일 시대에 주체철강 제조법이 나왔고 40년 만에 김정은 시대에 와서 주체철 강판을 생산하게 되었다. '강철의 자강력'이 확보된 것이다.

기업명	기원 (준공)	특징	생산능력(2014년말)			
			구리	납	아연	알미늄
남포제련소 (평안남도)	진남포제련소 (1915)	북한 최대의 제련소로 생산량의 70~80%를 수출했으나 설비 노후화, 환경문제로 2000년 12월에 해체				
문평제련소 (강원도)	원산제련소 (1938)	동해안 최대규모 아연생산		35	110	
운흥제련소 (양강도)	(1982)	혜산광산, 운흥광산에서 동광 공급	25.0			
정주제련소 (평안북도)	(1983)	구리, 인비료 등 생산 사금으로 금괴 생산	20.0			
북창알미늄공장 (평안남도)	(1984)	1974년 소련의 기술지원으로 건설				24
단천제련소 (함경남도)	(1987)	2002년 생산공정 자동화 2012년 아미노산 미량원소 복합비료 생산			100	
전국 합계			49.0	93.0	305	24

출처_ 한국산업은행 (《북한의 주요 산업》, 2015, 268쪽)

3. 비철금속공업: 외화획득의 원천

북한에서는 1915년에 진남포에 건설되었던 남포제련소를 비롯해 6개 제련소가 전쟁기간 중에 거의 파괴되어, 전후 복구공사를 거쳐 1960년대에 들어 생산이 개시되었다 한다. 그 후 1980년대에 비철금속 부문 추가 건설이 본격화되면서 중요한 외화수입원이 되어왔다. 아연을 주로 생산했던 남포제련소는 시설노후화와 아연제조 과정에서 배출되는 폐기물이 암을 일으키는 등 환경문제로 2000년에 철거되었다.

2000년대 이후 구리, 납, 아연 등 비철금속 생산 정상화를 위해 중국 등으로부터 설비를 수입하여 문평제련소와 단천제련소 등의 시설을 개조하고 있다.

일반적으로 알려진 비철금속인 구리, 납, 아연, 알미늄 이외에 주목받는 희귀금속으로 인듐과 탄탈룸이 있다. 인듐은 전자제품, 반도체 제조 공정, 액정 화면LCD 제조에 쓰이는 금속이다. 방사성 동위 원소인 인듐-111은 핵의학에서 특정한 단백질이나 백혈구의 이동을 파악하는 데 쓰는 동위 원소 추적자로 많이 사용된다. 인듐은 섬아연광에 포함되어 나오는데 북한은 세계 최대수출국인 중국 다음으로 내장량이 많다고 한다. 현재 중국이 자원무기화로 갈 경우 북한은 주요 대체수출국이 될 수 있다.

탄탈룸은 주로 휴대전화, 컴퓨터, 전기부품, 고성능 저항기와 축전기의 전자회로를 제조하는 데 사용된다. 주로 탄탈석, 콜탄 등에 포함되어 있다. 콜탄은 중앙아프리카의 콩고민주공화국 지역에서 주로 생산되는데 1993년에 가격이 급등하여 이를 두고 내전이 벌어져 540만 명 이상이 사망할 정도로 엄청난 희귀금속이다. 1992년에 일본의 상사가 북한과 접촉하여 탄탈룸의 개발·수입을 협의했을 정도로 관심이 높은 희귀금속인데 북미 간 핵 위기 발생으로 거래가 중단된 바 있다.

과학기술의 진전

북한이 산업생산현장의 중간범용기술에서 기술수준이 낮다고 하는 것은 일반적인 평가이다. 하지만 인공위성 로켓, 잠수함, 미사일 등 군사 분야의 과학기술은 세계적 수준이라고 할 수 있다. 군수공업분야의 컴퓨터수치제어CNC 공작기계가 민수용으로 전환되어 사용되고 있기도 하다. 민수 부문에서도 1960년대에 이미 컴퓨터를 개발하기 시작한 역사도 있다. 1997년 개발한 바둑 인공지능 소프트웨어 '은별'이 1998년 세계컴퓨터바둑대회에서 우승을 차지하기도 했다. 그래서인지는 몰라도 1998년부터 과학기술발전 5개년 계획을 실시해오고 있다.

김정은 시대에 들어서 김 위원장은 2012년에 '새세기 산업혁명'을 제시하며 과학기술 발전을 통한 '지식경제강국'을 건설하겠다는 방향을 제시하였다. 이에 따라 인공지능AI, 빅데이터, 증강현실AR, 블록체인, 사물인터넷IoT 등 다양한 첨단기술이 북한에서도 연구되고 있다. 제4차 과학기술발전 5개년기간(2013~17년)인 2015년에 평양에 건설된 과학기술전당은 북한의 과학기술 발전을 견인하고 있다.

2015년 10월에는 3D 프린터가 의료 분야에 활용되기 시작했고, 2016년에는 '먼거리 의료봉사'라는 이름의 원격진료 서비스가 북한의 모든 도道로 확대됐다. 예를 들어, 생산 분야에서는 전력 부문에서 2017년부터 국가통합전력 관리체계(통합생산관리체계와 통합부하관리체계)가 갱신되어 전력의 효율적 운용이 가능해진 것도 과학기술이 진전된 성과이다.

북한에서는 이미 600만대에 이르는 손전화기(휴대폰 또는 스마트폰)이 사용되고 있다고 한다. 전자기기제조사인 '5월11일 공장'에서 안드로이드 운영체제인 손 터치식 손전화기 아리랑을 생산하고 있고, 만경대기술정보사에서는 '진달래3'를 개발해 내놓고 있다. 손전화기를 통해 북한 내 한정인 인트라넷에서 온라인 쇼핑몰 '만물상'을 이용하고 전자결제 수단인 '나래카드'를 이용한 모바일 전자결제도 활발하다고 한다(《노동신문》 2019년 1월 29일자). 해외 인터넷에 연결되어 있

원산 송도원종합식료공장 과학기술보급실

출처_코리아메디아(KPM)

지는 않지만 마음만 먹으면 연결하는 것은 시간문제이다.

북한은 앞으로도 기술혁신, IT정보화, 첨단산업 육성을 통한 경제의 '단번도약'을 추구하면서 이를 뒷받침하는 과학기술을 중시하는 정책을 강화할 것이다.

북한공업의 발전과제

북한의 공업발전 전략은 일관되게 자강력을 가진 경제자립성을 강화하는 것이다. 그리고 그 힘을 이제 회복하고 있는 것 같다. 전통적인 화학과 금속 부문에서 생산 정상화와 함께 현대적 과학기술의 발전이 결합되어 나타나고 있다. 북한은 이를 지식경제시대의 '과학기술과 경제의 일체화'라고 부른다. 즉, 과학과 기술, 지식이 생산을 주도하면서 과학기술발전과 경제발전이 하나로 유착되는 것이다. 새로 연구개발된 과학기술이 생산에 도입되는 시간이 대단히 짧고 생산활동

종사자 중에 과학자, 기술자, 전문가들의 비중이 높아졌다고 한다. 바람직한 방향이다. 그러나 경제 전반의 발전을 위한 구체적인 세부내용에서는 검토해야 할 과제가 있다고 본다.

먼저 자립경제의 4대 선행 부문先行部門인 전력, 석탄, 금속, 철도운수의 문제이다. 이 4대 선행 부문은 사실 일제강점기 조선경제정책의 기본전략이기도 했고 만주국에서도 적용된 '경사전략傾斜戰略'과 유사하다. 투입자원이 부족한 상황에서 특정 산업 부문에 힘을 집중하면 다른 부문이 후차적으로 따라서 발전한다는 것이다. 일제강점기에 집중 개발된 것이 바로 이 4대 선행 부문이다. 즉 북한이 식민지적 편파성이라고 지적했던 부분들이 식민지 유산으로서 북한경제의 선도적 선행 부문으로 규정되고 있는 것은 아이러니이다. 21세기에는 이 개념을 탈피할 필요가 있다.

앞으로 북한의 공업생산력을 높이고 '인민생활의 향상'에 기여하는 현대적 과학기술을 결합한 경제발전을 이루기 위해서는 다음과 같은 점을 고려하는 것이 좋다고 본다.

1. 공업개발 우선순위 재편

- 석탄을 연료뿐 아니라 원료로 쓰는 탄소하나공업을 화학산업의 중심에 두고 주체비료, 주체철 생산을 밀고 나가되, 주체섬유인 비날론은 의복섬유보다는 다른 산업용 원료로 개발·활용한다. 석유화학산업에 대해서는 남한과 협력한다.
- 4대 선행 부문 정책을 인프라, 에너지, 원료의 자강력 확보정책으로 바꾸고 '중공업 우선과 경공업 동시발전'을 '중공업-경공업 동

시발전'으로 진전시켜 초기부터 민수확대와 수출확대에 연계되는
공업 부문을 발전시킨다.

- 현대적 과학기술과 공업의 연계로서 ICT와 전기전자공업 부문을
중시하고 있는데, 기계공업과 연계된 메카트로닉스 부문을 공업
의 중심 부문으로 명시하고 육성한다.
- 공업개발 지대를 수요지역과 연계하여 균형적으로 발전시킨다.

2. 기업경영 현대화

- 지배인이 명확한 권한을 가지고 경영전략을 짜도록 한다.
- 경영자율권의 위임범위를 확대한다(인사권, 제품선택권, 가격결정권,
자재조달권 등).
- 국영 및 민간상업금융을 법제도적으로 활용할 수 있게 하고 국
내투자를 활성화한다.
- 국가 전략적 경영을 추구하는 국영기업과 사회적기업으로서의 협
동단체, 시장지향적인 민수기업을 차별화한다.

3. 기술혁신과 국제협력

- '과학기술과 경제의 일체화' 방침에 따라 첨단선진기술의 자립을
목표로 기술개발과 도입을 추진한다.
- 중간기술 분야에서 기능인재 육성을 제도화한다(공업고교, 상업고
교, 고등전문학교 설치).
- 기술기능 인력의 해외연수와 국내연수 체계를 수립하여 국제협력
을 강화한다.

3

경제시스템:
사회주의기업책임관리제

북한의 경제시스템은 1960년대 이후 기본적으로 변한 게 없다고 하지만, 북한은 '우리식 경제관리 방법'을 끊임없이 개선하고 확립해야 한다고 말한다. 최근에는 '사회주의기업책임관리제'를 경제시스템의 핵심으로 내놓고 있다.

북한의 산업발전을 시스템 측면에서 이해하기 위해서는 다섯 가지 레벨의 키워드를 가지고 들여다볼 필요가 있다. 다섯 가지 레벨이란 경제시스템 개선, 국제협력, 경제개발구를 통한 지방 육성, 산업입지 균형화, 산업생산력 향상이다. 경제시스템 개선과 국제협력은 국내경제의 지역적 격차를 해소하고 산업입지를 균형화하며 부족경제로부터 탈출하는 데 도움을 준다. 북한의 경제정책의 목표는 자강력에 기초한 산업생산력 향상을 중시하고 이를 위해 '우리식 경제관리 방법'을 확립하여 경제강국을 건설하자는 것으로 보인다. 국제협력과 경제개발구 등은 이를 위한 수단이라는 부수적 위치에 있는 것 같다.

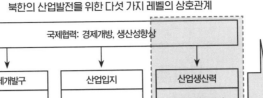

북한의 산업발전을 위한 다섯 가지 레벨의 상호관계

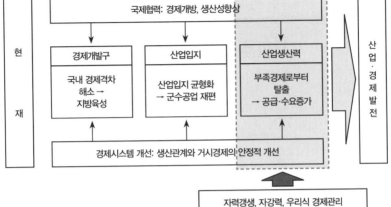

국제협력을 하더라도 수입에 의존하지 않고 국내생산에 기초한 수입대체 공업화정책을 기본으로 해왔다는 점에서는 1960년대 중국, 인도 등 많은 제3세계 발전도상국들이 채용한 정책과 유사하다. 그러나 많은 아시아 국가들은 1980년대 이후로 글로벌화 흐름 속에서 수출지향형 공업화정책으로 전환하여, 외자유입 → 해외시장을 위한 생산활동 활성화 → 기업이익 및 고용증가 → 국민생활 향상, 내수시장 확대 → 외자유입 확대라는 순환구조를 가졌다.

아시아 각국의 경제발전은 글로벌화를 배경으로 한 세계시장 통합의 흐름을 타고 아시아로 생산기지가 이전한 것과 국제금융이 활성화된 덕을 보았던 측면이 크다. 그러다가 1990년대 말에 태국, 한국, 인도네시아 등에서 단기 외자 유입이 급증하여 경기 거품이 발생하다 붕괴해서 '아시아통화위기'가 발생한 쓰라린 경험을 갖고 있다.

북한은 지금까지 수입대체형 공업화정책을 유지하고 있다고 할 수 있는데, 그 배경에는 자력갱생의 주체공업 발전정책과 더불어 미국의 경제·금융 제재가 있는 것도 사실이다. 미국의 경제제재가 사라진다면 북한은 국제협력 부분이 활성화되어 지방의 경제개발구가 육성되고 군수공업 재편 등이 이루어지면서 생산력 발전으로 가는 속도가 훨씬 빨라질 수 있다.

2018년 10월 29일자 《노동신문》 개인필명 논설에서 사회과학원 경제연구소 리기성 교수가 "우리는 다방면적이며 종합적인 경제구조를 전망성 있게, 나라의 경제를 지속적으로 발전시킬 수 있게 완비해 나가야 하며 대외경제 관계를 다각적으로 발전시키고 경제개발구를 활성화하기 위한 사업을 적극 밀고나가야 한다"고 언급한 것은 의미가 있다.

김정일 시대의 경제시스템 개선 경험

경제위기의 시대였던 김정일 시대(1994~2011년)는 군사우선이란 의미의 '선군'이 모든 것을 설명하는 시대였다. 군대가 앞장서서 경제의 난관을 헤쳐 나가 강성대국을 건설하자는 논리였으며, 한편으로는 사회주의 원칙하에 '경제실리'를 추구하는 경제정책이 추진되었다. 사회주의 원칙을 유지한다는 것은 경제정책에서 '개인'을 경제의 주체로 인정하지 않고 '집단주의' 아래 국가의 계획경제를 중심으로 정책을 유지한다는 점이었다. 한편, '경제실리'는 경제정책 결정을 집권화할 것인가 분권화할 것인가 하는 문제와 독립채산제에서 수익성을 실현하는 문제, 그리고 대외경제개방의 범위와 속도에 관한 문제였다.

첫째로 집권화와 분권화의 문제는 집권화의 원칙하에서 분권화의 영역을 확대하는 방향으로 전개되었다. 지방기관의 정책결정에 대한 분권화, 국영기업의 계획 작성 및 수행에서 아랫단위의 창발성을 강화하는 것 등이 여기에 해당된다. 그 주요한 내용은 ① 경제사령부로서의 내각역할 강화, ② 각 경제지도기관에 계획화 권한 이양, ③ 공장 및 기업소의 합리적 조직화와 관리운영의 개선, ④ 생산의 분화 및 전문화 등이었다.

둘째로 경제사업에서의 수익성을 실현하는 문제는 독립채산제에서 원가와 수익의 개념에 근거한 이익실현을 강조하는 방향으로 전개되었다. 구체적으로는 '계획·재정·노무 각 부문의 사업체계와 방법을 개선하여 기업소 관리에서 독립채산제를 올바로 실시하고 지방의 창의성을 높이는 것'이었다.

셋째로 대외경제개방의 범위와 속도 문제는 1990년대 중반까지의 시기와 후반 시기가 다른데 후반 시기에는 외자유치보다는 무역관계를 확대하려는 정책으로 나타났다. 그러나 대외경제개방정책은 사실상 중앙정부의 정책혼선과 투자유치 부진으로 실효를 거두지 못하였다. 1999년에 김룡문 무역부상(당시)이 "자본주의권과의 무역을 확대하고 특수경제지대도 새로 창설할 것"(《조선신보》 1999년 3월 15일자)이라고 한 바와 같이 내각 실무부서의 희망은 대외경제개방의 범위를 확대하고 속도를 더하는 것이었지만, 당의 입장은 대외경제개방의 범위와 속도를 통제하는 것이었다.

위와 같은 세 가지 논점은 이후 2000년대 이후의 경제시스템 개선정책의 출발점이 되고 있다. 김정일 시대 후반기인 2000년 이후 북한은 경제정책에 대한 재검토를 진행하였다. 여기에는 두 가지 상황적 요인이 있었다.

첫째, 통제하기 어려운 경제현실이다. 사회주의 원칙을 유지하는 북한의 경제정책에서 나타난 실제적인 문제는 집단주의를 실행하는 것이 곤란하게 되었다는 점이다. 1999년 4월의 최고인민회의 제10기 제2차 회의에서 상임위원회 부위원장 양형섭이 "계획권 밖에서 경제활동을 벌이는 자그마한 요소도 나타나지 않도록 지도통제한다"라고 보고한 바 있듯이, 실제의 경제현실은 계획권 밖에서의 경제활동이 증가하고 있었다.

즉, 북한당국의 경제정책은 집단주의라는 군중노선에 근거하고 있음에도 불구하고 실제로는 군중과 괴리되고 생산자대중이 정부의 경제정책에 적극적으로 참여하지 않는 상황이 발생한 것이다. 그 한 예로 북한의 소위 '내부문건'(《조선일보》 인터넷판 '섹션NK리포트' 2002년 10월 16일자)에 따르면, "지금 국가가격이 농민시장가격보다 눅은(낮은) 데로부터 장사행위가 성행해 국가에는 상품이 부족하나 개인들에게는 상품이 쌓여 있는 현상이 초래되고 있다"면서 "솔직히 말해 지금 국가에는 돈이 없지만 개인들에게는 국가의 2년분 예산액이 넘는 돈이 깔려 있다"고 설명한 데서도 잘 드러난다.

둘째, 2000년 6월의 남북정상회담을 계기로 한반도에 긴장완화의 분위기가 조성되었다. 이에 따라 북한은 대외관계개선을 적극 추진하기 시작하였다. 2001년에 북한정부가 경제시찰단과 무역대표단을 해외에 파견한 횟수는 미국, 중국, EU, 일본, 싱가포르 등 18개국 21회에 달하였다. 외국경제대표단의 북한방문도 유럽 각국, 중국, 태국 등을 중심으로 13회에 달하였다.

이러한 상황적 요인, 즉, 경제현실의 비통제성과 대외관계의 호전에 따라 북한정부는 경제정책의 재검토를 실시하게 되었다. 그 재검토의 핵심은 첫째로는 식량유민 발생을 막으며 생산자대중을 근로현장으로 되돌리고 근로의욕을 회복시키는 것이었다. 둘째로는 국가의 중앙통제를 완화하여 지방과 하부단위의 자립적 경제행위를 확대하는 것이었고, 셋째로는 대외경제관계를 본격적으로 회복시켜 경제발전에 필요한 생산요소의 공급을 확대하는 것이었다.

북한은 2000년 10월에 《노동신문》 정론(2000.10.3)을 통해, 1995년부터 2000년까지 6년에 걸친 '고난의 행군'을 성공적으로 종료하였다고 선언하였다. 이에 따라 2001년에는 "새 세기의 요구에 맞게 사상관점과 사고방식, 투쟁기풍과 일본새에서 근본적인 혁신을 이룩해 나가는 것"이 강조되었다. 김정일 국방위원장은 중국 상해를 시찰(2001년 1월 16일~19일)하면서 미국계 외자기업인 GM공장과 일본계 외자기업인 NEC전자공장을 방문하고 증권거래소도 방문하였다. 중국공산당 대외연락부 대변인의 발표로는 김 위원장이 "개혁·개방 이후 중국에서 특히 상해에서 일어난 천지개벽과 같은 변화는 중국공산당이 실시한 개혁·개방 노선이 옳았다는 것을 보여준다"며 중국의 개혁·개방 노선을 높이 평가했다고 한다.

또한 낡은 공장이나 설비, 수지가 맞지 않는 사업을 과감하게 폐기하고 새로운 공장을 짓는 사업이 진행되었다. 공장의 생산정상화와 신공장 건설을 위한 수입이 급증했다. 특히. 중국으로부터는 식량, 에너지, 건설용자재의 수입이, EU로부터는 기계류의 수입이 대폭 증가했다.

경제 분야에서의 이러한 혁신은 7·1 경제관리 개선조치의 전단계로서 2001년 10월 3일에 김정일 국방위원장이 당·국가·경제기관 책임일군들과 한 담화인 〈강성대국건설의 요구에 맞게 사회주의경제관리를 개선완성하는 데 대하여〉(10·3담화) 중에 이미 나타나 있다. 김 위원장은 이 담화에서 "사회주의경제관리를 개선하고 완성하는 데서 틀어쥐고나가야 할 종자는 사회주의 원칙을 확고히 지키면서 가장 큰 실리를 얻을 수 있는 경제관리 방법을 해결하는 것"이라고 하면서 계획권한을 분권화하고 기업의 자율성을 강화하며 분배에서 평균주의를 없애자는 등의 방침을 제시하였다고 한다(별첨 참조).

이러한 내용은 2002년 7월부터 소위 '7·1조치'로서 물가·임금의 인상과 함께 전면적으로 실시되었다. 조선로동당출판사가 2005년 9월에 내놓은 '우리당의 선군시대 경제사상해설'은 7·1조치 이후의 경제관리 체계 변화를 집대성하여 해설하고 있다(별첨 참조).

경제계획의 분권화는 경제관리 부문 개혁의 핵심적인 내용이다. 이는 계획 부문의 분권화와 재정 부문의 분권화로 나누어볼 수 있다. 계획 부문의 분권화는, 국가계획위원회가 총공업생산액 또는 기본건설투자액 등 중요 전략지표를 제시하고 나머지는 해당기관이 담당하도록 한다. 지방경제에 있어서는 국가가 총공업생산액 또는 기본 건설투자액 등 중요 지표를 제시하고 세부지표는 지방 자체가 계획하도록 하였다. 기업소 차원에서는 계획의 세부화를 담당하게 되었다.

재정 부문에서는 기업소의 상품가격에 대한 제정권과 계획 외 소득에 대한 처분권을 기업소 자율에 맡긴 것으로 특히 지방공업 부문에서의 경영독자성이 두드러진다. 그리고 공장, 기업소들의 현대화를 위한 설비갱신을 중요한 경제전략으로 내세워, 멈춰 세울 기업과 계속 운영할 기업을 선택하여 집중적인 설비갱신과 생산정상화를 추진하는 정책을 세웠다.

또한 시장의 지위와 역힐에 대한 공개직 규정이 이루어졌다는 것이 중요하다. 2004년 6월의 사회주의상업법 개정을 통해 시장을 꾸리고 관리운영하는 것을 법규화한데 이어, 상기 '우리당의 경제사상 해설'에서 시장의 지위와 역할에 대해 "국영기업을 기본으로 하고 시장을 보조적인 공간으로 이용"한다고 설명하였다. 그리고 "계획경제와 시장을 옳게 배합시키면 모든 경제사업을 국가의 통일적인 계획적 지도를 통해서만 조직 진행하려는 편향을 극복하고 가격과 생산, 류통 분야에서 국내외의 시장을 적극 리용할 수 있다. 또한 새 세기의 변화된 환경과 현실적 조건에 맞게 기업소들 사이의 거래를 더욱 발전시키고 나라의 경제를 활성화할 수 있게 우리식의 경제질서와 사업체계, 방법을 더 잘 세울 수 있다"고 하여 시장의 기능에 대해 긍정적인 평가를 하고 있다.

김정은 시대의 경제시스템 개선: '우리식 경제관리 방법' 등장

김정은 위원장은 2012년에 자신의 시대를 시작하자마자 내각에 "상무조常務組(태스크포스)를 구성하여 경제관리체계에 대한 재검토를

북한경제와 협동하자

시작하였다"고 한다. 김영남 최고인민회의 상임위원장이 베트남을 방문해서 응웬 떤 중 총리와 회담하고 "베트남 경제의 좋은 모델을 공유하고 싶다"고 말한 것도 이 시기인 2012년 8월이었다.

경제관리 방법에 대한 재검토를 진행하면서 북한은 농업과 공업 부문에서 경영의 자율성 확대, 배급제를 개선하는 문제 등을 주로 검토하고 일부 공장, 기업소, 지역에서 시범적으로 시행했던 것 같다('6·28방침'이란 이름으로 남한에 소문이 돌았음). 공식적으로 확인할 수 있는 것은 2013년 1월 1일의 '김정은 신년사'인데, 경제관리 방법을 개선 완성하고 창조된 좋은 경험들을 일반화하자는 내용이 들어 있는 것으로 보아 2012년에 시범적인 조치가 있었던 것은 사실인 것 같다.

김정은 시대의 우리식 경제관리 방법이 공식적으로 언급된 것은 2013년 3월 31일 노동당중앙위원회 전원회의에서 김정은 제1비서(당시)의 의정보고에서였다. "현실발전의 요구에 맞게 경제지도를 근본적으로 개선하며 주체사상을 구현한 우리식의 우월한 경제관리 방법을 완성하여야 한다"는 내용이 그것이다. 그 직후인 4월부터 우리식 경제관리 방법이 실시되었다. 이 내용은 일본에 있는 총련 기관지인《조선신보》가 관련 소식을 전하면서 알려지게 되었다.

2013년 4월 24일자《조선신보》는 새로운 경제관리 방법의 핵심이 '경영권한을 현장에 부여한 것'이라고 밝혔다. 즉 계획 수립에서부터 생산, 이익의 처분에 대해 기업소의 권한을 확대하고, 기업분배 몫에서 설비투자, 생활비(임금) 인상, 후방공급(식료품 등 소비재 공급) 확대 등 기업소가 자율적으로 결정할 수 있고 수출도 기업소가 자체적으

김정은 국무위원장의 '5·30 담화' 내용

구분	내용
원칙	생산수단에 대한 사회주의적 소유를 옹호고수하고 집단주의 원칙을 철저히 구현
우리식 경제관리	주체사상의 원리를 사회주의제도의 본성에 맞게 근로자대중이 경제의 실제적인 주인이 되어 생산과 관리에서 주인으로서의 책임과 역할을 다하도록 하는 경제관리 방법
실리	객관적 경제법칙과 과학적 이치에 맞게 하여 최대한의 경제적 실리를 보장
혁신성	과학기술과 생산경영관리를 결합하고 과학기술의 힘으로 경제를 발전시킴
사회주의기업 책임관리제	• 제품개발권, 품질관리권, 인재관리권을 행사하여 기업체의 경쟁력을 높임 • 직장, 작업반, 분조 단위에서 담당책임제를 실시하여 생산성을 높임 • 노동평가와 분배방법을 사회주의 원칙대로 하여 일한 것만큼 번 것만큼 보수를 공정하게 받도록 함 • 생산과 관리의 주인인 근로자들의 건강과 노동안전, 물질문화생활 조건을 책임지고 보장함 • 경제관리 사업에 대한 당의 영도를 보장하며 정치사업을 앞세움(당위원회의 집체적지도를 철저히 실현)

출처_ 김정은, 〈현실발전의 요구에 맞게 우리식 경제관리 방법을 확립하는 데 대하여: 당, 국가, 군대기관 책임일군들과 한 담화(2014.5.30.)〉. 원문은 공개되지 않았음.

로 결정할 수 있게 되었다고 소개하였다.

'우리식 경제관리 방법'이 체계적으로 정형화된 것은 2014년 5월 30일의 소위 김정은의 '5·30담화'에서였다. 이 담화는 김정일 시대의 '사회주의 원칙과 경제적 실리추구'라는 경제관리 원칙(김정일 시대의 경제관리 방법에 대해서는 《노동신문》 2002년 1월 29일 사설 〈우리식사회주의경제관리의 우월성을 더 높이 발양시키자〉에 잘 나타남)을 이어받으면서 과학기술을 강조하고 구체적인 지침으로서 '사회주의기업책임관리제'를 실시하자는 내용이다. 김정일 시대까지 '우리식 사회주의경제관리'라고 표현해왔던 것을 '우리식 경제관리'라고 이름을 바꾸고 그 실천방법에서 '사회주의기업책임관리제'라는 용어를 만들어냈다.

김정은의 노작인 '5·30담화'의 내용은 9월에 이르러 노동당 기관지인 《노동신문》과 《근로자》, 그리고 내각의 기관지인 《민주조선》을

2014년 11월 5일 개정된 북한의 기업소법에서 새로 부여된 경영권한

	경영권한과 관련조항	내용
①	계획권 (제31조)	• 자체의 실정에 맞게 현실적인 계획을 세움 • 인민경제계획을 어김없이 실행 • 기업소지표는 수요기관, 기업소, 단체와 주문계약을 맺은데 따라 자체로 계획화하고 실행, 지역통제기관에 등록함
②	생산조직권 (제32조)	• 생산조직을 합리적으로 할 것 • 원자재를 보장받고도 생산계획을 미달하면 기업소가 책임짐
③	관리기구와 로력조절권 (제33조)	• 종업원의 기술기능 수준을 높여 노동생산능률 향상 • 자체의 실정에 맞게 관리부서를 통합정리, 직능과 책임한계를 명확히 정함, 생산 부문의 로력비중을 늘림
④	제품개발권 (제34조)	• 세계를 압도할 수 있는 새기술, 새제품개발을 적극 추진하여 기술집약형 기업으로 전환
⑤	품질관리권 (제35조)	• 대외적으로 이룩된 성과, 기업소의 기술적 가능성에 대한 연구분석에 기초하여 품질 제고 목표 규정 • 판매제품의 질과 신뢰성을 일정기간 의무적으로 보장 • 품질관리체계 인증, 개별제품 품질인증 사업
⑥	인재관리권 (제36조)	• 인재를 기술대학에 보내 공부시키거나, 공장대학, 공장고등기술전문학교, 통신 및 야간교육망 같은 일하면서 배우는 교육체계를 세움
⑦	무역과 합영, 합작권 (제37조)	• 대외경제활동으로 생산에 필요한 원료, 자재, 설비를 자체로 해결하면서 설비와 생산기술공정의 현대화 실현
⑧	재정관리권 (제38조)	• 경영자금을 주동적으로 마련함 • 부족되는 경영활동자금을 은행으로부터 대부받거나 주민유휴화폐자금을 동원이용 가능
⑨	가격제정권 (제39조)	• 정해진 범위 안에서 생산물유통을 자체로 실현하여 원가를 보상하고 생산을 늘림 • 주문계약생산 또는 자체지표로 생산한 제품은 원가를 보상하고, 생산확대를 실현하도록 구매자의 수요와 합의조건을 고려하여 가격을 자체적으로 정함
⑩	판매권 (제39조)	• 기업소지표로 생산한 생산물을 수요자와 계약을 맺고 직접 거래하며 소비품, 생활필수품, 소농기구와 같은 상품들은 도소매기관, 직매점과 직접 계약하고 판매할 수 있음

출처_ 조선민주주의인민공화국 기업소법

통해 대대적으로 소개되었고, 2015년 상반기까지 후속적인 설명(《근로자》 논설)과 기업소법, 농장법 등 관련법의 개정으로 이어졌다.

2014년 11월에 개정된 기업소법(2010년 제정)에는 사회주의기업책임관리제 실시와 우리식 경제관리 방법 명시, 그리고 자율적 경영권한 부여와 주민의 유휴화폐자금동원 가능 등이 새로 추가되어 당의 방침을 법으로 제도화한 것을 확인할 수 있다.

2016년과 2017년에는 김정은 위원장의 '신년사'와 '제7차당대회 보고' 이외에는 이렇다 할 설명이 보이지 않다가, 2018년에 들어 4월의 노동당 중앙위원회 전원회의에서 '핵·경제병진노선'을 결속하고 '경제집중노선'을 채택한 후에 4월 23일 《노동신문》 사설, 7월과 8월에 《근로자》 논설, 10월 29일 《노동신문》 개인필명 논설 등을 통해 우리식 경제관리 방법이 다시 강조되고 있다.

우리식 경제관리 방법은 ① 국가차원의 경제운영방법과 ② 기업체(공장, 기업소, 협동단체, 협동농장을 포괄) 차원의 관리운영방법을 합쳐서 일컫는 말이고, 사회주의기업책임관리제는 기업체 차원의 관리운영방법을 따로 일컫는 말이라 할 수 있다.

국가차원의 경제운영방법에 대해 북한은 국가의 통일적인 지도와 전략적 관리, 그리고 당의 영도領導를 보장하는 것에서 일관되어 있다. 다만 과거 시대와 달리 '전략적 관리'라는 개념에 새로운 의미가 부여되고 있다고 할 수 있다. 과거에 장기 경제계획으로 불리던 개념이 사라지고 대신 전략적 관리 또는 전략적 경제관리라는 말이 사용되고 있다.

이는 "국가가 모든 부문, 모든 단위의 생산경영활동을 세부에 이르기까지 모두 틀어쥐고 지도관리하는 것이 아니라 경제발전의 중심 고리를 틀어쥐고 거기에 력량을 집중하여 경제전반을 활성화해 나가는 원칙에서 경제를 지도관리하는" 것이다(윤진아 〈경제사업에 대한 국가의 전략적 관리를 실현하는 데서 나서는 중요 문제),《경제연구》2018년 1호).

다시 말해, 북한에서는 국가의 전략적 경제관리에서 기존의 장기 경제계획을 설정하지 않고, 당의 영도 아래 타산한 경제발전전략에 기초하여 경제의 중심고리 부문에 집중하여 법률, 제도적 정비와 경제조직적 대책으로서 단계별 계획을 강구한다. 그리고 기존에 해왔던 기업에 대한 많은 관리권한을 기업에 주어 기업이 실제적인 권한을 가지고 기업활동을 하게 하는 것이다. 이 부분이 사회주의기업책임관리제이다.

사회주의기업책임관리제의 의미와 실제 사례

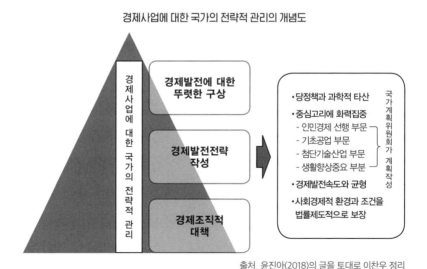

경제사업에 대한 국가의 전략적 관리의 개념도

출처_ 윤진아(2018)의 글을 토대로 이찬우 정리

사회주의기업책임관리제에 대한 설명(2016.7.)

사회주의기업책임관리제

공장, 기업소, 협동단체들이 사회주의기업책임관리제를 실시하는것은 우리 식 경제관리방법에서 중요한 내용을 이룬다.

사회주의기업책임관리제는 공장, 기업소, 협동단체들이 생산수단에 대한 사회주의적소유에 기초하여 실제적인 경영권을 가지고 기업활동을 창발적으로 하여 당과 국가앞에 지닌 임무를 수행하며 근로자들이 생산과 판매에서 주인으로서의 책임과 역할을 다하게 하는 기업관리방법이다.

사회주의기업책임관리제에서 기업체들에 부여된 경영권에는 확대된 계획권과 생산조직권, 관리기구와 로력조절권, 제품개발권과 품질관리권, 인재관리권, 무역과 합영, 합작권, 재정관리권, 생산물의 가격제정권과 판매권이 포함된다.

기업체들에 실제적인 경영권을 준다고 하여 생산수단에 대한 소유권과 경영권이 갈라지는것은 결코 아니다. 모든 기업체들은 국가의 통일적인 지도밑에 자기에게 부여된 경영권을 행사하여 온갖 예비와 가능성을 남김없이 동원하고 생산과 판매에서 근로자들의 창조력을 적극 발동시켜 자기 단위에 맡겨진 국가 과제를 무조건 수행하여야 하며 국가의 경제발전전략에 기초하여 자기 실정에 맞는 합리적이고 효률적인 경영전략, 기업전략을 세워 생산을 적극 늘이고 지식경제시대의 요구에 맞게 확대발전시켜나가야 한다.

출처_《근로자》(지면 촬영)

사회주의기업책임관리제에 대해서는 2016년 7월에 발간된《근로자》7호가 소개한 바 있다.

이상의 내용들을 보면 북한의 경제관리 방법이 생산관계의 세 가지 측면인 ① 소유관계인 생산수단(토지, 건물, 기계설비, 원자재 등)의 사회주의적 소유, ② 조직관계인 국가의 통일적인 지도하의 집단주의적 경영, ③ 분배관계인 이익배분과 가격의 측면에서 소유관계는 그대로 두고 조직관계와 분배관계를 부분적으로 개선한 것임을 알 수 있다.

사회주의적 소유관계는 흔들릴 수 없는 근본적인 요구로 되어 있다. 조직관계에서도 당위원회의 집체적 지도(1961년 12월 도입한 '대안의 사업체계')에 변함이 없다. 우리식 경제관리 방법의 북한식 일관성이라고 해야 할 것 같다. 소유관계와 조직관계에서 시장경제지향적 개혁관은 찾아볼 수 없다. 그래도 중요한 점은 기업체의 관리운영 측면에서 '실제적인 경영권'으로서 부여된 총 10항목의 경영권한을 가지고 기업활동을 창발적으로 할 수 있게 되었다는 점일 것이다(기업소법에 명문화).

그런데 국가 차원의 경제운영방법과 기업체 차원의 관리운영방법이 상호충돌하면 어떻게 되는가 하는 것이 문제이다. 기업체는 국가과제를 무조건 수행해야 하는 임무가 있고 자기 실정에 맞는 합리적이고 효율적인 경영전략으로 생산을 늘려 근로자들의 생활을 향상시켜주어야 할 임무도 있다. 이 둘이 모순되는 경우가 있다면 어찌하는가?

2018년 7월에 발간된 《근로자》 7호에는 김경렬이 쓴 〈사회주의원칙을 지키는 것은 우리식 경제관리 방법 확립의 근본요구〉라는 글이 실렸다. 여기에 보면 다음과 같은 내용이 있어 기업체들의 현실을 조금은 들여다볼 수 있다.

"최근에 일부 공장, 기업소들과 협동단체들의 생산이 활성화되지 못한 데로부터 기업관리 질서가 헝클어지고 경제생활에서 사회주의와는 인연이 없는 비정상적인 현상들이 나타나고 있다…(생략) 만일 기관, 기업소 단체들이 개인들이 비법적으로 소유하고 있는 설비들을 등록해주고 돈벌이를 시키는 것을 비롯하여 사회주의적 소유를 침해하는 현상들을 허용하게 되면 점차 사회주의경제제도가 침식되어 그 우월성을 발양시킬 수 없게 되며 나아가서 우리식 사회주의제도를 위험에 빠뜨릴 수 있다. (생략) 기관, 기업소들과 단체들에서 본위주의에 사로잡혀 국가의 리익은 안중에도 없이 자기 단위의 리익만을 생각하면서 제품과 원료, 자재, 수입물자들을 가지고 부당하게 거래하거나 사회주의적 상품공급 질서와 국가가격 규률을 어기며 개별적인 주민들의 비법적인 장사행위를 묵인 조장시키는 것과 같은 비사회주의적 현상들이 나타나지 않도록 철저히 경계해야 한다. 이러한 현상들을 각성 있게 대하지 않고 그냥 내버려두면 그것이 사회적인 풍조로 자랄 수 있으며 그렇게 되면 우리 사회가 점차 부익부, 빈익빈의 사회로 되고 결국에는 사회주의의 본태를 잃게 되는 돌이킬 수 없는 후과를 가져오게 된다. 경제지도일군들은 원가보상의 원칙에서 공장, 기업소를 관리운영하면서도 사회주의 원칙에서 추호도 탈선하지 말아야 한다."

역시 현실은 그리 호락호락하지 않은가 보다. 2017년 하반기 이후 2018년에 북한은《노동신문》의 사설과 논설,《근로자》의 논설,《경제연구》의 논문 등을 통해 사회주의 원칙을 강조하고 국가의 통일적 경제관리 강화, 체계와 질서를 세우는 문제를 집중적으로 제기하고 있다. 이는 기업체의 자율적 경영권한 강화가 비사회주의적 개인소유의 시장형경제로 이어지는 현상들이 나타나고 있다는 반증이기도 하다.

김경렬의 논설에도 나오는 '원가보상의 원칙'과 '사회주의 원칙'은 북한의 기업소 현장에서 자주 충돌하는 문제이다. 예를 들어, 기업소 A가 계획 밖의 생산으로 외화 5달러를 들여 수입한 원료의 원료비 포함 제조경비 6달러(임금 제외)로 소비품B를 생산하여 시장가격 또는 협의가격으로 8달러(시장환율로 64,000원)에 판매한다고 하자. 이 부분에 대해서는 원가보상의 원칙으로 기업체가 가격제정권과 판매권을 갖는 기업소법 제39조가 적용된다. 그러면 기업소A는 소비품을 팔아 개당 2달러(16,000원)의 번수입이 생기고 여기서 근로자 생활비(임금)를 더 올려줄 수 있는 능력이 생긴다. 여기까지는 사회주의 기업책임관리제로 아무 문제가 없다.

그러나 만일 갑자기 국가가 기업소A가 생산한 소비품B에 대하여 인민생활 향상을 위한 국정가격 공급제품으로 새로 지정(예를 들어, 개당 800원 = 국정무역환율 8달러)하여 생산계획(국가지표)을 내리게 되면 이야기가 달라진다. 기업소법 제39조에 정한 '정해진 범위 안에서의 가격제정권'을 벗어나는 일이 벌어진다. 그러면 기업소A는 계획물량을 국가에 국정매입가격으로 공급해야 한다. 국영상점은 그 소비품B를 국정가격으로 팔거나 전국의 국영시설, 군대, 영예군인 등에게 공급하게 된다. 기업소A가 국가로부터 받는 국정매입가격의 내화가 무역환율 기준으로 외화로 바꿀 수 있는 것이라면 문제가 없지만, 시장환율로 바꿀 수밖에 없다면 800원은 10센트밖에 안 되어 외화 5달러와 제조경비를 전혀 건질 수 없는 말도 안 되는 상황이 벌어진다. 국정가격과 시장가격이 혼재하는 가격시스템에서 국정가격은 국정무역환율로 외화교환이 가능하거나 시장가격으로 전환할 수 있는 '외화바꾼돈표(태환권)'와 같아야 한다.

그런데 지금 태환권이 없어진 상황에서 국정가격으로 받은 내화는 은행계좌에 화폐숫자로 존재한다. 국정가격 기준의 매매에 쓰이거나 무역환율로 외화교환이 가능하도록 되어 있고, 또는 출금하여 임금으로 지불되어 근로자는 이 돈과 쿠폰수첩으로 국정가격의 물건을 구입할 수 있다. 그러나 국가에 외화가 부족한 상황에서 무역환율로 외화교환이 거부되면 기업소A는 소비품B의 생산을 포기하게 된다. 맡겨진 국가의 과제를 도저히 수행할 수 없게 되는 것이다. 기업소가 자신의 생산제품이 국가계획에 물리는 것을 꺼리는 문제가 발생하는 것이다.

이렇게 볼 때 문제는 사회주의 원칙을 제대로 지키지 않는 데 있다고도 할 수 있다. 국가가 갑자기 국정가격 제품으로 지정하는 일을 하지 않으면 된다. 국가는 당정책에 따라 전략적 중심고리에 집중하고 사회주의적 소유체계와 집단주의가 부정되지 않는 한 민생 부문은 국영의 공장, 기업소와 협동단체 그리고 협동농장에 맡기는 방향이 우리식 경제관리 방법이요 사회주의기업책임관리제가 되어야 할 것이다.

다음으로 사회주의기업책임관리제의 실제 사례들을 살펴본다.

1. 시범공장 평양326전선공장

평양326전선공장은 북한 최대의 전선케이블 생산공장(종업원 1,500명)으로 1962년에 설립되었다. 국가가 확대된 계획권과 생산조직권, 제품개발권, 판매권 등을 부여하였기 때문에 국가가 지정한 제품의 생산계획(국가지표)을 실행하는 한편으로 신제품을 독자적으로 개발하여 생산(기업소지표)하거나, 지정제품 및 독자개발 제품에 대해서 구매자와 주문계약을 맺어 생산하여 판매할 수 있게 되었다.

국가계획제품생산에 대해서는 국가가격제정위원회가 설정한 국정가격이 적용되지만, 자체개발한 제품에 대해서는 가격제정권을 부여받았기 때문에 가격신고만으로 시장에 판매할 수 있게 되었다. 설비

북한경제와 협동하자

평양326전선공장에 대한 소개(2018.6.25.).
영상 전체 제목은 '새로운 승리를 위해 들끓는 조선의 현장들'이다.

출처_ 조선신보(캡처)

갱신 등으로 잉여인원이 나올 경우는 로력조절권으로 노동력삭감을 제기할 수 있으며, 재정관리권을 이용하여 기업이익에서 노동보수 몫을 늘려 임금을 올릴 수 있게 되었다.

이리하여 임금을 2012년 8월부터 단계적으로 인상하여 2013년 4월에 기존임금의 20~30배 임금으로 현실화하였다 한다. 그리고 공장 내에 상점(직매점)을 설립하여 노동사들이 요구하는 식료품과 일용품을 공급하고 또한 종업원휴양시설(휴게, 스포츠, 이발, 미용)을 운영하며, "자체의 수익에 기초하여 살림집도 건설하여 종업원들의 주택문제를 해결하고 있다"고 한다.

게다가 노동자들이 "일욕심이 생겼다"고 한다. 자기 맡은 작업에 대한 책임성이 높아졌으며 특히 기술자들은 자기 기술급수를 올리기 위해 학습을 많이 하게 되었다. 그 이유는 원래 기술급수에 따라 임금이 올라가게 되어 있었는데 임금이 전반적으로 올라감에 따라 급수에 따른 상승액도 그에 비례하여 올라가게 되었기 때문이다(《조선신보》 2013년 4월 24일자). 그 결과 2013년의 생산량은 2012년의 2배로 증가하였고, "이 공장에서 3~4년 일을 하면 살림집이 차려진다"는 말도 나왔다 한다(《조선신보》 2014년 4월 4일자). 2018년 6월에는 수입에 의존하던 수지전선피복을 국산으로 생산하게 되었다는 소개도 있다(《조선신보》 2018년 6월 25일자 동영상 보도).

위와 같이 '평양326전선공장'은 우리식 경제관리 방법의 우수한 시범사례에 속한다. 기타 여러 기업들에서 사회주의기업책임관리제를 실시하여 기업이 독자적으로 생산하는 기업소지표의 생산증가로 근로자들에게 주는 생활비가 많이 상승하였다 한다.

북한경제와 협동하자

2. 선교피복공장과 원산구두공장

평양의 선교피복공장은 2013년에 봉제공의 생활비가 전년의 2만 원에서 16만 원으로 오르고, 이와 별도로 식용유 5kg, 설탕 1kg, 조미료 500g을 매달 지급하여 현물지급을 포함한 생활비지급총액이 시장환율로 30~40달러에 상당한다는 현지조사도 있다(JETRO '2014년도 북한경제 조사', 2015년 3월). 2016년에 평양을 방문한 일본의 《동양경제신보》 후쿠다 케이스케 기자가 사회과학원 경제연구소 김철 소장을 인터뷰한 기사에 따르면 "원산구두공장은 생활비에 더하여 생산증가분에 대해 종업원의 노동량에 따라 현금 또는 현물로 지급한다"고 한다(〈북한경제가 사회주의에 집착하는 이유〉,《동양경제온라인》, 2016년 11월 2일자).

3. 금컵체육인종합식료공장

재미있는 것은 금컵체육인종합식료공장의 사례이다. 금컵체육인종합식료공장은 주로 떡, 빵, 소시지, 과자, 사탕, 껌, 주류, 음료 등 29종 460가지 제품을 생산하여 체육인들에게 영양식을 공급하는 것을 목적으로 세워진 국영공장인데 일반인을 대상으로 판매하는 판매소가 공장에 있고, 평양의 대형마트인 광복지구상업중심 1층 식료매장에도 매점이 있다. 사회과학원 김철 소장은 이 식료공장의 노동자 임금이 월 45~60만 원이라고 밝히고 있다.

사회주의계획경제에서는 노동자의 생산력 향상을 위한 경쟁은 있지만 시장에서 생산제품을 놓고 경쟁기업과 경쟁하는 시장경쟁은 별로 들어보지 못했다. 그런데 북한에도 소비품 생산기업 간에 시장경쟁이 치열한 것 같다. 금컵무역회사 리정호 사장이 《근로자》 2015년 4호에 실은 〈성과의 비결은 기업전략을 바로 세우고 사업을 헌신적으로 해나가는 데 있다〉에 그 이야기가 나온다.

리 사장은 "몇 해 전까지 전렬에 섰던 어느 식료공장은 경쟁대상들이 따라오는데 계속 1등의 자리를 고수할 수 있는가 하는 기자들의 물음에 문제없다고 대답했다. 그러나 오늘날에 와서는 생산량에서나 제품 가짓수에서나 우리 공장에 엄청나게 압도되고 말았다. 격차가 벌어진 것은 기업전략의 차이, 일군의 두뇌, 실력의 차이에 있었다"라고 언급하였다. 그리고 "우리 단위가 경쟁자들에게 도전하며 애쓴 결과 우리 공장의 것으로 남조선 식료품을 확고히 밀어냈고 중국산 식료품을 압도했다는 것은 누구나 아는 사실이다"라고 하면서 국제적인 경쟁력까지 갖추어 유럽지역으로도 진출하고 있다고 말했다.

이 회사는 독자경영권이 강화된 것을 바탕으로 새 제품 개발 위주의 경영전략을 세워 "남의 것이라도 좋은 것은 무엇이나 우리의 구미에 맞게 빨리 받아들여 우리의 것으로 소화하면 그것이 우리의 것을 늘이는 과정으로 된다"는 입장에서 새 기술, 새 제품으로 세계적인 식료품 생산에 뛰어들고 있다고 한다. 또한 위에서 언급한 리 사장은 "판매로 얻은 자금을 이용해 수산사업소나 식당 등 새로운 영역에서 사업을 전개하고 있다"(《조선신보》 2015년 8월 3일자)고 밝혀, 사업 다각화를 기업전략으로 하고 있음을 알 수 있다. 이 금컵식료공장은 2016년 2월에 자동화, 무인화, 무균화, 무진화가 실현된 신공장으로 개건되었다. 그 과정에서 김정은 위원장의 현지지도도 있었다. 설비는 주로 중국에서 들여왔는데 최신식 설비는 아니지만 경쟁력을 갖출

금컵체육인종합식료공장에 대한 소개(2017.2.25.).
영상 전체 제목은 '우리의 기준은 인민의 요구, 금컵체육인종합식료공장을 찾아서'

출처_ 조선의 오늘(캡처)

도쿄에서 촬영한 금컵체육인종합식료공장 생산 땅콩과자

수 있는 제품을 만들고 있다. 2018년 7월에 생산한 땅콩과자를 재일교포로부터 선물 받아 먹어보았는데 소박하나 구수한 맛으로 어릴 적 먹던 과자 맛이었다. 바삭바삭하기보다는 좀 눅눅하고 땅콩이 생각보다 좀 적게 들어 있었다.

사회주의기업책임관리제의 전망

북한의 '우리식 경제관리 방법'은 아직 실험 중이라고 해도 과언이 아니다. 앞으로 계속 개선해가면서 어떤 모습을 확립하게 될지 궁금하다. 현재 기업소에 부여된 10항목의 경영권이 실제로 어느 정도 부여되는지 그 양과 질에 대해서 알 수 있기를 바란다. 과감히 소개하고 선전해도 좋을 것이다. 참고로 중국의 경우에는 개혁개방을 통해 14항목의 독자경영권이 부여되었는데, ① 생산할당거부권, ② 내부기구설치권, ③ 임금, 보너스분배권, ④ 인사관리권, ⑤ 노동자채용 및 해고권, ⑥ 공동경영권, ⑦ 자산처분권, ⑧ 내부유보자금지배권, ⑨ 투자결정권, ⑩ 수출입권, ⑪ 물자구입권, ⑫ 제품판매권, ⑬ 제품가격제정권, ⑭ 생산경영결정권 등이다. 1997년 기준으로 기업의 독자적 결정비율을 보면 생산할당거부권이 30%대, 수출입권이 50%대, 공동경영권이 60%대인 것을 제외하면 대부분 80% 이상이 기업의 독자적 판단으로 결정되었다고 한다.

그리고 기업의 경영체계를 보면, 중국은 1984년 10월 공산당 제12기 3차 중앙위원회 전체회의에서 '경제체제개혁에 관한 중공중앙의 결정'을 공표하여 '당의 집단지도, 종업원의 민주관리, 공장장의 행정지도'를 원칙으로 공장장(사장)이 일상적인 경영관리권한을 갖도록 하였다. 그리고 1987년부터 기업 소유권과 경영권을 분리하여 공장장이 청부경영책임을 지는 것으로 되어, 경영의 책임이 공장당위원회로부터 공장장(총경리)으로 넘어갔다. 북한은 현재도 기업의 소유권과 경영권을 분리하지 않고 공장당위원회를 최고지도기관으로 하는 집체적 지도체계(대안의 사업체계)이다. 공장당위원회는 해당 공장의 초급당위원장, 지배인, 기사장, 근로단체 책임자, 노동자 대표, 기술자 대표가 참가하는 회의형식의 집체적 지도체계이다.

2010년에 새로 제정된 기업소법에 '대안의 사업체계'가 명문화되어 있지 않지만, '농장법'에 당의 농업정책인 '청산리방법'이 언급되지 않듯이 헌법 이외의 국가 법률체계에 당의 영도를 명문화하지 않는데 따른 것이고 실제로는 당위원회 중심의 집체적 지도체계가 지금도 이루어지고 있다. 다만 현실발전의 요구에 맞게 기업소 지배인이 '기업소를 대표하며 기업소 전반사업을 책임'(기업소법 제21조)지는 역할을 한다. 그래서 능력과 품성을 갖춘 지배인은 종업원 대중으로부터 신뢰받는 '우리 지배인'으로 불리면서 경영관리의 핵심적인 역할을 담당한다고 한다.

북한은 공장, 기업소, 협동단체, 협동농장 등 개별 생산 단위의 자율성을 확대하는 것을 경제관리에서 주요 목표로 하고 있고, 국가가 이를 당의 영도하에 통일적으로 관리한다는 입장이다. 이것이 성과를 내려면 거시경제 부문에서 임금, 가격체계, 재정, 금융 등 전반에 걸친 정책조정이 필요하다. 재정문제에서 시장수매가격을 적용하는 것은 재정적자를 야기하는 문제가 있고, 도시노동자 임금과 밀접하게 관련된다. 임금인상과 물자 및 상품 공급능력이 비례하지 않으면 늘어난 통화량으로 심각한 인플레가 발생하는 것은 필연이다. 그러나 2019년 초까지 쌀을 비롯한 소비재 물가가 안정적인 성향을 보이고 있는 것은 공급이 안정되어 있다는 반증이다.

경제제재하에서도 국내공급이 안정되고 있는 것은 북한이 말하는 자강력의 징표이기도 하다. 물론 경제제재망을 회피하는 국제무역을 떠올려볼 수도 있지만, 기본적으로 원유를 제외하고는 국내생산이 정상화에 들어섰기 때문이라고 볼 수 있다. 2000년대 이후 들여오거나 만든 현대적 설비들로 공장이 새로워진 것이 북한말로 '은(성과)'을 내고 있다고 할 수 있다.

소유관계와 조직관계에서 사회주의적 소유와 집단주의적 운영에 개혁을 가하지 않는 것이 북한의 '우리식'이다. 전면적인 시장경제화로 가지 않고 조직관계에서 생산단위의 경영자율성을 높이고 분배관계에서 생산과 관리의 주인인 근로자의 생활향상을 추구하는 것이 사회주의기업책임관리제라고 정리할 수 있다. 그렇다면 국유 부문만 제외하고 생각하면 이 방법이야말로 협동조합적 운영방식으로 바꾸어 설명할 수 있다. 사회적경제로 다시 설명할 수 있는 길이 있다. 사회주의 발전의 과도기적 현상이라고 규정한 협동적 소유에 대해 유연한 접근을 해보길 권유한다. 북한이 언급하는 경제관리 설명에서 '협동'이 빠지지 않는 이유에 대해 북한과 미래지향적으로 대화하자.

류원신발공장에서 생산된 신발 전시대, 화장품 '은하수', 백화점 의류 상점

출처_ 코리아메디아(KPM)

별첨 1. 김정일 국방위원장의 2001년 '10·3 담화'의 내용과 기존 정책 비교

	항목	김정일 위원장의 지시내용	전통적 경제정책
①	경제계획권한 이원화	국가계획위원회는 전략적·국가적 중요 지표를, 해당기관·기업소는 세부지표를 계획화한다.	계획의 일원화·세부화 원칙에 따라 국가계획위원회가 담당하였다.
②	사회주의물자교류시장 운영	자재공급은 계획을 기본으로 하면서, 과부족되는 원자재·부속품 등을 기업소 및 공장 간에 교류한다.	자재는 국가물자공급위원회가 계획적으로 공급하였다(대안의 사업 체계). 단, 예비물자에 대해서는 '물자교류 시장'이 1969년부터 존재해왔다.
③	기술경제적 계획과 재정계획 중시	기술계획과 원가·이윤·재정 계획을 현실성 있게 바로 세우고 물자·자금의 낭비를 막는다.	기술·재정계획을 무시하여, 생산과 건설만 하면 된다는 편향이 있었다.
④	기업의 자율성 강화	연합기업소, 협동농장 등 모든 공장기업소들을 생산 전문화의 원칙에서 조직 운영, 지도관리한다. 독립채산제를 강화한다.	생산운영에 대한 국가의 계획적 지도관리가 우선이었다.
⑤	지방공장에 상품의 가격·규격제정권 부여	지방공업이 생산하는 소비품의 가격·규격은 상급기관 감독 하에 공장자체로 제정하여 생산·판매한다.	국가가격제정국이 소비품의 국정 가격을 제정하였다(가격일원화).
⑥	분배에서의 평균주의 배제	근로자의 생활을 안정향상시킨다. 노동량의 질이 높은 사람은 물질적·정치적으로 응당한 평가를 받게 한다.	분배의 원칙은 노동의 양과 질에 따라 분배되는 것이지만 국가적 혜택이 평균적으로 분배되는 경향이 있었다.
⑦	임금과 무상지원 개선	국가의 무상공급, 국가보상, 기타 혜택들을 검토해서 없앨 것은 없앤다. 상품가격과 생활비를 전반적으로 고쳐 정한다. 무료교육, 무상치료, 사회보험 등은 유지한다.	현물배급제도가 기본으로 임금은 생활비로서 보조적 수단이었다.
⑧	과학기술, 정보산업의 발전, 외국과의 협력	경제의 현대화, 정보화를 적극 실현한다. 외국과의 과학기술 교류를 각 방면으로 최대한 발전시킨다.	

북한경제와 협동하자

별첨 2. 《우리당의 선군시대 경제사상해설》(2005)의 주요 내용 및 분석

선군시대 경제건설의 목표와 전략적 노선

• 주요 내용

1. 경제건설의 목표: 사회주의 경제강국 건설
    1) 자립성과 주체성이 보장된 민족경제
        ① 자체의 힘에 의거하여 경제발전
        ② 인민을 위하여 복무하는 경제: 물질적 부가 인민들에게 얼마나 돌아가는가 하는 양
           에 의해 규정되는 것이 아니라 그것이 누구를 위하여 창조되었는가 하는 본질에 의
           해 규정
    2) 경제의 현대화·정보화
    3) 인민들이 세상에 부럼 없이 잘사는 나라
    4) 강력한 자위의 군사력에 의해 나라의 안전 담보

2. 사회주의경제건설의 전략적 노선
    1) 국방공업의 우선적 발전과 경공업과 농업의 동시적 발전
    2) 인민군대의 선봉적 역할에 의거하여 전체 인민을 경제강국 건설에 떠미는 선군정치 방식

• 분석 및 평가

1. 주체사상의 선군시대적 해석(부의 분배량보다는 부가 누구를 위해 창조되었는가를 중시
   하는 사상은, '인민정권'을 정당화하는 사상)
2. 중공업 우선발전을 국방공업 우선발전으로 치환
3. 혁명과 건설의 추동력이 노동계급에서 군대로 변화(선군후로)

사회주의경제관리의 종자

• 주요 내용
사회주의 원칙을 확고히 지키면서 가장 큰 실리를 얻도록 하는 것

• 분석 및 평가
사회주의경제관리의 연속성 강조

시장의 지위

• 주요 내용

국가의 계획적 경제관리와 상품화폐관계 이용의 배합

1. 국가계획경제를 기본으로 하면서 시장을 이용
2. 국영기업을 기본으로 하고 시장을 보조적인 공간으로 이용

• 분석 및 평가

북한 경제관리체계에서 시장의 지위와 역할에 대한 최초의 공식적인 규정

경제사업의 중심고리

• 주요 내용

관건적인 중요 부문은 국방공업이며 전력, 석탄, 금속, 철도운수와 같은 인민경제선행 부문
과 기초공업 부문

• 분석 및 평가

사회주의체제보위를 최우선으로 설정한 경제건설원칙

실리주의의 계획화 방법론

• 주요 내용

1. 돌릴 공장과 세울 공장을 부문별, 지역별로 옳게 규정하여 돌릴 공장에 힘을 집중하여 생
   산을 정상화하고, 세울 공장은 계획에서 제외
2. 질적지표(노동생산능률, 설비이용률, 원가, 사회순소득 등)를 중시
3. 계획사업체계 개선: 중앙경제 부문과 지방경제 부문으로 구분
4. 계획화 방법론: 예비수자(숫자), 통제수자를 폐지하고 계획수자 한 단계로 작성
5. 원가, 가격, 이윤, 수익성 등의 경제적 공간 활용

• 분석 및 평가

7·1조치 이후의 경제관리체계에 대한 종합적 해설

북한경제와 협동하자

국가의 지도와 아랫단위의 관계

• 주요 내용

1. 국가의 통일적 지도와 아랫단위 창발성의 결합
    1) 경제사업에서 제기되는 모든 문제를 내각에 집중시키고 내각의 지도 밑에 풀어나감
       (내각 사무국의 기능 강화)
    2) 국방위원회의 결정과 명령을 철저히 집행
    3) 지방, 아랫단위의 창발성: 국가계획위원회는 전략적으로 틀어쥐어야 할 일부 중요 지표
       들을 계획하고, 기타는 지방과 아랫단위들이 자체적으로 제정
    4) 독립채산제 강화: 국가적 전략지표 이외의 생산지표 설정, 번수입지표 이용, 자체충당
       금의 이용, 기업전략의 설정과 수행에서 권한과 책임
    5) 지방경제의 창발성
        ① 농업의 분조규모 축소, 농산물 수매가격 합리화, 토지사용료 등급화 등에서 농민들
           과의 협의
        ② 지방예산제의 발양

• 분석 및 평가
국방위원회가 최우선, 내각의 통일적 지도와 기업소 및 지방의 상대적 자율성 보장

노무관리

• 주요 내용

1. 사회적노동력 동원에는 공장, 기업소 등의 일시적 유휴인력을 조직동원(국토건설, 도시경
   영, 발전소건설, 농촌건설 등에 동원): 번수입에 의한 생활비 지급 보장
2. 정치도덕적 자극과 물질적 자극의 배합: 정치도덕적 자극이 위주이나 여기에는 물질적 자
   극이 따라야 함(사례: 상품을 노동보수와 함께 제공)

• 분석 및 평가
집단주의 방식의 사회주의경쟁을 위주로 하면서도 물질적 평가를 강조

별첨 3. '우리식 경제관리 방법'과 '사회주의기업책임관리제' 연표

연도	시기	구분	내용
2012년	연초 *김정은 시대 개막	김정은 지시	경제관리개선 방법연구를 위한 내각상무조(태스크포스) 조직
	6월 28일	조치 6.28방침	〈우리식의 새로운 경제관리체계를 확립하는 데 대하여〉(공식문서 미확인) •내각이 경제사령부로서 주도 •분조관리제 개선 •기업소 자율적으로 생산, 시장판매 허용 •배급제 시스템 이원화
	11월 20일	법 개정	농업법 개정: 현물분배를 기본으로
2013년	1월 1일	김정은 신년사	•"근로인민대중이 생산활동에서 주인으로서의 책임과 역할을 다하도록 하는 원칙에서 경제관리방법을 끊임없이 개선하고 완성해나가며 여러 단위에서 창조된 좋은 경험들을 널리 일반화하도록 하여야 함"
	3월 31일	김정은 보고	김정은 〈노동당중앙위원회 3월전원회의 의정보고〉 •"우리식의 경제관리방법을 완성하여야 함"
	4월	조치	독립채산제기업을 대상으로 계획권, 생산조직권, 분배권, 무역 및 합영합작권 부여
	8월 15일	조치 8.15방침	•공업 및 농업에서 새로운 경제관리방법의 일부를 '사회주의기업책임관리제'로 정식화
2014년	1월 1일	김정은 신년사	•"경제에 대한 국가의 통일적 지도를 강화하고 기업체들의 책임성과 창발성을 높이며 모든 근로자들이 생산과 관리에서 주인으로서의 책임과 역할을 다해 나가도록 하여야 함"
	5월 30일	김정은 노작 5.30담화	김정은 〈현실발전의 요구에 맞게 우리경제관리방법을 확립할데 대하여〉
	9월	《근로자》 9호, 논설	리영민 〈우리식경제관리방법을 확립하는 것은 경제강국건설의 중요한 요구〉 •국가의 통일적지도와 전략적관리 실현 •사회주의기업책임관리제 실시
	9월 3일	《노동신문》 사설	〈우리식의 경제관리의 우월성과 위력을 높이 발양시키자〉
	9월 11일	민주조선 논설	〈주체의 사회주의경제관리원칙과 방법의 독창성〉
	11월 5일	법 개정	기업소법 개정 •사회주의기업책임관리제 실시 •국가로부터 부여받은 경영권을 바로 행사하여 우리식경제관리방법을 규현 •10항목의 부여권 경영권한 신설 •경영활동자금을 은행으로부터 대부받거나 주민유휴화폐자금을 동원이용 가능
	12월 23일	법 개정	농장법 개정 •농장책임관리제 실시

2015년	1월 1일	김정은 신년사	• "현실적 요구에 맞는 우리식경제관리방법을 확립하기 위한 사업을 적극적으로 내밀어야 함"
	1월	《근로자》 1호, 논설	임영찬 〈경제전선은 사회주의 수호전의 중요전선〉 • 사회주의기업책임관리제 실시
	2월	《근로자》 2호, 논설	김덕철 〈우리식경제관리방법과 경제강국 건설〉 • 사회주의기업책임관리제 실시
	3월	《근로자》 3호, 논설	황이철 〈내각책임제, 내각중심제를 강화하는 것은 경제지도와 관리를 개선하기 위한 절실한 요구〉 • 내각이 경제사령부로서 책임과 역할을 다할 것
	5월 21일	법개정	기업소법 개정
	6월 25일	법개정	농장법 개정
2016년	1월 1일	김정은 신년사	• 주체사상을 구현한 우리식경제관리방법을 전면적으로 확립하기 위한 사업을 적극 조직전개 하여야 함
	5월 7일	김정은 보고	김정은 〈노동당제7차대회 사업총괄보고〉 • 우리식경제관리방법을 전면적으로 확립 • 사회주의기업책임관리제를 바로 실시
2017년	1월 1일	김정은 신년사	• 경제지도와 기업관리를 뚜렷한 목표를 가지고 혁신적으로 해나가야 함
	10월	《근로자》 10호, 논설	황이철 〈경제에 대한 국가의 통일적지도를 강화하는데서 나서는 중요한 문제〉 • 내각이 경제사령부로서 체계와 질서를 엄격히 세울 것, 일군들의 수준을 높일 것
2018년	1월1일	김정은 신년사	"사회주의기업책임관리제가 공장 기업소 협동단체들에서 실지 은을 낼 수 있도록 적극적인 대책을 세워야 함"
	1분기	《경제연구》 1호, 논문	윤진아 〈경제사업에 대한 국가의 전략적관리를 실현하는데서 나서는 중요 문제〉
	1월	《근로자》 1호, 논설	허광일 〈인민경제의 자립성과 주체성을 강화하는 것은 경제강국건설의 중요한 요구〉 • 원료와, 연료, 설비의 국산화를 실현, 식량의 자급자족 실현, 과학기술중시
	4월 23일	《노동신문》 사설	〈당의 새로운 전략적로선을 틀어쥐고 우리 혁명의 전진을 더욱 가속화하자〉 • 사회주의원칙을 구현한 우리식의 경제관리방법을 더욱 완성하고 전면적으로 구현해나가야 함
	7월	《근로자》 7호, 논설	김경렬 〈사회주의원칙을 지키는 것은 우리식경제관리방법 확립의 근본요구〉 • 생산수단에 대한 사회주의적소유를 옹호고수하고 발전시키는 것이 중요
	8월	《근로자》 8호, 논설	김철 〈사회주의기업책임관리제를 바로 실시하는데서 나서는 중요한 문제〉 • 부여된 경영권이 실제로 발휘될 수 있도록 국가경제지도기관들과 법기관들이 국가적 대책을 적극적으로 취해야 함
	10월 29일	《노동신문》 논설	리기성 〈당의 새로운 전략적로선관철에서 나서는 중요한 요구〉 • 기업체들이 부여된 경영권을 활용하여 경영관리를 개선할 수 있게 경제적, 법률적 조건과 환경을 합리적으로 보장하고 개선하여야 함 • 국가기구체계와 사업체계를 합리적으로 정비

4

교통인프라:
협력의 우선과제

북한의 교통인프라가 낙후되어 있다는 것은 누구나 아는 상식이 되었다. 2018년 4월 27일 판문점에서 열린 남북정상회담에서 북한의 김정은 위원장이 문재인 대통령에게 "오시면 솔직히 걱정스러운 것이 우리 교통이 불비해서 불편을 드릴 것 같다. 평창올림픽에 갔다온 분들이 말하는데 평창 고속열차가 다 좋다고 하더라. 남측의 이런 환경에 있다가 북에 오면 참으로 민망스러울 수 있겠다"라며 그래서 "비행기로 오시면 잘 마중하겠다"고 말했듯이 북한 최고지도자도 인정한 상식이다. 물론 그래서 9월에 문재인 대통령이 비행기로 평양을 방문했기 때문에 또 그 비행기로 백두산까지 갈 수 있게 되었다는 복선도 있었지만 말이다.

남한의 시원하게 뻗은 고속도로, 빠른 고속전철과 고속통신시스템, 그리고 세계와 이어진 항만과 공항은 개방경제하의 경제발전을 밑받침하는 힘이다. 북한도 교통인프라를 개발하는 데 힘을 쏟아왔지만

평양의 궤도전차(2018)

출처_ 코리아메디아(KPM)

자립경제노선으로 그 주력은 전력과 철도운수였다. 도로운수는 자동차에 석유가 필요하기에 석탄과 전력을 주요 에너지원으로 하는 북한으로서는 석유를 소비하는 도로정비에 재정을 투입하기가 어려웠다. 그리고 주민의 원거리 이동이 통제되는 상황에서 도로정비는 치안과 국방의 관점에서 이로운 것도 아니었다고 할 수 있다.

전통적으로 한반도는 외침을 빈번히 받은 터라 외국군대가 마음 놓고 달릴 도로를 정비해놓을 이유가 없었다는 점도 도로가 낙후하게 된 데 한몫했다고 생각한다. 그렇다면 철도는? 전기자동차를 개발하면? 앞으로 한반도에 신의주-부산 간 고속철도와 전기자동차나 수소연료전지 자동차가 질주하고 북한 항만과 남한 항만에 배들이 줄을 잇는 풍경을 상상하면서 북한 교통인프라의 현황과 전망을 살펴본다.

도로인프라 현황

북한의 도로는 고속도로나 1급도로의 일부를 빼놓고는 비포장이 대부분이라 지방에 가본 사람은 안다. 덜컹거리는 승용차 안에서 얼마나 천장에 머리를 박아야 하는지. 그런 지방에서 살다가 수도 평양에 올라와 본 사람들의 심정은 어떠하랴. 지상의 낙원임에 틀림없다고 생각하는 것도 무리는 아닐 테다. 여기서는 북한에선 나름 정비를 했다고 볼 수 있는 나선경제특구의 도로를 소개하고자 한다.

나는 2017년 두만강변의 나선시를 방문해서 이순신 장군이 무관 초임시절 두만강 하구에서 조산만호 벼슬살이를 하면서 녹둔도에서 여진인들을 물리친 승전비를 보러 찾아간 적이 있다. 아래의 지도와 사진에 표시를 하였는데 북한의 원정리세관을 나와 ①도로에서 선봉구역을 거쳐 나진으로 가는 길은 콘크리트 포장도로이다. 도중에 ②번 두만강 쪽 지방도로로 굽어들면 비포장도로이고 예전 경흥慶興땅이었던 사회리四會里가 나오는데 여기에 적지赤池라는 곳이 있다.

이곳이 조선왕조를 세운 태조 이성계의 할아버지인 도조度祖 (?~1342년)의 고향이다. 도조가 젊었을 때 어느 날 꿈을 꾸었는데 흰 용이 나타나서 "나는 이 연못에 사는 흰 용인데 검은 용이 와서 연못을 뺏으려 하니 도와주시오. 당신은 활을 잘 쏘니 검은 용을 쏘아 주시오"라고 말했다. 다음날 연못에 가보니 과연 검은 용과 흰 용이 서로 엉켜 싸우고 있어 도조가 활을 쏘려 했지만 어느 쪽이 검은 용인지 분간을 할 수 없었다. 그날 밤 꿈에 흰 용이 다시 나타나서 "왜 활을 쏘지 않았소. 이번에는 실수 없이 잘 쏘시오 먼저 오는 쪽이 흰 용이고

북한경제와 협동하자

①원정리세관에서 선봉 가는 길의 도로, ②두만강쪽 지방도로

③만포 호수에서 웅상항 가는 길, ④북한에서 고속도로를 제외하고 제일 긴 직선도로

⑤이순신 장군 승전 대비 부근(뒷쪽은 러시아령 녹둔도), ⑥선봉버스터미널

2017년 나선특별시 이순신 장군 승전대비 방문 경로

북한경제와 협동하자

나중에 오는 쪽이 검은 용이오" 하고 사라졌다. 과연 다음날도 두 용이 싸우고 있어 알려준 대로 활을 쏘았더니 검은 용은 피를 흘리고 사라졌다. 그 피로 호수가 붉게 물들어 이름이 적지赤池가 되었다. 흰 용은 감사의 표시로 손자가 왕이 될 것이라는 예언을 했다고 한다. 용비어천가 제22장에도 "黑龍이 혼 사래 주거 白龍을 살아내시니 子孫之慶을 神物이 슬빙니"(검은 용이 한 살에 죽어 흰 용을 살려 내시니, 장차 자손에게 있을 복을 용이 도조에게 사뢰니)라는 내용이 나온다.

이 적지는 해방 후 북한 주민들이 농지확보를 위해 매립하였기 때문에 더 이상 호수가 아니다. 이곳에는 조선왕조시대 이후 일제강점기까지 적지당赤池堂이 있었고 높이 2m 정도의 석비가 거북등 위에 있었다 한다. 적지 이야기와 석비 존재를 안내인에게 물어보았는데 모른다 하였다. 마을을 방문하는 것은 사전허가가 필요한 일이었기에 포기했는데, 나선에서 나와 중국 연길에 있는 연변조선족자치주 박물관을 들렀을 때 우연히 그 석비의 탁본을 만날 수 있었다. 한문으로 된 탁본 〈경흥부적지기적비명慶興府赤池紀蹟碑銘〉에 위 이야기가 적혀 있었다.

비포장도로로 빠져 사회리 마을길을 통과하다가 이야기가 옆으로 샜다. 이왕 샌 김에 한마디 더 하면, 이 사회리지역은 일제강점기에는 적지의 동쪽 두만강변(함림산지구)에 일본군 제19사단(나남사단)의 국경경비혼성부대가 주둔하였고, 보병과 포병 중대가 두만강 건너 하산지구에 주둔한 소련군을 감시하는 임무를 맡았다고 한다. 1938년에 두만강 건너 장고봉 고지를 놓고 일본군과 소련군이 전투를 벌인 '장고봉 사건' 때, 이곳 사회리에서 소련군에게 포격을 했다가 소련군이 전투기까지 동원해 사회리를 폭격하여 쑥대밭이 된 적도 있다고 한

이순신 장군 승전대비

북한경제와 협동하자

다. 러일전쟁에서 승리하고 시베리아출병까지 했던 일본군이 이때부터 소련군을 두려워하게 되었다는 이야기가 전해진다.

사회리와 홍의리를 지나 ③의 만포^{晩浦} 호수에서 웅상항으로 가는 비포장 고갯길에서 좌회전하여 굴포리로 들어가면 북한에서 고속도로를 제외하고는 직선도로로 제일 길다는 ④번 비포장도로를 만난다. 북한주민들이 맨손으로 번듯하게 토지정리하면서 일군 직선도로로 두만강철도역까지 뻗어 있다. 동쪽으로는 북한에서 호수로는 제일 넓다는 번포(藩浦: 서번포, 동번포)호수가 있다. 사회리에서 두만강역으로 바로 빠지는 지방도로도 있지만 사전신고로 받은 통행증이 있어야 통과할 수 있는 검문소가 있어 먼 거리를 돌았는데 그 덕분에 북한의 소위 농촌 시골의 모습과 천혜의 풍경을 만끽할 수 있었다.

웅상항 쪽 해안은 해운대에 버금가는 모래사장이다. 굴포리의 해안가는 자연 해송림으로 정말 다시 한번 도시락 싸들고 소풍가고 싶은 생각이 들 정도다. 도로가 잘 정비된 것만이 능사는 아니며, 그 땅에 살아가는 사람들의 정취를 보호하고 소통하게 하는 도로라면 충분하지 않은가 하는 생각을 덜컹거리는 승용차 안에서 해보았다.

두만강역에서 서번포 호수를 끼고 두만강 하구 쪽으로 가면 언덕배기 산이 나오는데 이 언덕이 조산造山이다. 이순신 장군의 벼슬인 조산만호의 조산이다. 이 언덕에 승전비가 있고 승전대 건물이 있어 식당 등으로 운영되고 있다. 내가 갔던 이 길은 앞으로 언젠가 꼭 중국-북한-러시아를 연계하는 3국 관광코스의 필수 방문 코스가 될 것이라고 생각한다.

북한의 도로망은 서해축(개성-신의주, 400km), 동해축(고성-회령,

북한의 도로망

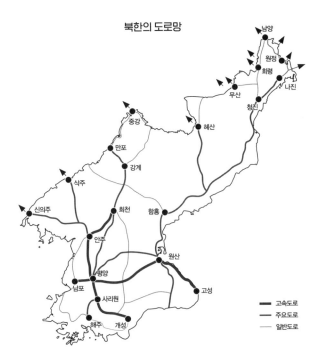

- ■ 고속도로
- ━ 주요도로
- ― 일반도로

북한의 철도망

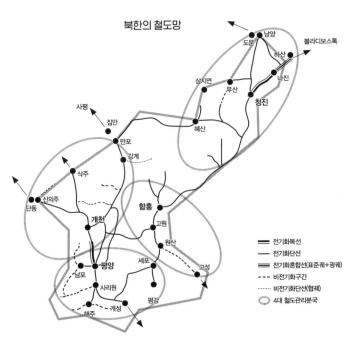

- ━ 전기화복선
- ━ 전기화단선
- ▦ 전기화혼합선(표준궤+광궤)
- --- 비전기화구간
- ‥‥ 비전기화단선(협궤)
- ◯ 4대 철도관리분국

북한경제와 협동하자

900km), 동서연결축(남포-평양-원산, 220km), 북부내륙축(평양-초산-혜산-무산), 동서국경축(신의주-고무산, 800km) 등 5개 축으로 나뉜다. 도로 수송 거리는 자동차 연료 등을 감안하여 30km 이내 단거리 수송이 원칙이었지만 지금은 100km 이동도 인정된다고 한다. 지방의 시장이 활성화됨에 따라 상인들의 물품 수송이 트럭, 버스 등에 주로 의존하게 되면서 도로 수송이 활발해졌다는 것이다. 이에 필요한 연료공급 시장도 존재하게 되어 장거리 수송도 가능하게 되었다. 현재 소비재 수송의 대부분은 트럭 등이 맡고 있다. 정부가 도로 수송을 장려하지 않고 철도 우선 정책을 유지하고 있지만 도로 수송이 이전보다 크게 늘고 있는 것이 사실이다.

그만큼 도로정비 즉 포장에 대한 요구가 높아지는데 도로포장률이 낮은 것이 문제이다. 2001년 통계이긴 하지만 자동차 교통이 가능한 도로 총연장이 23,963km인데 이중 포장도로가 8%에 불과하다. 도로폭은 콘크리트 포장인 고속도로를 제외하고 대부분 2차선이며 주행속도는 시속 50km 이상을 내기가 곤란하다.

철도인프라 현황

북한지역은 산악지대가 험준하고 주민이 살지 않는 곳이 많아 철도를 놓기에는 사실 어려운 지역이다. 그래도 북한은 '주철종도主鐵從道'라 해서 일제강점기에 건설된 철도를 교통인프라의 중심으로 삼았다. 그 결과 화물의 경우 철도가 90%를 수송하며, 여객 수송도 철도운수 비율이 62%에 달한다고 한다(통일부 북한정보포털). 철도망은 평양을 중심으로 서부노선, 동부노선, 북부노선, 동서연결노선으로 구성되어 있는데 철도 총연장 길이는 5,226km(2016년 기준 남한은 3,918km)이다. 현재 철도를 통해 중국과 연결되는 루트로는 신의주-단동, 남양-도문 이외에 만포-집안 루트가 있다. 이곳의 세관은 1급 세관으로 제3국인의 통과도 가능하다. 러시아와 연결되는 루트는 두만강-하산 루트 한 곳(표준궤-광궤 혼합선으로 1951년 개통)이다.

북한철도의 기반은 일제강점기에 건설된 철도이므로 이에 대해 정리해보면 다음과 같다.

한일합방 이후 조선총독부는 일본중앙정부로부터 예산을 얻어 군사상, 정치 및 경제상 중요한 의미를 가지는 철도를 대대적으로 건설하였다. 북한지역에서는 한일합방 전에 건설된 경의선(1905년 완공)과 함께, 경원선, 함경선, 평원선, 만포선이 일제강점기에 새로이 형성된 5대 철도노선이다. 동해선이 한반도동해안을 수직으로 연결하는 구상으로 추진되다가 북한지역에서만 완공된 상태로 일본의 패전과 함께 중지되었다.

기타 사설철도회사가 광산 및 삼림개발에 필요한 단거리 철도노선을 건설하였다. 일제가 한반도에 건설한 철도의 총연장은 6,497km인데 그중 북한지역에 4,009km, 남한지역에 2,448km가 건설되어 북한지역이 인구가 적음에도 불구하고 군사적, 산업적 필요에 따라 철도망이 더 조밀하게 구성되었다. 현재 북한철도총연장의 77%가 일제강점기에 건설된 노선이다. 당시 철도 건설을 위해 철교와 레일 등에 필요한 철강의 대부분은 일본의 야하타八幡제철소, 일본교량, 이시카

와지마石川島조선 등이 조달하였다. 침목은 백두산 낙엽송을 주로 사용하였다고 한다.

일제강점기 한반도의 철도는 국철의 경우 중국과 같은 표준궤 (1,435mm)로 건설되었다. 중국과는 국경인 압록강에 철교 3개 지점, 즉 신의주(943m, 1911년 준공), 청수(667m, 1939년 준공), 만포(587m, 1939년 준공)에서, 그리고 두만강에 철교 3개 지점, 즉 삼봉(1927년 준공, 1934년 표준궤 개축), 남양(1933년 준공), 훈춘(1934년 준공, 1939년 표준궤 철교 신설)에서 연결되었다. 신의주를 통해 경의선은 만주의 요녕지역으로 이어지고, 만포를 통해 만포선은 길림지역으로 연결되며, 삼봉, 남양, 훈춘을 통해 함경선 및 도문선은 만주와 한반도를 군사·경제적으로 잇는 간선의 역할을 담당하였다.

일제강점기 일본의 관점에서 보면 북한지역의 철도는 지역 내 자원 개발 및 수송, 만주와의 군사 및 경제적 연결, 동해안의 항구를 통한 만주-북한지역-일본의 직접 연결을 위해 구상되고 건설되었다고 할 수 있다. 신경(장춘)-청진 직통열차는 1934년 3월에 개통되었으며, 웅기(지금의 선봉)-나진 간 철도는 당시 만주와 한반도를 통틀어 최장 (3,850m)의 터널공사를 포함한 난공사 끝에 1935년 11월에 개통되어 만철 북선선(상삼봉-남양-웅기-나진)으로서 만철이 직접 경영하는 만주-나진 철도노선이 되었다.

1945년 8월 소련이 일본에 대한 선전포고와 함께 청진과 나진에 대한 공격을 개시하면서 북한에 상륙하고 일본군이 후퇴하면서 청진-나남 간의 철도노선을 파괴하였다. 일본 패전 직후인 8월 23일에 경원선이 38도선 부근에서 차단되고, 경의선도 26일 이후 사리원 이

출처_ 조선교통사(선교회鮮交會 편저, 1986년)

남의 열차운행이 금지되었다. 북한지역의 철도운행을 관할하고 있던 평양지방철도국과 함흥지방철도국은 소련군의 관리하에 들어갔다가 신설된 지방인민위원회에 접수되었고 후에 평양에 조선임시인민정부가 수립되면서 교통국 관할이 되었다.

북한은 철도를 전기화하는 데 힘을 기울였기 때문에 전기화율이 80%로 매우 높다. 자급자족할 수 있는 석탄과 수력발전으로 전력 생산이 가능했기에 1970년 후반부터 전기기관차를 생산하고 정책적으로 철도운수를 4대 선행 부문(전력, 석탄, 금속, 철도운수)의 하나로 정하고 우선적인 재정투입을 해왔다. 그러나 노선의 97%가 단선이고 전기공급이 안 되면 구식 석탄증기기관차나 디젤엔진기관차에 의존할 수밖에 없게 된다. 첫 번째 문제는 전기다.

두 번째로 철로의 문제점으로 지적되는 것은 레일의 중량문제이다. 북한에서는 기본인 표준궤 철길(궤폭 1,435mm) 이외에 넓은궤(광궤) 철길(동1,520mm), 좁은궤(협궤) 철길(동762mm)이 일부 지역에 사용되고 있는데, 표준궤 레일은 60kg/m, 50kg/m, 38kg/m의 강철궤를 사용하고 좁은궤 레일은 18kg/m의 강철궤를 사용한다고 한다. 문제는 황해제철소에서 생산하는 북한제, 중국 및 러시아의 중고제품, 일제강점기에 부설된 레일이 함께 사용되고 있고, 그 품질에 기술적 문제가 있어, 시속 50km 이상 속력으로 달리면 마찰열과 침목 문제(부식된 목재침목) 등으로 탈선할 염려도 있다고 한다. 따라서 현대적인 중량레일(60kg/m 이상)로 새로 교체하는 것이 큰 과제라고 한다.

이상과 같은 이유로 북한철도의 운행속도는 매우 느리다. 평양-신의주 노선의 경우 표정속도가 시속 60.3km로 소요시간은 5~6시간이면 충분할 거리지만 실제로는 최소 12시간이 걸린다고 한다.

또한 기관차의 성능도 문제이다. 북한의 기관차는 김종태전기기관차연합기업소가 제작하는데 모델은 체코가 제공한 구형 모델이다. 신형기관차의 개발이 과제이다. 평양지하철의 경우 김정은 위원장의 지시로 2015년에 신형지하전동차를 개발한 바 있다.

항만인프라 현황

한반도의 지형 특성상 동해안 쪽에는 높은 산맥과 깊은 수심의 바다가 이어져 있고, 서해안 쪽에는 평야가 많고 얕은 수심의 바다가 이어져 항만의 수심을 유지하기 위해서는 항상 준설이 필요한 환경이다. 북한의 무역항으로는 서해안 3항(남포, 해주, 송림)과 동해안에 6항

북한 9대 무역항

항만		하역능력 (만t/년)	접안능력(만t) 수심(m)	주요 화물	항만 성격 (무역항 개항연도)
동해연안	원산	170	1 (7m)	시멘트, 수산물 *2개 부두	군항, 일본 항로 (1976년)
	흥남	400	1 (11m)	비료, 마그네시아 클링커 *4개 부두	흥남공업지구 관문 (1963년)
	단천	수백만	3	마그네사이트, 비철금속	무역항 마그네사이트 수출 (2012년)
	청진	동 87 서 1069	2 2 (7m)	동항: 곡물, 잡화 서항: 광석, 강재 *7개 부두	동항: 자유무역항 서항: 김책제철소 지원 (1908년)
	나진	600	1.5 (11m)	석탄, 비료, 잡화, 목재, 공산품 *3개 부두	자유무역항 중국·러시아화물중계 (1973년)
	선봉	200	해저파이프	원유(중단), 석유화학제품	자유무역항, 원유전용 (1980년)
서해연안	남포	750	5 (9~11m)	기계, 금속, 석탄, 잡화, 시멘트 *10개 부두	평양공업지구 관문 서해안 최대 규모 (1907년)
	해주	240	0.7 (10m)	시멘트, 광물 *3개 부두	시멘트 전용 (1973년)
	송림	100	1.5 (11m)	철광석, 석탄, 강재	황해제철소 지원 (1975년)
합계		3,476			

출처_ 한국산업은행(《북한의 주요산업》, 2015)을 토대로 추가 정리

(원산, 홍남, 단천, 청진, 나진, 선봉)이 있다. 북한 항만의 기초는 일제강점기에 이루어진 것으로 그 상황을 간추려보면 다음과 같다.

일제는 한일합방 이후 주요 항만으로서 진남포(현재의 남포), 원산, 청진항 등을 정비하고 1930년대 이후에는 나진, 성진, 해주, 다사도항(신의주) 등을 건설하였다. 그리고 제2차 세계대전 시기인 1940년대 초에는 동해안의 항만이 동만주 중계화물 수송, 무산철광석의 일본 수송을 위해 중요성이 높아지면서 나진, 청진, 성진, 원산 등 기존 항만 이외에도 단천, 원산북항 등에 대한 항만건설을 진행하였다. 이 중에 대표적인 항만의 현황은 다음과 같다.

1. 평안북도 다사도항

신의주의 외항기능항으로서 1926년부터 개발되었다. 1939년에 개항장으로 지정되고 신의주와 다사도를 잇는 철도가 같은 해 7월에 개통되었다. 소다사도 쪽으로 2km의 제방을 내어 안벽을 건설하고 하역용 크레인을 설치하는 공사를 진행하는 도중에 일제 패전으로 중단되었다. 해방 후 북한은 1980년대부터 다사도−철산반도지역을 대계도 간척지로 하여 농지개발을 진행하고 2002년에 다사도를 포함하는 대계도지역과 신의주지역을 합쳐서 신의주경제특구로 지정한 바 있다.

2. 평안남도 남포항

1897년에 개항장으로 지정되고 러일전쟁을 거치면서 일본에 의해 군용항으로 확충되었다. 평양과 연결되는 평남선이 1910년 개통되어 경의선과 연결됨으로써 무역항으로써 중심적인 역할을 하게 되었다.

북한의 행정 구역과 항구

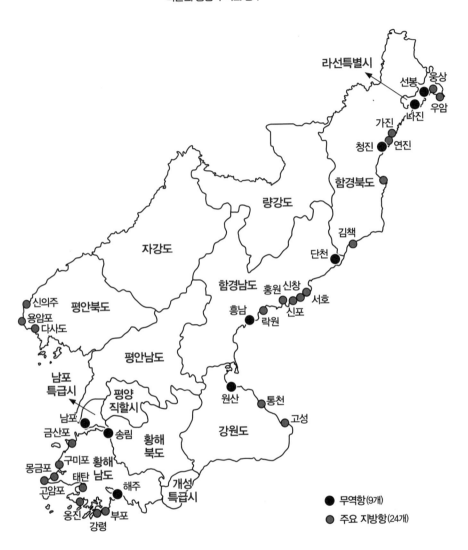

라선특별시

선봉
웅상
우암
나진
가진
청진
연진
함경북도
김책
단천
함경남도
홍원
신창
흥남
서호
신포
락원
신의주
평안북도
용암포
다사도
원산
통천
평안남도
남포
특급시
평양
직할시
고성
남포
금산포
송림
황해
북도
구미포
황해
몽금포
태탄
남도
강원도
곤암포
해주
개성
특급시
옹진
부포
강령

● 무역항(9개)
● 주요 지방항(24개)

북한경제와 협동하자

1936년 총독부의 항만개축 계획에서는 연간 100만t 처리능력을 목표로 안벽공사를 시작하였으나 완공을 하기 전에 패전으로 중단되었다.

3. 황해도 해주항

1940년에 개항장으로 되었다. 해주만에 둘러싸여 있어 방파제는 없다. 만의 지형으로 간조시 적당한 물 흐름이 생겨 서해안에서는 드물게 준설작업을 할 필요가 없었다. 조선시멘트회사 전용의 3개 안벽이 있었고, 수심 7.3m의 안벽을 건설 중에 패전을 맞았다.

4. 함경북도 나진항

러일전쟁 당시 일본해군이 정박한 적이 있고 1918년 일본군이 시베리아 출병 시에 나진항을 이용한 적이 있다. 본격적인 개발은 일본 정부가 1932년에 만주 신경(장춘)-도문 간의 경도선의 최종착역을 나진으로 결정하면서부터이다. 만철이 1933년 4월에 도문선(도문-웅기) 철도를 웅기에서 나진까지 15.2km를 연장하는 공사와 함께, 나진항 건설공사를 시작하였다. 1935년 11월 제1부두의 완성과 함께 만주국 도문세관사무소 등을 갖추고 나진항은 개항장으로 되었다.

이로부터 만철이 직접 경영하는 나진항은 만주직통열차를 통해 북한지역 동북부에서 중국 동만주지역과 일본을 연결하는 주요 상업항의 역할을 담당하였다. 1938년까지 8000천t 급 선박 12척이 동시에 접안할 수 있는 3개의 부두와 방파제, 창고, 도로 및 화물야적장이 건설되었다.

1938년 나진항은 300만t 화물처리능력을 갖춘 항만이 되었다. 장기적으로는 900만t의 항만처리능력을 보유하려는 계획이 있었지만, 공업지대 개발이 부진한 채로 패전을 맞았다. 나진항의 주요 화물은 중국 중계화물이었고, 당시 "방은 갖추어져 있지 않은데 현관만은 훌륭하다"라고 놀림을 받았다고 한다.

5. 함경북도 청진항, 청진서항

러일전쟁 전까지는 작은 어촌에 불과하였으나 전쟁이 시작되면서 일본군의 물자양륙지로서 중시되었고 1908년에 개항장으로 지정되었다. 1916~17년에 청진-회령 간 철도가 개통되고 1928년까지 함경선이 완전 개통되면서 청진은 만주-북한지역-일본을 잇는 중요 물류기지의 기능을 하게 되었다. 청진항은 급경사로 수심이 깊어 방파제의 선단은 수심 30m에 이른다. 1934년 5월에 일본과 만주국 사이에 '두만강 국경을 통과하는 열차직통운전 및 세관수속에 관한 일만협정'이 제정되고 만주국 도문세관이 청진항에 설치되어 중계화물 수송이 개시되었다.

청진항의 주요 화물은 만주의 콩, 어유 등의 수출이었다. 한 예로 만철이 직영하는 나진항과 만철이 시설을 무료로 사용하는 청진항과 웅기항을 통한 만주의 콩 수출은 1935년의 6만t(만주 전 수출량의 3%)에서 1937년에 436만t(만주 전 수출량의 22%)으로 증가하였다.

1938년 이후 청진공업지대의 전용항만으로써 청진서항(일본제철 공업항)이 수성천 오른쪽에 새로이 개발되었는데 수성평야 금속공업 기지의 항만으로써 그리고 100km 후방에 미쯔비시광업이 소유하는 무산철광산의 철광석 반출기지로 사용되었다. 1940년에 시간당 600t

북한경제와 협동하자

능력의 철광석 적입시설이 완성되었고 무산철광을 이용한 제철공장인 일본제철청진제철소, 미쯔비시제강소 등이 건설되었다.

6. 함경남도 원산항, 원산북항

영흥만의 남쪽에서 북쪽으로 갈마반도가 돌출하여 있고 섬들이 있어 파도를 자연적으로 차단해주는 천혜의 양항이다. 조선왕조시대인 1880년에 개항되었다. 1914년 경원선 개통과 함경선 연장에 따라 물자집산이 확대되면서 원산항의 역할이 중요해졌다. 1939년에 화물처리량이 85만t에 달하였다. 1936년부터 연간 150만t의 화물처리능력을 목표로 안벽과 방파제 건설계획이 수립되어 1941년에 방파제 건설을 위한 매립공사가 시작되었다. 그러나 완공을 하지 못하고 패전으로 중단되었다. 원산북항은 원산항에서 북쪽으로 10km에 있는 항으로 무연탄을 일본으로 수송하기 위해 조선무연탄회사의 전용항으로써 1943년에 완공되었다.

7. 함경남도 흥남항

1930년 부전강수력발전소 준공과 이 전력을 이용한 조선질소비료회사가 흥남에 들어서면서 이 회사의 전용항이 되었다. 1927년에 공사가 시작되어 1932년에 4개의 안벽과 방파제로 연간 150만t의 화물처리능력을 갖추었다. 1940년에 흥남항을 일반개항장으로 지정하고 연간 400만t의 처리능력을 갖는 대종합항 건설계획이 입안되었으나 설계 착수단계에서 패전으로 중단되었다.

8. 함경남도 단천항

마그네사이트(내화벽돌의 원료) 등 지하자원을 일본에 수송하게 위해 계획된 항만이다. 미쯔비시광업과 우베宇部요업 등이 공동출자하여 1939년부터 남대천 하류에 건설을 시작하였다. 항만의 양측에서 방파제를 건설하고 광석운반용 철도인입시설을 건설하는 중에 패전을 맞았다.

일제강점기의 항만건설은 위에서 보듯이 패전 시까지 진행형이 많았다. 1945년 8월 소련군 폭격기가 나진항과 청진항에 폭격을 가해 청진항의 안벽 4개소가 대파되었고, 나진항도 피해를 입었다. 기타 북한 항만의 시설 파괴는 6·25전쟁 중에 일어났다.

북한은 1950~60년대에 6.25전쟁으로 파괴된 흥남, 청진, 나진항을 복구했고 이후 해주, 송림, 원산항 등을 정비했다. 1970~80년대에 북한정부는 소련의 지원을 받아 남포항 컨테이너부두 건설 등 부두 확장을 하고, 남포갑문 공사를 벌였다. 남포항은 지속적으로 정비를 진행한 유일한 항만이다. 2000년대 이후로는 2012년에 단천항을 마그네사이트 수출항으로 정비하여 준공하고 2014년에 나진항의 3호 부두를 러시아의 투자를 받아 러시아화물(석탄) 전용부두(50년간)로 정비하였다. 그 외에는 사실상 신규투자를 하지 못해서 항만이 노후화되었다.

교통인프라의 과제

이상으로 북한의 경제인프라 중 교통 부문인 도로, 철도, 항만인프라 현황을 살펴보았다. 북한의 교통인프라 개선문제는 경제부흥을 위해 긴급한 과제라고 할 수 있다. 이 과제는 남북협력과 국제협력을 통해 추진하는 것이 현실성 있는 방안이라고 생각된다.

도로는 포장과 확충이라는 당면한 과제와 함께 도로운수를 위한 연료로서 석유, 가스, 전기 등을 확보하는 것이 시급하다. 그동안 석유부족으로 도로 수송에 힘을 쏟지 않고 자립경제의 틀에서 석탄과 전력을 중심으로 하였던 방침을 그대로 이어간다 하더라도, 전력생산을 높이고 향후 탄소하나화학산업을 발전시켜 갈탄에서 가솔린을 생산하거나 전기자동차나 수소자동차 등을 개발하는 방안이 필요하다.

철도는 전반적으로 레일, 침목, 전기화 시설 보수, 기관차 개량, 화차 개량 등 시설현대화가 필요하다. 전기화율이 높아도 전기가 공급되지 않으면 무용지물이다. 전력공급을 높이는 데 힘을 쏟아야 한다. 그리고 중국, 러시아, 남한을 포함한 국제철도노선을 연계하여 유라시아철도로 이어지는 구상을 위해서도 우선 남북 간에 철도 분야 협력, 시스템 개선, 인재육성이 시급하다. 신의주-평양-서울-부산·목포의 철도 연결을 고속철도로 개선하여 한반도 중심축에서 철도의 기능을 강화하는 방안을 남북협력의 우선순위로 놓아야 할 것으로 생각한다.

국제무역을 확대하게 되면 항만정비의 필요성이 높아진다. 서해와 동해로 갈라진 해안선을 가진 북한으로서 한반도 전체를 대상으로 항만을 연계하는 협력이 필요하다. 항만의 위치로 볼 때, 서해안의 남포항과 해주항은 인천항과 같이 수도권 지원항 역할을 해야 하고 남북협력, 대중국, 아시아 무역거점항으로 개발할 필요가 있다.

동해안의 나진항과 청진항은 한반도와 대륙 그리고 일본을 비롯한 아시아를 연결하는 무역거점항으로 개발할 필요가 있다. 나진항은 러시아와 혼합궤로 연결되어 있으므로 러시아와 남한의 부산항을 시야에 두고 물류거점으로 발전시켜야 한다. 청진항은 중국과 철도로 연결되어 중국의 화물중계항으로 기능해온 역할을 더 확대할 필요가 있다. 또한 단천항은 지하자원의 수출항으로, 원산항은 국제관광과 물류거점항으로 개발하는 것이 필요하다. 특히 원산항은 평양과 평원선으로 연결되므로 평원선을 고속철도하여 평양-원산-일본 니이가타항과 같은 국제여객교류 및 산업연계망으로 발전시키는 것도 바람직하다.

북한의 교통인프라 개선에는 돈이 많이 들어간다. 남한정부는 다른 어떤 협력사업보다 경제사업에서 인프라 부문 정비에 재정을 투입하고 북한정부, 국제사회와 협력해서 한반도의 종단 및 횡단 축의 균형적 발전을 위한 투자를 실현해야 한다. 이는 더불어 사는 민족경제가 원하는 일이고 경제가 정부투자를 통해 활성화되는 몇 남지 않은 사례가 될 것이며 한반도 통일의 시작이 될 것이다.

북한경제와 협동하자

5

전력:
회복되고 있는 자강력

최근 많은 사람들이 평양을 다녀와서는 이구동성으로 평양의 밤이 무척 밝아졌다고 한다. 인터넷에서 검색해보면 한때 암흑이었던 평양의 야경 사진은 찾기 힘들고 이게 평양의 야경이 맞는지 의심이 들 정도로 휘황찬란한 야경 사진을 쉽게 찾아볼 수 있다. 사실 북한은 1970년대까지만 해도 전력생산국가로 국제적인 위상을 자랑했다. 일제가 남긴 수력발전과 1960년대 이후 건설한 화력발전 덕분에 평양은 휘황찬란한 조명으로 밤에도 훤하다는 소문이 1980년대 초반까지만 해도 인구에 회자된 적이 있었다.

1990년대 중반을 돌이켜보면 김일성 주석이 사망한 후 북한경제는 최악으로 치닫고 있어서 북한은 불 꺼진 집처럼 언제 망해도 이상할 것 없다는 전망이 우세했다. 당시 연구원이던 나는 "경제난으로 망한 나라는 없다. 정치가 안정되어 있으면 나라는 망하지 않는다"라는 시각으로 글을 쓰기도 했다. 그렇지만 북한의 경제난은 매우 심각한 상황이어서 식량난, 에너지난, 원자재난으로 산업생산이 격감하면서 북한은 '못사는 나라'가 되었다는 이미지가 고착되었다.

이제 다시 '잘살아 보자'는 북한이다. 그것도 '자력갱생'으로. 70년간 북한의 교과서에서 그 말이 빠진 적이 없는 것 같은데, 변함없이 자력갱생이라면 과거의 실체는 어땠을까. 지금은 과거를 되짚어보면서 미래를 설계해야 할 때이다. 특히 전력은 자력갱생의 바로미터이다. 전력은 국가가 책임지고 공급해야 하는 최종 에너지원이기 때문이다. 전력은 근대산업 발달에 절대적인 공헌을 했고 전자, 컴퓨터, IT 분야에서 산업변혁을 촉진하는 힘이 되고 있다. 산업발전의 바로미터가 되는 북한의 전력사정과 그 과제를 알아본다.

잃어버린 20년: 1980~90년대 전력사정

일제강점기 말기부터 전력을 풍부하게 생산하고 있던 북한에서는 1980년대부터 전력공급이 급격하게 감소하였다. 이 사정을 생생하게 증언한 이는 재일동포 리우홍 씨다. 그는 수경재배 기술자로 1980년대에 원산농업대학에 근무하면서 북한의 전력 실태를 관찰한 경험을 바탕으로 1989년에 《암흑의 공화국暗黑の共和国》이라는 책을 냈다. 이 책에서 리우홍 씨는 전력사정 악화 사례를 다음과 같이 들었다.

① 1981년까지 평양은 밤에도 조명이 휘황찬란했는데 1982년부터 줄어 1984년엔 네온사인 가로등도 거의 꺼지고 전기 트롤리버

스도 크게 줄어 밤이 되면 암흑의 세계로 되었다.

② 1983년부터 호텔 등에 정전이 빈발하였다(순번정전제, 전력반납 운동, 농촌 한 세대 한 등燈 사용).

③ 극심한 전압변화(220볼트 기준에 130~180볼트 사이)로 인한 '전력 불안정' 때문에 센서 등 전자부품(전압·전류 허용한도가 플러스마이너스 10% 미만)이 고장 나 공장생산이 중단되었다(애국라면공장 생산중단, 컴퓨터 가동중단).

이렇게 전력사정이 급속히 악화된 이유에 대해 리우홍 씨는 다음 사항을 지적하였다.

① 수력발전소 발전능력 격감: 1970년대 이후 실시한 '전국 산간 다락밭 조성' 사업으로 인해 산들이 민둥산이 되어, 홍수 시 자갈과 토석이 댐호수에 퇴적되면서 댐의 저수기능이 줄어 수자원을 고갈시켰음(수력발전량은 공표된 능력의 1/3 수준임). 게다가 발전설비가 노후화됨.

② 화력발전소 발전능력 격감: 평양화력발전소는 중유와 무연탄으로 전력을 생산하는데, 중동산 원유가 수입이 안 돼 질이 낮은 중국산 원유에서 생산한 중유를 사용하면서 발전용량이 30% 정도 감소. 저칼로리 석탄사용으로 석탄가스가 퇴적되어 터빈회전속도 감소. 수력발전량은 공표된 능력의 1/2 수준임.

③ 송배전의 누전: 애자 등 절연체들이 불량하고 전선 재료와 설비 부족. 지하매설과 무보수로 인한 지하습기 누전. 결과적으로

80% 이상 누전이 불가피.

④ 배선의 문제: 물자부족으로 배선 시 폐동선 이용. 문어발 배선 (변압기가 부족해서 하나의 배전선 본선에 많은 지선을 병렬로 연결하여 배선)으로 심한 전압변동이 일어남.

⑤ 시스템의 문제: 세분화된 종적 행정체제로, 자신과 관계없는 일은 일절 하려고 하지 않을 뿐 아니라 소위 안 보고 안 듣고 말을 안 하는 무책임 시스템.

리우홍 씨의 체험과 분석이 전부 맞거나 전부 틀리지는 않을 것이다. 다만 1980년대 중반부터 나타난 전력부족 상황을 기술자의 시각에서 상세하게 알려주었다는 점에서 당시에 충격을 주었다.

1990년대 경제위기를 거치면서 북한은 전력생산에 어려움을 겪었다. 북한의 전력문제는 기본적으로 발전량 감소에 있었다. 수자원 감소에 석탄 등 발전연료 공급 감소가 더해지고, 발전설비 개체나 보수가 이루어지지 못한 데 기인하는 바가 컸다. 그리고 송배전 과정에서 심각한 누전이 발생하고 전압약화와 전압변동이 심해 전력의 품질에 문제가 있었다.

전력인프라 현황

1. 발전설비용량

한국통계청의 추계에 따르면, 북한의 발전용량은 1990년 714만

북한의 발전용량 (단위: 만kW)

	1990	1995	2000	2005	2010	2016
수력	429	438	459	482	396	470
화력	285	290	296	296	301	296
합계	714	724	755	777	697	766

출처_ 통계청

북한의 발전설비용량과 발전량

전원	총설비용량	가동설비용량	총발전량	실질소비량(추정)
수력	517만kW	393만kW	28억kWh(중-북) 81억kWh(일반)	117억kWh(산업) 13억kWh(민수)
화력	433만kW	204만kW	54억kWh	
합계	950만kW	597만kW	163억kWh	130억kWh

출처_ 전기석탄공업성(2005), 실질소비량(추정)은 에너지경제연구원

북한의 장기 전력 수급 전망, 계획

구분	2005년	2010년	2020년
총발전능력	950만kW	1,173만kW	1,615만kW
수력	517만kW	598만kW	695만kW
화력	433만kW	375만kW	400만kW
원자력	-	200만kW	520만kW
연간평균 부하		972.7만kW	1,245만kW
전력수요		790억kWh	1,000억kWh

출처_ 전기석탄공업성(2005)

kW(수력 429만, 화력 285만), 2016년 766만kW(수력 470만, 화력 296만)로 증가 정도가 미미하다. 그 규모는 남한의 7.2%로 수력과 화력의 비중은 6:4 정도이다. 수력발전소는 일제강점기에 건설된 것이 남아 있고 화력발전소는 1960년대 이후에 건설되었다.

2005년에 북한 전기석탄공업성이 한국정부에 공식으로 제공한

자료인 '조선전력산업관련자료'에 따르면 북한의 발전설비 총용량은 950만kW인데 실제 운전가능한 설비용량은 597만kW라고 되어 있다. 이 차이는 식민지시대에 건설되어 노후화로 운전이 중단된 설비용량도 포함되어 있기 때문이다. 북한은 장기적으로 2020년까지 원자력발전 520만kW를 포함해 1,600만kW 이상의 발전용량을 보유할 계획을 세운 바 있다.

발전시설 노후화 등의 문제로 인해 발전량은 통계청 추계로는 2016년에 239억kWh(수력 128억, 화력 111억)로 시설용량의 30~35% 가동률 수준이며 남한의 4.4%에 불과하다. IEA 추계로는 2016년 142억kWh로 훨씬 낮게 평가되고 있다. 북한 스스로는 2005년에 163억kWh를 생산했다고 말한 바 있다.

송배전설비 노후화도 문제로 지적된다. 북한의 송배전은 220, 110, 66kV체제로 구성되어 있는데 주파수는 남한과 같은 60Hz이다. 중국에서 수입한 송전선 품질의 문제도 있다고 한다. 송배전상의 손실률은 일반적인 평균인 15%를 훨씬 넘어 30%를 초과한다는 분석이 있다. 최근에야 평양326전선공장이 피복전선을 제대로 생산할 수 있게 되었다.

2. 일제강점기 수력발전소 유산

사실 북한지역은 일제강점기 이후로 전력이 풍부한 곳이었다. 일제강점기는 단기간에 대규모의 전력개발과 송배전 사업을 추진한 시대였다. 조선총독부가 추진한 전력사업 정책은 다음과 같은 특징을 갖고 있었다.

북한경제와 협동하자

첫째, 전력선행형 경제개발정책을 추진하였다. 즉, 기간산업인 전력이 북한지역에 있는 풍부한 수력자원 개발에 힘입어 각종 산업 유치에 선도적인 역할을 했다.

둘째, 한반도의 지형구조와 자원분포 등을 고려하여 수력발전을 중심으로 했다. 당시 세계적 수준에서도 대규모급인 수력발전은 북한지역에서 주로 이루어졌다.

셋째, 전력사업은 국가통제하의 개발계획에 따라 추진되었다.

넷째, 전력요금은 한반도가 일본에 비해 상당히 낮게 책정되었다.

이상과 같은 특징을 보이는 일제강점기 전력산업은 주로 북한지역의 수력에 의존하였고 북한지역에 석탄화학, 제지, 금속공업지대가 형성되는 원인이 되었다. 일제강점기에 건설된 발전설비능력은 총 172만kW로 대부분 수력발전설비(159만kW)이고 화력발전시설(13만kW)은 8%에 불과했다.

북한지역의 주요 수력발전소 몇 곳을 살펴본다.

① 부전강, 장진강 수력발전소

1926년에 압록강 지류인 부전강의 수력개발을 위해 일본질소비료주식회사가 산하에 조선수전회사를 설립하여 발전소 건설공사를 시작하였다. 압록강으로 흐르는 부전강의 흐름을 낙차가 큰 동해안으로 변경하여 대규모 전력을 얻는 유역변경식 공사였다. 강의 계곡을 높이 80m, 길이 400m의 댐으로 막아 인공호를 만들고 3km의 수로터널을 뚫어 저수호의 물을 동해로 떨어뜨리는 방식으로 4개의 발전소를 건설하였다.

제1발전소가 1929년에 완성되어 흥남 조선질소비료주식회사(일본 질소비료의 자회사)에 전기공급이 시작되었고, 1932년에 총 발전능력 20만kW의 부전강 발전소가 완공되었다. 부전강 수력에 이어 인접한 장진강 수력의 개발도 진행되어 같은 유역변경식 발전소로서 1938년에 총 발전능력 33만kW의 장진강발전소를 완공하였다. 장진강 수력은 발전능력 중 15만kW를 평양과 경성(서울)에 절반씩 공급하였다.

② 수풍수력발전소

1937년에 신의주에서 압록강을 거슬러 80km 상류에 있는 수풍에 일본이 설립한 조선압록강수력발전주식회사와 만주국이 설립한 만주압록강수력발전주식회사의 공동출자로 중력식 콘크리트댐 발전소를 착공하였다. 연인원 2,500만 명의 노동자를 동원한 당시 세계 최대 규모인 높이 106m, 길이 900m의 댐을 건설하였다.

발전시설은 7개소로 합계 70만kW의 발전능력을 보유하도록 계획되었다. 도쿄시바우라芝浦전기회사가 제작한 출력 10만kW의 제1호 발전기가 1941년에 전력생산을 시작하였고, 1945년까지 6개 발전기가 완성되어, 총 60만kW의 발전설비능력을 갖게 되었다. 이는 당시 미국의 후버댐에 이은 세계 두 번째의 수력발전규모로 일제하 한반도 전력 공급량의 42%를 차지하였다.

나머지 1기 발전기는 독일 지멘스사의 발전기였는데 도입이 늦어져 가동되지 못하였다. 일본과 만주국의 공동출자였기 때문에 송전은 만주와 조선에 반씩 나누었다. 만주에는 50Hz, 조선에 대해서는 60Hz의 송전이 필요하였으므로, 발전기도 1호기 50Hz 전용, 2호기

북한경제와 협동하자

수풍발전소의 역사(일제강점기, 한국 전쟁 시기, 2017년)

출처_ 코리아메디아(KPM), 이찬우

60Hz 전용, 3호기 겸용, 4호기 50Hz 전용, 6호기 겸용, 7호기 겸용으로 설치되었다. 해방 후 1947년 8월에 소련이 제4,5호기를 떼어가 발전 용량은 40만kW로 줄었고 6.25 전쟁시기인 1952년 6월 23일에 미군기 500기가 수풍댐을 폭격하여 발전소 시설의 70%가 파괴되었다 한다.

3. 북한의 발전소 건설

북한은 1950년대 전쟁으로 파괴된 수력발전소를 소련, 동유럽, 중국 등의 원조를 받아 복구(수풍, 허천강, 장진강, 부전강, 부령, 금강산 수력)하고 신설(운봉, 서두수, 강계청년 수력 등)하였다. 1960년대 이후로는 화력발전을 강화하는 정책을 세웠는데, 평양탄전을 이용한 발전능력 50만kW의 평양화력과 개천, 덕천 탄전을 이용한 60만kW의 북창화력을 세웠다.

1980년대까지는 '우리식 수력발전'이라고 언제(댐)를 쌓고 터널을 뚫어 물을 이동시켜 골짜기에 떨구는 방식으로 큰 낙차를 이용한 수력발전방식(사실은 일제강점기의 부전강, 장진강 수력과 같은 유역변경식 수력발전과 동일 방식)인 태천(40만kW)과 안변청년(32만kW) 발전소를 비롯하여 대동강(13만kW), 위원(39만kW), 태평만(19만kW) 등을 조업하였고 화력발전소도 건설을 지속하고 설비보수도 할 수 있었다. 압록강에 있는 4개의 수력발전소(수풍, 운봉, 위원, 태평만)의 총 발전용량은 168만kW인데 북한과 중국이 절반씩 나눠 쓴다.

북한 자체적으로는 신규로 중소형 발전소 건설에 힘을 쏟았다. 소형발전으로는 1979년 노동당 중앙위원회 제5기 19차 전원회의에서 지방 군단위 및 송전 곤란지역에 대한 전력공급 방법으로 김일성 주석이 지시한 이후 추진되고 있다. 하천띄우개식 발전기 등 100~1,000kW정도의 소규모용량 발전시설을 전국적으로 7,000여 개 조성해 50만kW의 발전용량을 확보한 것으로 알려져 있다.

1980년대 후반시기가 전력인프라의 갱신이 필요한 전환기였는데 북한은 사회주의권 붕괴라는 격변기를 맞아 자금과 기술 부족으로 설비개체를 하지 못하고 90년대 이후 전력공급 부족 사태를 맞게 되었다. 2000년대 들어 대형 발전소 건설에 다시 힘을 넣으면서 수력발전소로 1980년대부터 추진하던 금야강(18만kW, 1987년 착공), 어랑천(8만kW, 1988년 착공)을 비롯하여, 예성강(10만kW, 1999년 착공), 백두산선군청년(5만kW, 2002년 착공), 원산청년(6만kW, 2002년 착공), 삼수(5만kW, 2004년 착공), 희천(30만kW, 2009년 착공), 단천(200만kW, 2017년 착공) 등의 수력발전소를 완공 또는 건설 중이다.

단천수력발전소는 해방 후 북한이 추진하는 최대의 계단식 수력발전소이고 완공이 되면 북한의 전력사정이 해소될 것으로 기대되고 있다. 그러나 아직까지 신규 수력발전소는 노후화된 발전소를 대체하는 측면이 커서 수력발전 설비용량은 1990년대 이후 약간 증가한 것으로 추정되고 있다. 현재 화력발전은 북창화력(160만kW), 평양화력(50만kW), 청천강화력(20만kW), 순천화력(21만kW), 동평양화력(10만kW), 선봉화력(20만kW), 청진화력(15만kW)으로 합계 약 300만kW 규모이다.

한편 북한은 핵무기개발로 이어졌지만 에너지 자급자족을 위해서도 원자력발전을 추진했다. 핵무기에 쓰이는 플루토늄 추출이 쉽고 천연우라늄을 사용하는 흑연감속방식의 원전 건설을 추진했는데 국내에 상당한 규모의 우라늄광(매장량 2,600만t, 가채량 400만t)이 있기 때문이다. 1979년에 영변에서 5천kW급 실험용 원자력발전소 1호기를 착공하였고, 1982년에 황해도 평산에 우라늄 정련 및 변환 공장을 건설하였다. 1986년부터 실험용 원전을 가동하여 여기서 나오는 사용 후 핵연료봉을 재처리하여 플루토늄을 생산함으로써 핵무기를 개발하였다. 그리고 제3차 7개년계획기간(1987~93년) 중에 44만kW급 경수로 3기를 함경남도 신포지역에 건설하기 위해 구소련과 원자력 협정을 체결하기도 했으나 소련 해체 후 러시아가 약속을 이행하지 않아 건설하지 못했다.

1994년까지 영변에 5만kW급 원전 2호기(1985년 착공)와 태천에 20만kW급 원전(1989년 착공)을 건설 중이었는데 제네바 북미 핵합의로 KEDO(한반도에너지개발기구)가 북한에 200만kW급 경수로를 제공하기로 함으로써 건설이 중단되었다. KEDO는 1997년 8월 함경남도 금호지구 경수로 사업부지에서 착공식(시공업체는 한전, 현대, 동아, 대우, 한국중공업)을 한 후 4년 걸려 터 닦기를 끝내고, 2001년 9월에 경수로 기초 굴착공사를 착공했다. 그러나 경수로 건설 사업은 2002년 말에 핵문제가 다시 불거지면서 제네바핵합의도 깨져 2003년 말부터 공사가 중단된 채로 있다.

북한은 영변 원자로 건설 재개를 선언(2003년 10월 2일 외무성 대변인 담화)했다. 그 후 북한은 2010년부터 새로 3만kW급 실험용 경수로를 자체적으로 건설하기 시작하여 2018년 초에 가동상태에 들어간 것으로 알려졌다(《한겨레신문》 2018년 3월 24일자).

그리고 태양광, 풍력 등 자연에너지를 통한 전력생산에 새로운 관

지붕에 설치된 태양열보일러(왼쪽)와 태양광패널(오른쪽)

출처_ KBS 뉴스(캡처)

심을 보이고 있는 것도 사실이다. 북한은 1993년에 '자연에네르기 개발이용센터'를 설립한 바 있고, 2014년에 '자연에네르기 중장기 개발계획'을 수립해 2044년까지 자연에너지 발전설비 용량을 500만kW로 확대할 계획을 세운 바 있다. 김정은 위원장도 2014년과 2016년 신년사를 통해 풍력, 지열, 태양열을 비롯한 자연에너지의 이용을 강조한데 이어 2018년 신년사에서도 '새로운 동력자원 개발'에 힘을 넣어야 한다고 언급한 바 있다.

현재 북한에서는 도시와 농촌에 태양광발전이 크게 확산되고 있다. 상업시설과 주택에 중국산 태양광 모듈과 전기저장장치ESS가 급증하고 있다. 20W급 태양광 모듈은 약 40달러 정도(200~300인민폐)인데, 이 용량이면 간단한 가전제품 가동이 가능하다. 태양광 모듈을 사용하는 가구 수는 북한 전역에 약 10만 가구에 달하는 것으로 추정된다(《인더스트리뉴스》 http://www.industrynews.co.kr).

2010년대의 전력공급과 소비 통계 분석

북한의 전력공급과 소비의 현재 상황에 대해 좀 더 상세히 알아보자. 먼저 북한의 1차 에너지공급이 어떠한지 통계를 이용해 살펴보고자 한다. 얻을 수 있는 자료로 국제에너지기구IEA와 한국에너지경제연구원의 통계가 있는데, 북한의 에너지 관련 통계수치가 매년 다르게 나타나는 문제점이 있긴 하다. IEA의 2018년 자료인 시계열 데이터를 보면, 북한의 에너지공급은 1990년대 이후 급속히 감소하고, 2000년대 들어 좀 회복되다가 2006년 이후 다시 줄어드는 것으로 나타난다. 통계수치는 다르지만 한국에너지경제연구원의 통계도 유사한 흐름을 보이고 있다.

내 생각에 통계기관의 북한전력 통계에는 문제가 있는 것 같다. 일반론으로 생각할 때 에너지탄성치가 일정하다면 에너지공급과 GDP 성장은 정의 상관관계가 있다고 본다. 그런데 한국은행의 북한 GDP 성장률 추계와 IEA 통계를 비교하면 2006년 이후 상관관계가 보이지 않는다. GDP통계와 에너지통계 둘 다 잘못되었거나 적어도 둘 중 어느 하나는 잘못된 것이라는 이야기가 된다. IEA나 에너지경제연구원은 북한이 2007년 이후 중국에 대한 석탄수출을 크게 늘려 국내 석탄공급이 감소했다고 보았다.

국내 석탄공급이 감소하였으므로 화력발전이 감소하여 수력생산이 일정한 가운데 전체 전력생산과 소비가 감소한 것으로 추정하는데, 2016년의 전력소비량이 2008년보다 훨씬 적다는 추정은 납득하기 어렵다. 가능한 분석으로는 ① 통계 외 에너지공급(태양광 발전 등)

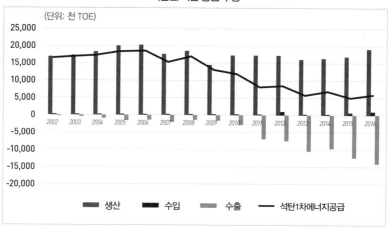

북한의 석탄 공급 추정

(단위: 천 TOE)

생산　수입　수출　석탄1차에너지공급

출처_ IEA, 한국은행

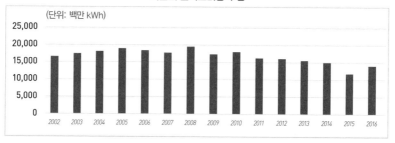

북한의 전력소비량 추정

(단위: 백만 kWh)

출처_ IEA, 한국은행

이 급격히 늘었거나, ② GDP 성장이 비에너지산업에 주요 요인이 있다는 가설을 세울 수 있다. ①의 경우 태양광이 북한에서 가정용 전원으로 널리 쓰이게 된 것은 맞지만 산업용으로까지 확대되었다고 보기 힘들고, ②의 경우는 비공식 시장서비스산업의 증가로 볼 수 있는데, 한국은행의 GDP 성장률에는 비공식 시장서비스 부문이 제대로 반영되어 있지 않다.

북한의 1차 에너지 공급 증감률과 GDP 성장률의 상관관계

전반적으로 볼 때 2000년대 이후 북한의 경제상황이 호전되었고 전력생산도 부족하지만 늘어났다는 것을 고려한다면 국내 석탄공급이 대폭 줄었다고는 보기 힘들다. 결국 석탄생산이 추정치보다 훨씬 더 많아서 수출을 고려하더라도 화력발전을 위한 석탄공급이 대폭으로 줄지는 않았기에 수력발전 증가와 더불어 전력생산이 증가했을 것이라고 판단된다.

전력 부문의 과제와 남북협력의 가능성

1. 북한의 과제

전압이 안정된 전력을 정전 없이 공급하려면 발전소 추가 건설보다는 기존 발전소의 설비개체와 보수, 그리고 송배전의 전선 교체와

설비현대화가 급하다. 북한이 건설에 매진하는 수력발전소 신규건설은 환경영향평가가 제대로 되고 있지 않을 가능성이 크다. 댐을 건설하고 굴을 뚫는 것이 능사가 아니라고 생각한다. 있는 시설을 다시 점검하여 설비가동률을 높이는 것이 중요하다. 송전탑과 애자 등 송전설비 생산을 현대화해야 한다.

화력발전에서 발생하는 이산화탄소 배출량을 줄이는 문제도 중요하다. 북한에서 나오는 보도로는 CCT^{Clean Coal Technology}기술에서 일정한 성과를 내고 있다고 하는데, 석탄가스화를 통한 석탄가스 화력발전의 가능성을 중시하고 싶다. 이렇게 되면 무연탄을 철도로 도시에 싣고 와서 화력발전소에 공급하여 전력을 소비지에서 생산하는 방식을 지양하고, 가스화하기 쉬운 갈탄을 이용하여 탄전에서 바로 전력을 생산하여 도시로 공급하는 방식을 개발할 필요가 있다. 말하자면 석탄을 탄전에서 전기로 바꾸어 도시로 '공수空輸'하는 것이다. 석탄가스의 침전에 따른 터빈회전속도 감소 문제 등 기술적 문제를 푸는 것도 중요하다.

태양광, 태양열, 지열, 풍력 등 자연에너지는 기술적·경제적 타산이 맞지 않을 수도 있지만 장기적으로는 그 비중을 높여가야 할 에너지원이다. 국제사회와의 기술교류 등을 통해 선진적 기술을 받아들여 에너지원을 다양화하는 데 힘을 넣어야 한다. 그리고 전력 분야의 인재를 양성하는 것이 중요하다. 안정된 전력 생산부터 송배전에 이르기까지 기술력을 제고하기 위해서는 공업고등학교나 기술전문학교 수준의 중등 이상 교육체계를 잘 갖추어야 한다. 첨단기술뿐만 아니라 생활에서 전기와 관련한 기술인재를 양성하는 것이 필요하다.

2. 남북협력의 과제

2005년 6월에 당시 남한의 노무현 정부가 경수로사업이 중단된 상황에서 비핵화 해법의 하나로 북한에 200만kW전력을 공급하는 '중대제안'을 정동영 당시 통일부장관을 통해 북한 김정일 위원장에게 제시한 적이 있었다. 결국 실현되지는 않았지만 남북 간에 신뢰관계가 이루어진다면, 즉 송전을 끊는 일이 없다면 북한의 전력문제 해결에 많은 도움이 될 것이다.

그러나 과거 역사는 1970년대 오일쇼크나 2014년에 러시아가 우크라이나 경유 천연가스파이프라인 밸브를 잠근 사건처럼 에너지가 국제 관계의 무기가 될 수 있음을 잘 보여준다. 다른 데서 사례를 찾을 것 없이 해방 전후에 압록강 수풍발전소의 전기를 남한에 보내주던 북한이 송전을 중단하여 남한이 혼란에 빠진 적이 있기에, 북한도 남한의 전기를 송전선으로 받아쓰는 것이 에너지 안전 보장에 위험요소로 작용한다고 생각할 수 있다. 역시 문제는 상호신뢰이다. 신뢰가 있다면 송전선을 잇는 것이 가능하다.

내가 생각하기에 북한의 발전시설과 송배전시설의 개선과 관련한 남북협력은 매우 중요하다. 단기적으로는 북측 전력 부문과의 기술교류, 설비개선 협력, 지상송전선망으로의 유도와 전선공급 등이 필요할 것이다. 그리고 중장기적으로는 기술교류 부문에서 석탄가스화 발전과 태양광 발전 분야에서 기술교류와 협력을 중심과제로 추진할 필요가 있다. 이 부문이 전력생산비용 측면과 환경 측면에서 경쟁력 있는 것으로 판명된다면 전력산업에 획기적인 전환을 가져올 수 있기 때문이다.

그리고 발전소를 새로 건설하는기 위한 협력방식으로는 수주건설 양도방식, BOT^{Build Operation Transfer}방식, 독립발전사업^{IPP}방식 등이 있을 수 있다. IPP방식의 경우 프로젝트 파이낸싱 방식으로 발전소를 건설하는 사업을 추진할 수 있을 것이다.

동북아지역 전체로 송전망을 연결하는 것은 장기적인 과제다. 국가 간의 이해관계 대립이 있기 때문이다. 우선 남과 북 양자 간 관계에서 전력공급을 보완하면서 자립적 전력생산체계를 정상화하고 그 기반 위에서 다국 간 협력이 가능할 것이라 생각한다.

⑥
경제특구:
자주적 개발

북한이 대외투자를 유치하여 경제발전을 추구하려는 법제도를 구상한 것은 1980년대로 거슬러 올라간다. 1984년 9월에 제정한 '합영법'이 그 성과물이다. 이 법은 중국의 개혁·개방정책의 영향을 받았다. 중국은 1979년에 영어의 'Joint Venture'를 합자경영合資經營:合쫄이라고 번역한 '중외합자경영기업법'을 제정하여 자국기업이 외자와 공동으로 합영기업을 설립하여 운영하는 것을 법적으로 허용하였다. 북한의 합영법도 기본적으로는 중국의 법을 받아들인 것이지만, 그 목적은 중국과 달랐다. 즉 북한은 합영법이 '개혁·개방경제로 진행'하기 위한 것이 아니라 '자립적 민족경제를 건설하기 위해 외국과의 경제·기술교류와 협력을 할 목적'으로 제정되었다고 설명하였다(《조선중앙통신》 1984년 10월 15일).

그래서 북한은 1980년대 말까지는 중국처럼 경제특구를 만들어서 합영법을 실행하지 않았다. 당시 북한의 중앙인민위원회 경제정책위원회 윤기복 부위원장은 "중국에서 경제특구를 설정한 것은 중국의 실정에 맞는 것이다. 우리나라는 경제특구의 설정이 필요없다"(《조선중앙통신》1984년 10월 15일)라고 말했다.

그러나 1990년대에 들어서 상황이 바뀌었다. 즉, 사회주의경제권이 무너져 국제시장경제와 교류할 수밖에 없는 상황에서 생산력과 기술의 발전을 위해 중국처럼 경제특구를 만드는 정책으로 방향을 전환한 것이다. 그 첫 계기는 중국이 적극적으로 제기하여 UNDP(유엔개발계획)가 중심이 되어 러시아, 한국, 몽골 등과 함께 다자간 협력으로 추진하기 시작한 두만강지역 개발계획에 참여하는 것이었다.

이 계획의 비전은 두만강 하류지역에 국경을 맞대고 있는 중국, 러시아, 북한 세 나라가 토지를 제공하여 다자간 통합경제특구를 만들고, 한국, 몽골, 일본 등이 참여하는 다자간 공동개발조직을 만들어 300억 달러를 투자하여 인프라와 물류 및 산업, 관광단지 개발을 통해 냉전시대 해체 후의 모델사업으로 발전시키자는 것이었다. 중국·북한·러시아·남한·몽골 등 5개국 정부가 참가하였고 일본정부는 끝내 참여하지 않았다.

1990년대 경제특구: 나진선봉

북한정부는 1991년 7월에 몽골의 수도 울란바토르에서 개최된 UNDP 제1차 동북아시아 소지역 개발조정자회의에 참여하였다. 그 회의에서 북한은 두만강 하류지역에 있는 나진선봉(현재의 나선시) 지역에 경제특구인 자유경제무역지대를 창설할 계획을 발표하였다. 이어서 10월에 UNDP의 제2차 개발조정자회의가 북한의 평양에서 개최되었다. 직후인 12월 28일에 북한은 정무원결정74호로 '나진선봉자유경제무역지대'를 선포하고 나진항, 선봉항, 청진항을 자유무역항으로 지정하여, 동지역에 대한 외국투자기업에 기업소득세 감면, 관세 감면 등과 같은 우대정책을 취할 것을 정식으로 결정하였다.

북한에서 처음 나온 경제특구 정책의 내용은 나진선봉지대를 '특혜적인 무역 및 중계수송과 수출가공, 금융, 서비스지역'(자유경제무역지대법 제2조)으로 개발하는 것이었다. 북한정부는 1993년 경제특구와 관련한 국토종합건설계획을 수립하고 외국인투자법, 합작법, 외국인기업법, 외국인투자은행법, 외국인세금법 등 일련의 투자관련법률도 정비하면서 개발계획을 본격적으로 추진하였다.

북한은 경제특구를 개발하는 것으로 정책을 전환한 것에 대해 동북아시아지역에서의 경제협력을 통한 경제발전과 안전보장을 지향하는 것으로 설명하였다. 이는 김일성종합대학의 김수용 교수가 1995년 10월에 도쿄 강연에서 다음과 같이 북한의 대외경제정책을 설명한 데에도 나타난다.

"1990년대에 냉전구조의 완화로 이념을 넘어선 경제교류가 세계적인 추세로 되고 또한 북한의 대외경제교류의 70%를 차지해온 사회주의권의 붕괴가 북한의 자립적경제 건설노선의 정책변화를 요구하게 되었다. 국제경제발전의 필요성과 교류협력이라는 세계경제의 추이에 따른 주객관적인 조건으로 1991년 12월에 라진선봉자유경제 무역지대가 창설되었다. 그리고 1993년 12월 당중앙위원회 제6기 제21차 전체회의에서 제3차 7개년계획의 총괄을 통해, ① 신기술 도입, ② 외화수지 균형, ③ 지역협력 강화를 통한 동북아 시아의 평화안전보장, ④ 무역제일주의 관철 등을 목표로 한 새로 운 경제정책을 내오게 되었다."

그러나 북한의 경제특구정책은 중국과 같은 방향으로 가지는 않았 다. 나진선봉 경제특구를 포함하는 두만강지역개발계획에서 중국정 부와 UNDP는 다자간 공동개발을 우선하는 국제협력의 틀을 추구하 였다. 반면에 북한은 다자간 협력 틀보다는 자국의 자주권을 중시하 는 형태로 자국중심의 국제협력을 추진하는 입장이었다. 결과적으로 UNDP가 추진한 두만강지역개발계획에 대해 북한은 러시아와 함께 국제공동관리에 의한 공동개발안을 거부하고 각국이 독자로 경제특 구를 설치하고 각국에 필요에 따라 협력개발을 하는 입장을 취하였 다. 결과적으로는 북한의 입장대로 되었다.

그런데 '까마귀 날자 배 떨어진다'는 속담이 있듯이, 북한이 나진선 봉 경제특구 정책을 실시하자마자 미국이 북한의 '핵개발의혹' 문제 를 제기하였다. 결국 북한이 1993년 3월에 NPT(핵확산방지조약)을 탈 퇴한다는 선언을 하면서 북미 간의 핵위기가 시작되었다. 1994년 7월 에 미국이 북한을 폭격할 것이라는 이야기가 나올 정도로 핵위기가 심각해지자 미국의 카터 전 대통령이 평양을 방문하여 김일성 주석 과 회담하고 전쟁위험을 해소하면서 10월에 북미 간의 '제네바 합의' 에 따라 핵위기가 봉합되었다. 1995년부터 북한은 대외경제면에서 경제특구정책을 다시 추진할 수 있는 상황이 되었다.

그러나 북한에 닥친 시련은 북미 간의 핵위기만이 아니었다. 1994년 7월 카터 미국 전 대통령과 회담한 김일성 주석이 남한의 김영삼 대통령과의 역사적인 남북정상회담을 준비하던 중에 갑자기 사망하였다. 이후 1995년부터는 홍수, 가뭄 등의 자연재해가 발생하면서 심각한 식량위기가 발생하고 에너지, 원자재 부족으로 공장가동률이 떨어져 북한은 생산감소-소비감소로 이어지는 경제위기에 빠지게 되었다. 새로운 경제정책이었던 3대제일주의(농업제일주의, 경공업제일주의, 무역제일주의) 등 새로운 경제전략도 사실상 전개하기 어려운 상황이 되었다. 이러한 상황에 대하여 북한의 노동당은 다음과 같이 평가를 하게 된다.

"주체83(1994)년부터 주체86(1997)년까지만 하여도 매해 랭해와 가물, 폭우, 강한 해일로 제방과 저수지들이 터지고 수만 정보의 농경지들과 탄광, 광산들이 침수되었으며 여러 도시들과 농촌마을들이 물에 잠기고 선박들이 파괴되었으며 바다가양식장들과 소금밭들이 못쓰게 되고 철도와 다리가 끊어졌다. 심한 식량난, 연료난, 동력난 등이 잇달아 겹쳐들었다. 이와 같은 경제적 난국으로 하여 우리 인민은 '고난의 행군'을 하지 않으면 안 되게 되었다. '고난의 행군'은 우리 당과 인민에게 있어서 간고하고도 준엄한 시련이었다. … 김정일 동지께서는 주체84(1995)년 1월 1일 금수산기념궁전을 찾으시어 위대한 수령님께 경의를 표시하신 후 조선인민군의 한 구분대(다박솔중대)를 찾으시었다. … 다박솔중대에 대한 력사적인

북한경제와 협동하자

현지지도는 선군의 기치를 더 높이 추켜들고 총대에 의거하여 주체의 사회주의 위업을 끝까지 완성하려는 김정일 동지의 확고부동한 의지의 표시였으며 위대한 선군정치를 보다 높은 단계에서 전면적으로 실현해 나가는 력사적 계기로 되었다."

(조선로동당출판사, 《조선로동당력사》, 2006, 533쪽)

1990년대 중반의 경제위기의 상황 속에서 북한은 선군정치를 하면서도 나진선봉에 대한 경제특구 정책을 계속 유지하였다. 외자유치는 중국기업들 외에는 태국기업이 통신센터건설, 홍콩기업이 카지노호텔, 일본의 조총련계 기업이 수산물가공 분야에 투자하는 정도였다. 2000년까지 나진선봉특구에 대한 외자의 투자계약액은 5억 2천만 달러로 이중 투자실행은 2억 2천만 달러 정도였다. 북한정부는 도로, 공업용수, 전력 등 중요한 인프라 건설에 투입할 국내자금이 없었던 터라 그 개발자금을 외자기업에게 의존할 수밖에 없었다.

앞서 언급한 김일성종합대학의 김수용 교수는 1995년에 도쿄에서 《니혼게이자이日本經濟》신문과 회견(11월 4일)하고 "미국의 에너지기업인 스탠턴그룹이 합작으로 북한의 나진선봉 경제특구에 발전소를 건설하는 계약을 체결했다"고 밝히기도 했다. 그러나 결과적으로 성사되지 못했는데 미국정부가 허가하지 않았기 때문이다. '자립적경제 건설노선의 정책변화'를 일본 강연에서 언급했던 김수용 교수는 후에 김일성종합대학 교수직을 물러난 것으로 알려졌다.

중국 이외의 외자기업들은 북한의 투자환경이 부실하다 하여 투자에 큰 관심을 두지 않았다. 그래도 북한정부는 경제특구의 투자환경을 개선하기 위해 1997년 6월에 나진선봉에 대해 ① 투자관련 권한을 나진선봉지대 당국에 대폭 위임, ② 시장가격시스템 도입(배급제도를 폐지하고, 독립채산제를 전면적으로 실시), ③ 환율 단일화(약 200원/1달러), ④ 자영업의 인정 및 자유시장 개설, ⑤ 철도관리시스템 일원화, ⑥ 시장경제시스템 교육(인재육성) 등을 실시한다고 발표하였다. 나진선봉지대는 북한에서 시장의 기능을 인정한 경제관리 방식이 도입된 유일한 경제특구지역으로 되었는데 여기에서 실험한 것이 2002년의 경제관리 개선조치의 토대가 되었다고 할 수 있다.

남한의 기업들 중에서도 나진선봉에 대한 투자에 관심을 가진 기업들이 있었다. 1998년 8월까지 통일부로부터 사업자승인을 받은 기업은 LG상사(양식업, 자전거부품), 삼성전자(전자공장, 통신센터), 대상물류(물류센터), 한국토지공사(공업단지건설), 두레마을(농장) 등이었다. 이 중 사업승인을 받고 투자를 실행한 경우는 LG상사가 중소기업 태영수산과 함께 진행한 가리비양식사업(승인규모: 65만 달러), 두레마을이 진행한 합영농장(승인규모: 800만 달러)이었다. 그러나 이들 사업은 1998년 9월 이후 북한당국이 남한기업인의 나진선봉 방문을 금지하면서 모두 중단되었다.

김정일 시대 선군정치가 구체화한 시기가 1997년 이후인데, 북한 나진선봉특구 개방정책을 실무적으로 집행했던 김정우 대외경제협력 추진위원장, 김응렬·임태덕 부위원장, 김문성 국제무역촉진위원장 등이 모두 물러났다. 1998년 초에 나진선봉자유경제무역지대 명칭에서 '자유'가 삭제되어 나진선봉경제무역지대로 개칭되었다. 1998년 9월 나진선봉에 과학기술대학 설립을 추진했던 재미교포 김진경 당시 연

나진-선봉 건설 총 계획도(1995)

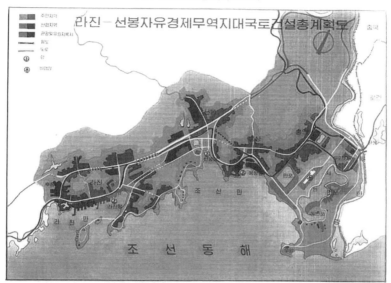

출처_ 조선민주주의인민공화국 대외협력추진위원회,《황금의 삼각주, 라진-선봉》(개정판)

변과학기술대학 총장을 북한당국이 '간첩' 혐의로 억류하다 풀어준 사건이 벌어지면서 남한기업인의 나진선봉 방문도 중단되었다.

이후 나진선봉지대에는 중국기업의 소규모 투자가 이어질 뿐이었다. 북한은 2009년에 UNDP가 주도하는 두만강지역개발계획에서 탈퇴하고 자체의 경제특구 정책을 실시하다가 2011년에 당시의 장성택 당 행정부장이 중국정부와 '공동개발 공동관리'를 하는 방식으로 경제특구정책을 본격적으로 추진하는 방향으로 개편하였다. 그러나 2013년에 장성택이 숙청되면서 중국과 협력을 통한 나진선봉 경제특구 개발은 다시 중단되었다. 2017년부터 강화된 대북 경제제재하에서 나진선봉지대는 중국인들의 관광 아니면 나진항이 러시아산 석탄을 중계수송하는 정도에 멈춰 있다.

투자박람회 '북한 투자 설명회'에서 북한 측이 제시한 나진-선봉 소개 자료(2011)

출처_ 동북아시아투자박람회(중국 길림성 장춘시)

북한경제와 협동하자

2000년대 경제특구: 신의주

　신의주가 북한당국에 의해 주요한 도시개발계획 대상으로 등장한 것은 1988년 6월 당시 김정일 노동당 비서가 현지지도를 통해 "신의주시를 국경관문도시로 개발하라"고 지시한데서 연유한다. 이에 따라 남신의주지역에 대한 신도시 개발공사가 추진되었으나 1990년대의 '고난의 행군'으로 진척을 보지 못했다. 그러다가 2001년 1월 김정일 국방위원장의 중국 상해 시찰 이후 귀국길에 신의주를 방문하여 남신의주를 본격적으로 개발할 것을 지시하였다.

　신의주는 지형적으로 압록강변의 북신의주 공업지역이 지대가 낮아 항상 홍수피해를 당해왔으며 1995년의 대홍수 때에도 심각한 타격을 입은 바 있다. 그런 연유로 북한당국은 구릉지대인 남신의주지역을 주거지, 공공시설, 신규 공장지역으로 재개발하는 사업을 기본구상으로 가지고 있었다. 북신의주에 있던 신의주화장품공장을 남신의주로 이전하는 공사도 1999년 10월에 시작되어 2001년 2월에 완료되어 대대적으로 선전된 바도 있다.

　2001년 김정일 위원장의 신의주 방문 이후 북한은 중국계 네덜란드인 양빈에게 신의주개발을 의뢰하였다. 2002년 2월 김정일 위원장의 신의주 현지지도에 양빈이 동행하면서 특별행정구 개발구상이 구체화되었다. 2002년 9월 발표한 '신의주특별행정구 기본법'의 내용은 중국과의 협력을 거의 배제한 가운데, 북이 유럽계 자본을 끌어들여 신의주를 홍콩과 같은 독자적인 경제특구로 건설한다는 것이었다.

　총면적 132km²의 특별행정구는 남신의주지역을 제외한 북신의주의 31개동, 위화도, 유초도, 의주지역 일부, 철산군, 및 염주군 일부 해안지역을 포함하며, 홍콩의 제도와 같이 특구가 입법권, 행정권 및 사법권을 50년간 변경 없이 유지하고, 조선정부는 외교 및 국방 이외에는 특구의 내정에 관여하지 않는다는 대담한 내용을 담고 있었다. 기존의 주민을 모두 남신의주지역으로 이주시키며 특구의 개발 분야는 국제금융, 무역, 상업, 공업, 첨단과학, 오락, 관광 분야로 정해졌다. 특구중심지(행정·금융·상업), 공업단지, 공항 및 물류지역, 주거지역, 국제회의장 등 7개 지역으로 나누어 개발하는 청사진이 발표되었다. 공업단지에는 정보기술단지와 경공업단지를 건설하고 카지노 등 유희시설도 개발하는 것으로 되어 있었다.

북한당국의 신의주개발청사진이 중국과의 사전조율 없이 일방적으로 계획되고 발표되었다는 것은 압록강에 신설할 신의주-단동 연결도로교의 위치를 보면 알 수 있는데, 그 위치는 중국 측의 제안과는 달리 압록강 철교에서 2.5km 아래의 지점으로서, 이 지점에 도로교를 건설할 경우 중국 단동시의 시가지 교통계획과 상충하게 된다. 또한 카지노 등 유희시설의 건설은 중국 측으로서는 대단히 불만을 가질 수밖에 없는 사업이었다. 중국에 의존하지 않고 신의주개발을 추진하려던 북한당국의 의도는 결국 중국에 의해 좌절되었다. 중국과의 사전조율 없이 진행된 신의주특구계획에 대한 중국 측의 불만이 특구 그 자체를 좌절시키는 결과를 낳았다.

그후 북한은 2004년에 '신의주-대계도 경제개발지구'를 설치하여 자체의 힘으로 개발하려는 입장을 정하였다. 하지만 김정일 시대의 북한경제정책의 기본은 국방공업을 우선하는 선군시대의 경제정책이

북한경제와 협동하자

	조선		중국	
	신의주시	나선시	홍콩	심천
위치	평북 중국접경	함북 러시아 및 중국 접경	중국 대륙 남동부	홍콩 인근 광동성
인구	34만 명	30만 명	678만 명	7백만 명
면적	132km²	746km²	1,091km²	392km²
지정일	2002년 9월	1991년 12월	1997년 7월	1980년 8월
법적 근거	최고인민회의 상임위원회 정령 (신의주특별행정구 기본법)	정무원 결정 84호	홍콩특별행정구 기본법	광동성 경제특별구역 조례
정치 제도	• 입법, 사법, 행정권 보장 • 토지임대기간 50년 보장 • 자체적인 여권 발급 • 중앙정부 임명장관 이 자율적으로 통치	• 중앙정부의 직접통제	• 일국양제 • 입법, 사법, 행정권 보장 • 임기 5년의 행정장관 이 독자적으로 영도 • 정치적 독자권	• 중국정부, 광동성정 부 소속 • 정치적 독자권 없음
경제적 위치	• 서해에 인접, 중국교 역에 유리 • 금융, 유통, 과학기 술, 서비스 산업	• 동해에 인접, 러시 아, 중국 길림성 교 역에 유리 • 화학, 철강	• 무역, 가공산업, 금 융중심지 • 의류,전기기기, 통 신, 음향기기 • 컨테이너 교역 세계 1위(2001년)	• 외자 및 기술유치를 통한 수출산업단지 • 홍콩, 마카오 인접 • 컨테이너교역 세계 8위 • 전자, 방직, 경공업, 기계공업

출처_통일부

었고 경제특구는 외화획득과 기술도입을 하기 위한 보조적인 수단이었다고 할 수 있다.

김정은 시대에 들어와서야 신의주경제특구는 본격적으로 개발계획을 추진할 수 있게 된다. 2012년 7월에 신의주지구개발총회사가 설립되고 2013년에 최고인민회의 결정으로 '신의주특수경제지대'가 설

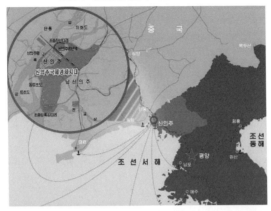

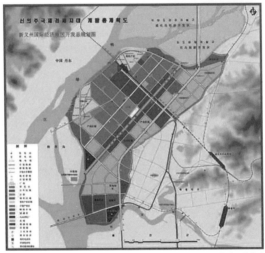

출처_ 내나라

치되었다. 이어 2014년에 신의주특수경제지대 이름을 '신의주국제경
제지대'로 바꾸고 2016년에 개발계획을 발표하였다. 그 내용은 신의
주를 최신정보기술산업구, 생산산업구, 물류구역, 무역 및 금융구역,
공공봉사구역, 관광구역, 보세항구 등으로 구성된 종합적인 경제특구

이자 35만 명 인구의 국제도시로 개발하는 계획이었다. 이를 위한 인프라를 갖추기 위해 대계도지구에 공항과 항만을 건설하고 40만kW급 복합화력발전소 건설, 홍수피해 방지를 위한 운하건설, 평의선(평양-신의주) 철도의 고속철도화 등이 계획에 담겨 있었다.

2018년 11월에는 김정은 위원장이 신의주개발계획을 현지지도하는 모습이 《노동신문》에 실리기도 하였다. 신의주경제특구 개발과 중국과의 관련에 대하여는 북중 관계 장에서 별도로 다루기로 한다.

2010년대 경제특구 : 원산과 지방경제개발구

2010년대까지 북한은 경제특구로서 나선경제무역지대, 신의주국제경제지대와 더불어 황금평·위화도 경제지대, 개성공업지구, 원산-금강산관광특구를 합쳐 5대 경제특구를 운영하고 있다. 이중 중국과 공동개발하기로 한 황금평·위화도 경제지대는 유명무실한 상태이다.

원산은 김정은 시대에 개발이 집중되고 있는 지방도시이다. 원산을 관광특구로 개발하는 계획이 2013년 3월 노동당중앙위원회 전원회의에서 결정되어 이후 갈마공항, 도로, 항만, 전력 등의 인프라 정비가 이루어졌다. 11월에 북한정부가 비준한 원산-금강산지구 총계획에 따르면, 마식령 스키장과 갈마반도의 명사십리 해안, 울림폭포, 통천지구(동정호, 시중호), 금강산지구를 포괄하는 총 414.8km²를 개발한다. 원산시에는 호텔, 해수욕장 골프장, 산업단지, 컨벤션센터 등을 배치한다.

원산-금강산지구 개발 계획(2014)

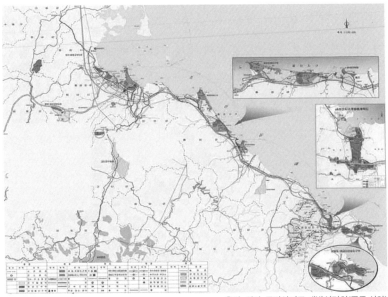

출처_ 원산-금강산지구 개발설명회(중국 심양)

원산 갈마해안관광지구 건설현장(2019)

출처_ 코리아메디아(KPM)

북한경제와 협동하자

2018년 갈마반도의 명사십리에 호텔 및 관광시설 건설이 한창일 때, 김정은 위원장이 5월, 8월, 10월에 걸쳐 3차례나 현지지도를 하면서 개발을 다그쳤다 한다. 8월 현지지도 때에 김정은 위원장은 "원산 갈마해안관광지구건설과 같은 방대한 창조대전은 강도적인 제재봉쇄로 우리 인민을 질식시켜보려는 적대세력들과의 첨예한 대결전이고 당의 권위를 옹위하기 위한 결사전이며 인민의 행복을 창조하고 꽃피우기 위한 보람찬 투쟁"이라면서 "지금과 같이 모든 것이 어렵고 간고한 시기에 이처럼 요란한 대규모공사가 세계적 문명을 압도하며 결속되면 당과 군대와 인민의 일심단결의 위력이 만천하에 다시 한번 과시될 것이며 우리 인민들에게는 정말로 좋은 선물이 될 것"이라고 말했다고 한다.

그런데 한편으로 중앙정부가 직접 관리하는 경제특구와 함께 지방자체의 경제특구가 들어서고 있는 것이 2010년대의 특징이다. 다시 말해 김정은 시대에 들어 북한은 지방경제 육성, 기업소 독립채산제 등 분권화를 핵심으로 하는 경제관리 개선조치를 추진하면서 이와 괘를 같이하는 대외경제정책을 추진하였다. 이에 따라 지방의 각 도마다 그 지방의 특색에 맞도록 경제개발구라는 이름의 경제특구를 새로 만들었다. 이를 위해 2013년 3월에 열린 노동당중앙위원회 전체회의에서 '대외무역의 다원화·다양화 실현, 관광 활성화를 위한 관광구 설치, 도마다 현지 실정에 맞는 경제개발구 설치'를 결정하고 이어 5월에 '경제개발구법'을 제정하였으며, 이어서 2014년까지 경제개발구 창설규정, 관리기관운영규정, 기업창설운영규정, 개발규정, 노동규정, 환경보호규정 등 6개 세부규정을 정비하였다. 북한정부는 경제개발구 개발을 위해 기존의 국개경제개발총국을 국가경제개발위원회로 승격하는 최고인민회의 상임위원회 정령을 발표(《조선중앙통신》 2013년 10월 16일)하였다.

각 지방의 경제개발구는 대체로 산업별로는 농축산업, 관광, 무역, 공업 등으로 나뉘고 지역별로는 압록강과 두만강변의 북중 접경지구, 동해지구, 서해지구로 구분되어 있다. 2014년까지 19개 지역 경제개발구가 지정되었다.

지역별로 보면 함북 3개(청진경제·어랑농업·온성섬관광개발구), 함남 2개(북청농업·흥남공업개발구), 양강도 1개(혜산경제개발구), 자강도 2개(만포경제·위원공업개발구), 평북 2개(압록강경제·청수관광개발구), 강원도 1개(현동공업개발구), 황남 1개(강령국제녹색시범구), 평남 2개(청남공업·숙천농업개발구), 황북 2개(송림수출가공·신평관광개발구), 평양 1개(은정첨단기술개발구), 남포 2개(와우도수출가공·진도수출가공구) 등이었다. 그 후 2015년 4월 양강도 1개(무봉국제관광특구), 10월 함북 1개(경원경제개발구), 2017년 12월 평양 1개(강남경제개발구) 등 3곳이 추가되어 현재까지 총 22개 경제개발구가 설치되어 있다. 이 가운데 중앙정부가 관리하는 경제개발구가 4개(은정첨단기술·진도수출가공·강령국제녹색·무봉국제관광)이고 나머지 18개가 지방정부가 관리하는 경제개발구이다.

경제개발구에 대해서는 소득세 25%를 14%로 감면하고 관세도 감면하며 인프라·첨단기술·IT기업이 투자하는 경우 추가 감세(10%), 주식배당금 등 기업수입에 대한 세금감면(20%를 10%로), 공장부지 우선선택권 부여, 기업 설립·분할 자유화, 최장 50년까지의 토지임차

북한의 경제개발구 현황

출처_ 통일부 북한정보포털

권 부여 등 우대조치를 실시한다. 이러한 내용은 기존의 경제특구에 대한 우대조치와 유사하다.

하지만 북한이 의욕적으로 설치한 20여 개 경제개발구는 경제제 재 하에서 외자유치가 불가능한 상황에 있다. 국내에서 경제개발구 의 인프라 정비가 활발하지 못하고 중국 등에서 외자유치와 관련한 설명회 등이 개최되기도 했지만 원산을 제외하고는 이렇다 할 관심을 받지 못하고 있다. 경제제재 해제만이 경제특구가 살 길이다.

경제특구의 과제와 전망

북한에서 추진한 나진선봉과 신의주경제특구 경험을 분석해보면 북한에서 경제특구가 가지는 의미가 좀 독특한 것을 알 수 있다. 북한의 경제관리 기본원칙은 '사회주의 자립적 민족경제'를 발전시키는 것이다. 대외경제관계에서는 시장경제와 교류, 협력하는 실리주의를 추구하며 이를 위한 특수지역이 경제특구이다. 경제특구의 성공에 따라 개방적 경제관리 체계가 비특구지역으로 확산되는 것이 아니다. 특구와 비특구지역을 처음부터 제도적으로 완전히 분리하여 상호 영향을 받지 않도록 만들었다. 따라서 특구와 특구가 점에서 선으로 연결되고 나아가 면으로 확대되는 양상이 아니라, 특구가 한 점으로만 존재하고 거기서 얻어진 '실리'라는 결과물만이 비특구지역으로 들어오는 것이다.

중국에서는 특구가 경제의 선진지역이고 비특구가 주변지역이 되어 특구를 중심으로 경제가 우선 발전하는 것을 '선부론先富論'이라는 개념을 써가며 정책적으로 추구한다. 반면에 북에서는 특구가 조선경제의 중심이 아니라 지속적으로 주변에 존재하고 사회주의적 경제중심지에 '실리'를 제공하는 구조를 가지도록 의도되었다는 점이다. 국내경제시스템에서의 경제특구의 역할은 중국과 북한이 서로 다르다. 다만, '引進來(외자를 끌어들임)'를 추진하기 위한 특혜적 장소로서의 경제특구인 점에서는 중국과 북의 특구정책의 기본구도는 같다고 하겠다.

북한은 경제특구를 설치하면서도 국가재정의 자금부족이라는 현실 때문에 외자에 의한 인프라 정비와 공업단지조성을 추진하였다. 그러나 경제개발전략의 목표는 경제자립성을 강화하는 것이었기 때문에, 특구정책에서도 '자주성에 기초한 국제협력'이라는 의도가 관철되었다. 즉, 국제협력에 있어서 다자간 협력 또는 포괄적 틀에 의한 협력보다는 조선이 중심이 되는 양자 간의 개별적, 선택적 협력을 우선하는 정책을 추진하였다. 나진선봉의 개발정책도 두만강개발이라는 다자간 틀을 인정하면서도 개발방식에서 다자간 공동개발·공동관리 방식보다는 북한이 주도하는 양자 간 협력에 의한 개발방식을 중시하였다. 신의주특구 역시 북한 중심의 개별적·선택적 협력의 산물로서 나타났던 것이다.

그러나 결과는 북한정부가 원하지 않은 방식으로 귀결되었다. 그 이유는 나진선봉의 경우에는 ① 북미, 북일 간의 관계가 정상화되지 않은 상태에서 다국 간 협력방식의 곤란, ② 1997~98년 동아시아경제위기로 인한 민간기업의 투자위축, ③ 1998년 이후 북한정부의 통제강화, 남측 기업의 나진 입국 금지 등이 있다. 신의주의 경우에는 ① 미숙한 사전준비, ② 중국의 반발 등을 꼽을 수 있다.

북이 경제특구 정책에서 추진한 '자주성에 기초한 국제협력' 정책은 중국의 '동북진흥' 정책과 비교하여 볼 때, 국제협력을 보조적인 역할로 보는 측면에서는 상통한다고 하겠다. 다만 중국은 자체의 자금능력으로 인프라 정비를 진행하고 산업 부문에서 외자를 유치하는 데 비해, 북은 자체의 자금부족으로 인프라를 포함하여 외자에 의한 특구개발을 추진한 점이 다르다. 이렇게 되면 중국의 동북진흥 정책과 북의 경제특구 정책이 공존하면서도 상호대립하게 되었을 때 북한의 위약함이 나타날 수 있다. 특구개발을 위한 물적·제도적·인적 자원이 부족한 북한이 중국과의 관계에서 대립이 발생할 때, '자주적 개발'을 뒷받침하는 기반이 약한 쪽이 불리하게 된다. 신의주특구의 결과는 이를 말해주고 있다.

신의주개발이 중국과의 협력을 전제로 하는 것이고, 중국의 지원이 필수적인 것이라면, 중국이 추구하는 '走出去(국외투자 장려)'를 활용하는 '引進來(국외투자 유치)' 정책을 먼저 마련했어야 했다. 중국의 정책에 대한 대응으로서가 아니라 중국의 성장의 실리를 유인하는 정책을 적극적으로 추진하는 것이 바람직했다. 그러나 실제로는 중국이 제기한 정책에 대립하는 방안을 만들다가 다시 중국의 정책을 받아들여 신압록강대교를 중국의 의도한 위치에 건설하는 결과를 빚고 말았다. 북한은 중국과의 관계가 지배–의존의 구조가 아니라 대등한 협력이라는 것을 정치면에서 뿐만 아니라 경제면에서도 확립하기 위한 깊은 사고력이 필요하다.

이러한 점을 고려할 때 북한의 경제특구 정책은 개선되어야 한다. 중국이 경제특구 정책을 추진하면서 성공할 수 있었던 조건은 여러 가지가 있지만 주요 요인은, ① 땅이 넓어 지방 사이에 시간을 두고 천천히 비교할 수 있는 여지가 있었으며, ② 한 나라에 일방적으로 의존하는 경제특구가 아니라는 점이다. 북한은 이 두 가지 요인에서 중국과 다르다. 시간을 두고 천천히 비교할 수 있는 여지가 없고, 접경지역 특구는 상대 나라에 접속되어 있다. 여기에 물적·제도적·인적 기반의 부족함이 더해져 자주적으로 특구개발을 추진하고 싶어도 중국 등 상대국의 영향을 강력히 받을 수밖에 없는 구조였다.

북한경제와 협동하자

그렇다면 역설적으로 ① 땅이 좁아서 생길 수 있는 장점, ② 접경국과 협력하면서 다국 간의 협력을 우선시할 수 있는 구조, ③ 물적·제도적·인적 기반을 구축하는 방안을 적극적으로 검토해야 한다. 위의 항목 중에서 ①을 위해서는 북한의 경제중심지가 직접 특구 형태로 움직여야 하고, ②를 위해서는 항만지역에 특구를 만들거나 다국 간 공동개발 틀을 형성해야 하고, ③을 위해서는 현실적으로 도움을 줄 수 있는 중국과 남한, 그리고 앞으로는 유럽과 일본, 국제기구의 지원을 적극적으로 유인해야 한다. 다국 간 공동개발의 틀로는 두만강 하류의 나선특구(두만강지역개발계획: GTI)와 압록강 하류의 신의주 특구, 원산-금강산 관광특구, 남포 특구 등에 모델지역을 선정하여 다국 간 공동개발을 추진할 필요가 있다. 이 지역은 과거 일본의 식민지정책 실시과정에서 개발이 추진되었던 곳이다. 과거에는 일본의 이익을 전략적 우위에 두고 설정된 개발 계획이었지만 앞으로는 동북아지역의 공동이익 실현을 위한 전략적 개발계획을 세워야 하며 남한과 중국, 일본, 러시아의 적극적인 참여가 필요하다.

5장

대외경제

북한은 '자립적민족경제건설'을 대외정책의 기본노선으로 정하고 있다. 김정은 위원장은 2014년 2월 25일 노동당 제8차 '사상일군대회' 연설을 통해 "우리식사회주의 전 역사를 쥐여짜면(요약하면) 자력갱생이라고도 말할 수 있다"며 자립경제의 중요성을 언급했다. 이 정책은 경제개발론에서 보면 '수입대체형 공업화'로 볼 수 있는데 대외경제는 국내경제의 보조적인 수단이다. 보조적이라 하더라도 북한에 없는 석유와 코크스 같은 에너지자원, 공업원료, 생산재 등 수입할 수밖에 없는 원자재 때문에 대외경제는 북한에서도 중요한 부문을 차지해왔다. 원자재 수입에 필요한 외화를 얻기 위해 북한은 주로 광산물과 수산물 등을 수출하거나 철강금속제품, 위탁가공 의류제품을 수출하였지만 전체적으로 무역적자를 면치 못하는 구조였다.

그래서 북한은 대외무역에서 다원화와 다각화, 경제특구와 관광특구 등의 경제개발구를 설치하여 적극적으로 외화를 획득하고 외자를

북한경제와 협동하자

유치하려는 시도를 해왔다. 2012년에 당시 북한의 내각 직속 합영투자위원회(2014년에 무역성, 국가경제개발위원회와 통합되어 대외경제성이됨)가 밝힌 2011년까지의 외자유치 실적은 306건에 14억 3,700만 달러였다고 한다. 중국, 홍콩, 대만, 싱가포르, 말레이시아, 타이, 필리핀, 이집트, 러시아, 영국, 프랑스, 네덜란드, 덴마크 등이 투자국이었다.

분야별로 보면 첫째로 자원개발 분야에서 중국을 위주로 광물자원개발이 2000년 이후 진행되었는데, 성공한 사례가 드물고 주로 합의서 체결 수준이었다고 한다. 실제 투자가 이루어진 사례는 무산철광, 혜산청년구리광산, 무연탄 개발 등 대부분 합작계약(설비제공형 무역)이었다.

둘째로 제조업과 통신 분야에서 중국과 유럽계 기업의 투자가 많았다. 유럽계 기업은 주로 전기전자, 식품, 의약품, IT 통신, 자동차부품 등의 분야에 투자하였다. 이집트의 오라스컴사가 북한 체신성과 합영하여 '고려링크'(체신성 25%, 오라스컴 75%)를 설립하여 휴대전화 사업을 한 것이 유명하다.

셋째로 건설, 관광, 호텔 등 서비스 분야에서는 홍콩계 기업의 카지노 호텔 투자가 유명하다. 이집트 오라스컴은 프랑스의 자본과 기술로 1980년대에 건설하다 중단되었던 평양의 105층 류경호텔의 재정비사업에 참여하고 있다. 그러나 북한의 핵개발에 대한 국제사회의 경제제재가 2016년부터 심화되면서 대외경제는 위축되었다. 경제제재는 북한이 자력갱생과 자강력으로 경제를 살려나가려는 정책을 지속하게 하는 또 하나의 배경이기도 하다.

이제 한반도 비핵화와 북미관계 정상화 그리고 한반도 평화체제를 만들기 위한 국제적 협의가 진행되고 있다. 이 과제를 해결하면 북한과 국제사회는 본격적인 경제협력과 관계개선을 이루게 될 것이다. 북한은 대외경제에서 나라의 자강력을 배경으로 한 협력증진을 어떻게 추진하게 될 것인가. 북한과 경제협력을 하는데서 실질적으로 중요한 상대국인 일본 및 중국과 어떠한 경제관계를 갖게 될지 알아본다.

1
북일관계

북한에게 일본과 관계개선을 통해 들어올 '보상금'은 줄곧 '그림의 떡'
이었다. 그 이유는 일본이 북한과 국교를 맺으려 하지 않았기 때문이
아니다. 일본의 입장은 북한과 수교하더라도 한일방식, 즉 경제협력방
식으로 보상문제를 해결하는 것이 원칙이었고, 그것도 일본이 요구하
는 것을 북한이 다 들어준 다음에나 가능하다는 입장이었기 때문이
다. 게다가 일본정부는 미일동맹을 헌법보다 더 중시하는 것처럼 미
국을 배려해왔다.

사실 북한과 일본 사이에는 1960년대부터 2006년까지 정경분리
원칙에 따른 무역관계가 있었고, 1990년대 이후로는 국교정상화교섭
도 있었다. 하지만 결정적인 국면에서 북한의 핵문제를 제기하는 미
국의 입장에 막히거나 일본의 국내 정치상황 등으로 성사되지 못하
였다. 북한과 일본은 2002년 평양에서 정상회담을 통해 경제협력방
식의 과거청산이라는 구체적인 합의까지 이루었으나, 뒤이은 북미 간

2차 핵위기 발생과 일본 국내의 납치문제 정치화로 인해 북일 간의 관계개선을 이루어내지 못하였다.

2006년 10월에 일본정부가 북한의 핵실험에 대한 대항조치로 북한 국적선의 입항금지, 북한의 대일수출 전면금지, 북한국적자 입국금지 등의 경제제제 조치를 취한 후, 2009년 6월 18일에 북한에 대한 전면적인 수출금지 조치를 실시하면서 이후 지금까지 북일무역은 제로가 된 상태이다.

일본정부는 아직 북한에 '돈을 낼 여건'이 마련되어 있지 않다고 보는 것 같다. 그 여건이란 북한이 핵, 미사일을 완전히 포기하고 '일본인 납치문제'를 해결하는 것이다. 여건이 마련되면 일본은 북한과 수교하고 과거청산을 할까? 1980년대까지는 그런 여건이 조성되었지만 그때는 일본이 냉전체제로부터 큰 수익을 얻고 있었기 때문에 북한과 정치적 관계개선을 추구할 이유가 없었다.

그렇다면 앞으로는 어떨까? 인도양-동남아-태평양을 잇는 '자유롭게 열린 인도-태평양 전략'으로 중국을 견제하려는 아베 총리과 트럼프 대통령이 합의한 아시아 전략이 있다. 또 일본은 중국과는 경제협력, 러시아와는 경제협력-북방영토문제 해결이라는 양자 간 협력전략을 가지고 있다. 그러나 한반도를 포함한 동북아지역을 포괄하는 지역전략은 잘 보이지 않는다. 북한이 걸림돌이지 파트너라고 생각하지 않기 때문이다. 일본 정계와 경제계는 북한으로부터 얻을 이익이 별로 없다고 생각하는 것 같다.

정말 그럴까? 북일 간에 서로 뒤틀린 관계를 정상화하게 되면 북한은 물론이요 일본으로서도 얻을 이익이 많다. 과거청산으로부터 얻을

북한경제와 협동하자

평양국제전람회에 참가한 일본 기업(2002)

출처_ 동아시아무역연구회

이익은 돈으로 환산할 수 없는 영역의 가치가 있다. 더불어 돈으로 환산할 수 있는 새로운 경제적 가치를 창출할 수 있다. 동북아 경제가 연계하여 발전하는 데는 일본과 한국의 협력도 필요하고 북한과 일본의 관계 정상화도 필요하다. 한반도의 입장뿐 아니라 일본의 입장에서도 한반도-일본의 경제연계는 '강대국으로 부상하는 중국'을 견제하면서 협력하는 균형의 추로 작용할 수 있다. 나는 일본이 동북아지역에 대해 전략적 접근을 할 시기가 왔다고 본다.

북한과 일본의 경제관계 역사

일본이 한반도를 식민지로 강점했던 것은 정치적 욕구뿐 아니라 경제적 욕구도 있었기 때문이다. 19세기말 일본의 근대화를 위해 대단히 중요한 경제자원 네 가지가 일본에는 부족했고 한반도에는 있었다. 그래서 일본식 표현으로 하자면 '목구멍에서 손이 나올 정도'로 간절하게 원했다. 그 자원은 ① 쌀, ② 무연탄, ③ 철광, ④ 금이었다. 일본에서는 농촌인구의 도시이동으로 식량생산이 줄어들면서 도시노동자의 임금을 억제하기 위해 한반도로부터 쌀을 가져와야 할 필요성이 커졌다. 무연탄은 왜 필요했을까. 아직 석유의 시대가 도래하기 전에 경제적으로는 도시철도의 연료로서, 군사적으로는 해군군함의 연료로서 많은 양이 필요했으나 일본에선 큐슈 정도에서만 생산되어 절대적인 공급이 부족했다.

반면에 한반도는 무연탄 매장량이 풍부했고 이미 19세기말부터 수출품목에 올라 있었다. '평양탄'으로 불린 북한지역의 무연탄은 품질도 좋았다. 1905년 러일전쟁 시 일본해군이 쓰시마 해전에서 러시아함대를 격파한 주된 이유가 무연탄 때문이라는 설이 나올 정도이다. 영국이 제공한 일본함대의 군함은 무연탄을 연료로 사용해 연기가 안 나고 높은 열원으로 엔진속도가 빨라 이동이 신속했다. 반면에 러시아함대는 유연탄을 사용해 연기가 보이고 속도가 느려 일본함대의 접근기동 전에 당했다는 것이다. 일본이 한일합방 후 제일 먼저 세운 건물이 평양의 일본해군 무연탄 연료창고였다.

근대무기와 산업기계 생산에 필수적인 철은 고대 삼국시대부터 가

북한경제와 협동하자

야국에서 일본으로 수출했던 터라 일본인의 의식 속에 한반도는 철기문화를 보내준 곳이다. 북한의 철광산은 당대 아시아 최대의 철광산지역이었다. 금은 더 말할 나위가 없다. 일본은 청일전쟁에서 이기고 중국에서 영국 금화 파운드 기준으로 3,800만 파운드(금 280t)의 전쟁배상금을 받아내 1897년부터 금본위제로 이행하였다. 통화발행량을 늘리려면 많은 양의 금이 필요했고 그 금은 한반도에 많이 있었다.

그래서 일본제국은 한반도를 집어삼켰고 만주로 들어가 만주국을 세워 일본을 위한 동아시아경제통합을 진행했다. 일본은 한반도에서 특히 북한지역에 전력망과 철도망, 항만을 정비하면서 싼 전력과 싼 노동력, 싼 토지를 이용해 산업단지를 만들고 군수공업의 병참기지로 활용했다. 흥남에는 석탄을 원료로 한 화약공장이 있었고, 두만강변 아오지에는 석탄(갈탄)에서 석유를 뽑아내는 당시 세계 최고 수준의 인조석유 제조공장이 있었다. 아오지탄광을 강제노역의 장소로만 이해하는 분들에겐 의외의 사실일 것이다.

한반도가 해방 후 남북분단이 되고 '6·25전쟁'이 휴전상태로 끝난 후 일본은 더 이상 쌀과 금을 한반도에서 가져오지 않아도 되었다. 쌀의 생산성 향상과 대체재인 밀가루 수입의 증가로 수요가 감소하고 공급이 증가하여 자급자족이 가능하게 되었다. 금은 미국경제 지배 질서인 브래튼우즈 체제에서 금-달러 본위제로 된 상태라 달러가 곧 금이었다. 무연탄은 석유로 대체되고 철광은 호주나 브라질 등에서 값싸게 대량으로 수입할 수 있어 태평양 연안의 항만지역이 더 발전하게 되었다. 따라서 한반도를 바라보는 동해연안지역의 일본 지방

도시들은 쇠퇴해갔다. 그래도 무연탄은 일부 제철소의 연료로 필요했고 기타 광산물, 금속, 수산물 등 1차산품을 북한에서 수입하는 것이 경제적 이익이 되기에 수요가 있었다.

북한도 일제강점기에 일본이 남겨놓은 설비의 복구 및 개보수, 새로운 설비투자를 위해 일본산 기계설비를 들여오고자 하는 경제적 수요가 있었다. 이렇게 양국 간에 있었던 경제적 요인 때문에 국교가 없는 가운데에도 일본무역상사들이 중국을 통한 간접무역 방식으로 북일 간 무역을 개척했다. 1956년 3월에는 일본의 무역업체들이 '일조무역회'를 결성하였다. 이후 일조무역회는 일본 국내의 대북무역업계의 대표단체로서 1993년에 해산(동아시아무역연구회에 통합)될 때까지 북일무역 실무를 담담했다.

1960년 7월에 등장한 일본 자민당의 이케다 내각은 사회주의권과의 교류를 '정경분리'의 원칙으로 실시하게 되었다. 남한의 이승만 정권 붕괴라는 요인도 작용하여 북일 간 무역을 직접무역으로 전환할 수 있었다. 일본의 주요 수출품은 기계류, 강재, 화학품 등 중화학공업제품의 비중이 컸고, 북한의 수출품은 철광석, 무연탄 등 광산물 중심이었다. 북한의 무산철광석은 1963년 3만 6천t이 시험수출된 후 1964년 35만t, 1965년 42만t이 일본에 수출되었다.

1970년대에 들어 미국과 중국의 관계개선 등 '동서데탕트'라는 새로운 정세하에 일본도 중국과 국교를 정상화하여 북일관계도 개선될 수 있는 환경이 도래하였다. 일본정부는 한일정기각료회의(1971년 7월)에서 "앞으로는 북한과의 사이에 인적교류도 단계적으로 활발히 해갈 것"이라고 북한과의 교류추진을 한국정부에게 전달하였다. 북한

북한경제와 협동하자

도 서방자본주의권과의 무역을 확대하여 특히 자본재의 수입확대를 본격화하였다.

이 시기부터 일본에서는 대기업도 북한과의 무역에 적극 참여하였다. 일본 대기업들이 사회주의권과의 무역을 위해 별도로 설립한 무역상사인 마루베니 계열의 와코교역和光交易, 스미토모 계열의 다이카무역大華貿易, 미츠비시 계열의 메이와산업明和産業, 이토츄 계열의 신에츠통상新越通商, 미츠이 계열의 싱와물산新和物産 등이 북한과의 무역에도 참여하였다. 또한 동해상사(1961년 설립), 경화상사(1966년 설립), 조선특산물판매주식회사(1969년 설립) 등 재일조선총련계 무역회사들도 북한과의 무역에 중요한 역할을 하였다.

1970년대 전반기에 발생한 제1차 세계석유위기 이후의 세계경제 불황기에도 북한은 기계, 설비, 플랜트 등의 수입을 대폭 늘렸다. 그러나 북한의 주요 수출품인 비철금속의 국제가격이 폭락하자 수입과 수출의 균형이 깨지면서 북한의 외화사정이 극도로 악화되었다. 1974년부터 북한의 무역결제가 지연되었고 북한과의 무역에 참여했던 많은 중소규모 무역상사가 지불지연의 영향을 크게 받았다. 이에 따라 1974년 12월에 일본수출입은행은 수출융자 제공을 거부하고 통상산업성은 수출보험업무를 중단하였다.

1977년 3월에는 일본에 '일조무역결제협의회'가 구성되어 채무문제에 관한 일본무역업계의 공동 대응이 시작되었다. 북한은 1983년 6월까지 원금의 일부인 0.9억 서독마르크(약 100억 엔)와 금리를 합쳐 300억 엔을 상환한 것을 마지막으로 일본에 대한 채무변제를 중지하였다. 1983년 7월 기준 북한의 일본에 대한 미결제채무원금은

북일 교역 추이

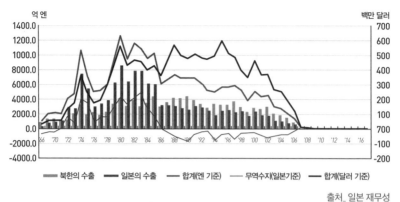

출처_ 일본 재무성

6.1억 서독마르크였다(2001년에 약 3억 유로로 변환). 1986년 9월 일본 무역회사들은 북한으로부터 받지 못하고 있던 수출대금에 대한 수출보험을 정부에 구상 요청하여 무역보험공사가 300억 엔을 해당기업에 지불하였다. 해당기업들은 북한으로부터 채권을 회수하여 보험당국에 갚아야 할 의무를 지니게 되었다.

이후 일본기업의 북한과의 무역에 대한 관심은 희박해지고, 재일조선상공인계 무역상사의 대북무역이 북일무역의 중심이 되었다. 참고로 2018년 현재 일본의 대북무역채권액은 지연금리를 포함하면 8억 유로가 넘는다(이자에 대한 이자는 불포함).

1980년대와 1990년대 중반까지 북한의 심각한 외화부족 현상은 여전했지만 일본산 기계설비에 대한 북한의 수요가 있고, 북한산 농수산물(송이버섯, 조개류 등) 수출이 증가하고 위탁가공무역이라는 새로운 무역 형태가 등장했다. 일본의 대북 수출품은 1986년 이후 기계류 수출이 대폭 감소한 대신 섬유제품의 위탁가공이 중요한 위치를

북한경제와 협동하자

차지하게 되었다.

1990년대 중반에 들어서는 북한경제가 자원공급부족, 외화부족, 식량부족 등 경제위기에 빠지면서 북일무역도 퇴조하게 되었다. 1999년 이후 북한경제가 회복국면에 들어서면서 2000년 전후로 북일무역이 일시 증가하였으나 그 이후 급감하면서 2005년에는 2000년 무역액의 절반 이하로 줄어들었다. 2006년 이후 북일무역관계는 무역제재하에 대일수출이 중단되었고 2009년 6월부터는 대북수출이 중단되었다.

북일 간의 무역품목을 보면 북한은 2006년까지 주로 수산물과 알루미늄·아연·철 등의 금속제품, 무연탄·마그네시아 클링커·모래·천연흑연 등 광물, 전기기기와 방직용 섬유제품의 임가공, 송이버섯 및 약용식물 등 농산물을 일본에 수출하였다. 일본은 주로 버스·승용차·트럭·자전거 등 수송기기, 섬유제품 및 전기기기의 임가공원료, 내연기관·에어콘·냉장고·건설기계 등 기계류, 플라스틱·고무제품·화학공업제품, 기타 구두·담배·냉동소고기·위스키 등 소비제품을 북한에 수출하였다.

우여곡절의 북일 국교정상화 교섭

미소 간의 대립으로 점철된 냉전시대의 끝을 알리는 시작이 '88 서울올림픽'이었다는 것은 기묘한 운명이었다. 남한 국내적으로는 군사정권이 스포츠를 정치에 이용하려는 의도가 있었지만, 국제적으로는 동서진영이 1976년 이후 12년 만에 올림픽에서 다시 만났다. '벽을 넘어서'를 주제로 한 스포츠대회로 크게 성공하였고, 당시 노태우 정부는 '북방정책'을 추진하여 사회주의국가들과 국교를 정상화하는 새로운 정책을 적극 추진할 수 있었다. 이렇게 냉전이 해체되어가는 국제환경 변화에 대해 일본정부도 적극적으로 반응하기 시작하였다.

1989년 1월 자민당정권의 다케시다 내각은 '우리나라의 한반도정책에 대하여'라는 신정책을 발표하고 북한과의 관계를 개선하는 정책을 추진하기 시작하였다. 이 정책의 내용은 '북한을 적대하는 정책을 갖고 있지 않다', '한일조약 제3조의 〈한국은 유일합법정부〉는 북한지역에 해당되지 않는다(白紙이다)'는 것이었다. 그리고 곧이어 3월 30일 다케시다 총리는 중의원 예산위원회에서 북한을 조선민주주의인민공화국으로 정식 호칭하면서 "과거의 관계에 대해 깊은 반성과 유감의 뜻을 표명하고 싶다. 이러한 입장에서 관계개선을 추진해가고 싶다"고 표명했다.

다케시다 총리의 입장은 북한을 방문한 일본사회당을 통해 바로 북한에 전달되었다. 이어서 1990년 9월 자민당의 가네마루 신과 사회당의 타나베 마코토를 공동단장으로 한 자민당과 사회당 공동방북단이 평양에서 조선노동당과 3당공동선언을 함으로써 1991년 이후 북일정부 간 국교정상화교섭이 이루어지는 직접적인 계기가 되었다. 이 3당공동선언에서는 북일 간 국교정상화와 조선총독부 통치시대의 보상과 함께 '남북분단 후 45년간에 대한 보상'도 약속하였다.

1. 제1시기(1991~2000년): 국교정상화 회담 시기

북한과 일본은 예비회담과 총 11차례의 본회담(1991~92년 8차례,

2000년 3차례)을 진행하였는데 이 시기의 교섭에서 양측의 입장을 거의 다 알 수 있게 되었다. 교섭에서 나타난 쟁점을 정리하면 다음과 같다.

① 북한은 과거청산을 위해서는 일본의 사죄와 보상이 근본적인 것이라고 주장하면서도, 북한의 관할권을 한반도 절반으로 한정하고 국교정상화를 먼저 이루자는 적극성을 보였다. 또한 처음에 제기하였던 '교전관계에 따른 배상' 또는 '전후 45년간의 손실에 대한 보상' 등의 주장을 거두고, '가해국으로서의 보상'으로 정리하였다. 또한 북한은 일본이 요구한 남북대화 진전, 남북한 유엔 동시가입, 핵보장조치 협정체결 등의 전제조건을 1992년 1월까지 달성하였다.

② 일본은 '보상'에는 응하지 않고 1965년 한일조약과 마찬가지로 '재산청구권'으로 처리하자는 주장을 바꾸지 않았다. 국교정상화를 먼저 하자는 북한의 제안을 거부하고 '핵문제 해결'을 국교정상화의 전제조건으로 내걸었다.

③ 1993년 초 미국이 북한 핵개발의혹을 제기하고 북한은 3월에 핵확산방지조약NPT 탈퇴를 선언하면서 제1차 핵위기가 발생했다. 북한은 외교정책의 중심을 북미관계로 옮겼고 북일 간 국교정상화교섭도 중단되었다.

④ 일본정계도 자민당 장기집권이 끝나고 1993년 8월에 야당연합 내각이 들어섰다가 1994년 6월에 자민당-사회당 연립내각이 성립하는 등 정계개편의 소용돌이가 몰아쳤다. 1995년 8월 15일에 자민당-사회당 연립내각의 무라야마 총리(사회당)가 전후 50년 기념담화를 발표하여, "국책을 잘못하여 전쟁의 길을 걸

어 국민을 존망의 위기에 빠뜨리고, 식민지지배와 침략으로 많은 나라들, 특히 아시아 각국의 사람들에게 다대한 손해와 고통을 안겼다"면서 "다시금 통절한 반성의 뜻을 표하며 진심으로 오와비(お詫び:사과, 사죄)의 마음을 표명한다"라는 '반성과 사죄'를 표명한 것은 그 후 북일정부 간 교섭의 중요한 근거가 되었다. 1995년에 일본은 50만t의 쌀을 북한에 지원하고 북일 국교정상화교섭 재개의 분위기를 만들었다.

⑤ 그러나 1996년 1월에 다시 자민당 단독내각으로 돌아온 일본 정부는 4월의 '미일안보공동선언', 1997년 9월의 '미일방위협력 지침' 개정, 1999년 5월의 '주변사태안전확보법' 제정 등을 통해 미일동맹을 축으로 하는 방위력 강화의 길을 걷는다.

⑥ 한편으로 1999년 3월 20일에 일본의 오부치 총리가 "북한이 우리의 우려와 불안의 해소에 건설적으로 응할 용의가 있다면, 인도지원과 국교정상화를 향한 건설적인 대응을 할 용의가 있다"고 언급하였다. 이에 대해 북한도 8월에 대일관계에 관한 '정부성명'을 발표하고 "일본이 과거청산을 통한 선린관계 수립의 방향으로 나아간다면 이에 즐거이 응할 것"이라는 입장을 보였다.

⑦ 2000년에 재개된 국교정상화 회담에서 북한은 전쟁배상과 전후보상 요구 대신에 일본의 공식문서에 의한 사죄와 식민지지배 보상을 요구하였다. 일본은 1995년 무라야마 총리의 '반성과 사죄'에 근거한 대북한 사죄와 '경제협력방식'에 의한 과거청산과 경제협력을 제시하였다. 북한과 일본 쌍방의 쟁점을 정리하면 다음과 같다.

	북한	일본
기본인식	과거청산 문제를 해결하고, 선린우호관계를 맺는다.	비정상적인 관계를 정상화한다.
사죄	북한에 대해 법적 구속력이 있는 공식문서에 사죄를 명기해야 한다.	'반성과 사죄'를 표명한 1995년 무라야마 총리의 대아시아담화가 기본이며 이를 북한에 대해 표명한다.
보상	한일병합조약은 일본의 강요에 의해 체결되었다. 과거의 정신적, 물질적, 인적 피해에 대한 보상은 당연하다. (2000년 8월의 10차회담부터 '보상'으로 통일)	한일합병조약은 합법적으로 체결되었다. 과거의 북일관계는 교전관계가 아니었으므로 배상이나 보상에 응할 수 없다. 그 대신 한일관계에 적용했던 재산청구권 형태의 '경제협력방식'으로 처리한다.
일본인 납치의혹	납치는 있을 수 없다. 단 행방불명자 조사는 인도적 견지에서 상호협력하여 진행한다.	납치의혹 문제를 뒤로 미루고 국교정상화는 할 수 없다.

2. 제2시기(2002~2004년): 북일정상회담 시기

2002년 9월 북일정상회담에서 당시 김정일 국방위원장이 일본인 납치의혹을 인정하고 사과하였으며, 평양공동선언을 통해 북일 간에 '청구권 상호포기, 국교정상화 후에 무상자금협력 등 경제협력방식'의 국교정상화 합의가 이루어졌다. 일본은 '일괄해결, 경제협력방식'으로 합의하였다고 주장한다. 이는 일본외무성의 해석에 따르면, "1945년 8월 15일 이전에 발생한 사유에 근거한 양국 및 그 국민 모두의 재산 및 청구권을 상호 포기하고, 이에 따라 소위 종군위안부, 강제연행 등의 문제를 포함하여 식민지지배에 기인하는 금전지불을 포함하는 모든 청구는 법적으로 완전하고 최종적으로 해결된 것으로 함과 동시에 이와 병행하여 일본이 북한에 대하여 경제협력을 실행하는 것을 말한다"라고 되어 있다. 그러나 북한은 일본 측이 해석하고 있는 '일괄해결'에 합의하였다는 것을 부정하였다.

북한정부는 북일정상회담에서 일본인 납치의혹을 인정하고 생존한 납치피해자를 일본으로 귀국시키는 조치를 취하였지만, 일본에서는 요코다 메구미 등 납치피해자의 사망을 인정하지 않았고 납치문제를 완전히 해결하지 않고는 국교정상화를 추진할 수 없다는 분위기가 조성되었다. 게다가 2002년 말 북한과 미국 사이에 핵개발에 대한 긴장이 고조되고 2003년 1월에 북한이 NPT탈퇴선언이라는 강수를 두는 2차 핵위기가 발생하여 북일 간의 국교정상화는 이루어지지 못했다. 1993년 상황의 재판이었다. 북일관계의 파행 과정에는 반드시 미국이 개입했다는 것이 역사에서 드러난 사실이다.

3. 제3시기(2006~2008년): 북일 양자 간 협상 지속, 북한의 핵실험과 일본의 제재

2006년 2월에 북경에서 제1회 북일포괄병행회의가 개최되었다. 포괄병행회의란 ① 납치문제 등 현안사항에 관한 협의, ② 핵문제, 미사일문제 등 안전보장에 관한 협의, ③ 국교정상화 교섭 등 3개 협의를 포괄적으로 병행하여 논의한다는 것이었다. 북한은 과거청산이 경제협력만으로 처리되는 것에 대한 문제제기로서 문화재 반환과 보상, 개인에 대한 인적·물적 보상(개인청구권, 보상권)을 요구하였다. 일본은 납치문제와 안전보장상의 문제를 최우선 해결과제로 한다는 입장에 변함이 없었다.

2007년부터는 북일국교정상화 교섭이 6자회담 틀 내에 설치된 '북일국교정상화를 위한 작업부회'에서도 이루어지게 되었다. 2007년에

북일 쌍방 쟁점(2006~2008년)

	북한	일본
과거청산	• 식민지시대의 강제연행, 학살, 위안부문제 등 반인륜적범죄는 청구권포기의 대상이 아니며 경제협력과는 별도로 논의해야 함 • 문화재반환과 재일조선인 지위 개선 요구	일괄해결, 경제협력방식임
납치문제	해결된 일이지만 재조사는 신뢰관계가 구축되면 논의할 수 있음	납치문제에 관한 진전 없이는 국교정상화도 없음 • 모든 납치피해자 및 그 가족의 안전보장과 신속한 귀국 • 진상규명 • 납치피의자의 인도 등을 요구

열린 두 번의 작업부회에서는 북한이 경제협력 이외의 보상을 제기하였으며, 일본은 '일괄해결', '경제협력방식'으로 과거청산이 완전하고 최종적으로 해결된다는 입장에 변함이 없었다. '경제협력방식'에 대한 북한과 일본의 견해 차이가 분명해졌다. 그러나 2006년 북한의 1차 핵실험에 대해 일본이 독자적인 경제제재를 가하면서 북일무역이 중단된 상황도 바꾸지 못하고 국교정상화교섭도 다시 중단되었다.

4. 제4시기(2009~2012년) : 일본민주당 집권시기(양국의 기본입장 차이 확인)

일본에서 2009년 9월에 들어선 민주당정부는 아시아중시정책을 추진하는 것으로 해서 북한과도 교섭을 추진할 것으로 기대를 모았다. 하지만 오키나와 미군기지 문제, 후쿠시마 원전사고 문제 등에 휘말려 결국 2012년 말 자민당으로 정권을 다시 넘겨줄 때까지 북한과의 교섭을 거의 하지 못하였다. 2012년 8월에 북일 적십자회담을 통해 북한에 있는 일본인 유골, 묘지 확인 및 참배를 위한 일본인 방문에 합의한 것과 11월에 제1차 북일정부 간 협의(몽골 울란바토르)를 개최하여 평양선언의 원점으로 돌아가자는 데 합의한 것이 전부였다.

5. 제5시기(2014~현재): 북일 간 직접협상(스톡홀름 합의) 재개와 실패

2012년 12월에 정권을 되찾은 자민당의 아베 총리는 납치문제를 자신의 임기 내에 해결하겠다는 의지를 보였다. 2014년 3월부터 7월까지 북경, 스톡홀름에서 세 차례의 북일정부 간 협의가 열렸는데 북한은 납치피해자를 포함한 모든 일본인에 관한 조사를 포괄적·전면적으로 실시하여 최종적으로 해결할 의사를 표명하였고, 일본은 이에 대응하여 일본이 독자적으로 취하고 있는 대북제재조치를 해제할 의사를 표명(유엔안보리의 제재조치는 제외)하였다.

여기서 합의가 이루어졌는데 북한은 일본인문제에 대한 특별조사위원회를 설립하여 생존자가 발견되면 일본으로 귀국시키겠다고 약속하였고, 일본은 국교정상화와 관계개선에 임한다고 약속하였다. 일본정부는 인적왕래규제, 인도적 목적의 북한국적선박입항금지를 포함한 일본의 대북독자제재를 일부 해제하였다. 스톡홀름 합의의 실현과정에서 일본정부는 납치피해자 조사를 최우선으로 요구한 데 반해, 북한은 납북자, 일본인 유골, 잔류 일본인 및 일본인 배우자 등 포괄적 조사를 주장하여 조사위 설립 이후부터 쌍방 간 입장 차이가 있었다.

이후 북한은 2016년 1월에 4차 핵실험을 단행하였고 일본도 제재를 다시 강화하였다. 이에 따라 북한은 2월 12일 일본인 납치피해자 재조사를 전면적으로 중단하고 특별조사위원회를 해체한다고 발표했다. 이후 현재까지 북한과 일본의 정부 간 공식교섭은 중단된 상태이다.

북한경제와 협동하자

일본의 대북한 경제협력 논의의 본질

일본정부는 1991년의 제1차 수교회담 시기부터 경제협력방식의 국교정상화 입장을 고수하였고, 해석은 다르지만 2002년의 북일평양 공동선언에서 양측은 전체적으로는 경제협력방식에 합의하였다. 여기서 일본의 대북한 경제협력방식의 국교정상화 정책을 1965년 남한과의 수교에 비추어 정리해보자.

① 일본은 대한민국이 한반도 전체를 관할하는 오직 하나의 합법정부라고 인정한 바 없다. 한국과 마찰 없이 북한과 수교할 수 있는 공간을 남겨두었다.

② 한국에 대하여 전쟁배상 또는 보상을 하지 않은 것은 국제법상으로 그렇게 되어 있었기 때문이며 북한에 대해서도 마찬가지로 접근하였다.

먼저, 일본은 한국이 한반도 유일의 합법정부라고 인정한 바 없다는 점인데, 이는 어떻게 된 것인가? 당연하다. 한국이 국제법상 한반도 전체를 관할하는 유일의 합법정부라면 북일수교는 불가능하다. 한국은 국제법상 한반도 남쪽의 유일정부이고 북한은 한반도 북쪽의 유일정부로서 유엔에 동시가입하였다.

둘째로, 한국과의 수교에서 전쟁배상 또는 보상을 하지 않는 것은 1951년 9월 18일 샌프란시스코에서 일본과 연합국 간에 서명한 평화조약(이하 샌프란시스코 평화조약)에 그렇게 되어 있기 때문이었다. 이

조약에서 코리아Korea는 연합국의 성원이 아니었으므로 동 조약의 체결 대상국에 해당되지 않지만, 조약의 수혜국으로서 '일본이 코리아의 독립을 승인하고 코리아에 대한 일체의 권리와 청구권을 포기'〈제2조(a)〉하는 조치를 받게 되었다. 동 조약의 제21조 별도 규정에 따라 코리아는 대일청구권 중에서 전쟁으로 인한 배상청구권은 해당이 없고 경제상의 '재산청구권'만을 보장받도록 하고 구체적인 내용은 코리아와 일본이 별도 교섭을 통해 해결하도록 했다. 코리아의 재산청구권이란 일본정부 및 국민에 대해 코리아 측이 소유하고 있는 재산(채권 포함)을 돌려받기 위한 청구권이다.

1950년대 이후 한일 간의 청구권협상은 이를 근거로 하고 있다. 한편, 중국은 전쟁배상청구권에 대한 권리를 보장받았으나 중화민국(대만)은 일본과 수교(1952년)하면서 배상청구권을 포기했다. 중화인민공화국(중국)도 1972년 중일공동성명(1972.9.29)을 통해 일본에 대한 전쟁배상청구를 포기한다고 선언하였다. 샌프란시스코 평화조약을 조인한 49개국 중 동남아시아의 미얀마, 필리핀, 인도네시아, 남베트남 등 4개국은 일본에 배상청구권을 요구하여 배상금을 받았다.

한국과 일본은 샌프란시스코 평화조약을 한일수교조약의 전문에 명기하고 이에 따라 '재산 및 청구권에 관한 문제 해결과 경제협력에 관한 협정'을 체결하였다. '재산청구권' 명칭이 '재산 및 청구권'으로 된 것은 '보상'의 함의를 갖도록 한 정치적 수사였다. 이 협정에서 일본은 재산청구권 해결에 근거한 경제협력의 형태로 무상자금 3억 달러, 유상자금 2억 달러 규모의 정부 간 경제협력과 민간상업차관 3억 달러를 제공함으로써, 한일 간의 청구권문제가 '완전하고 최종적으로 해결되었음'을 확인하였다.

일본의 해석은 한일 양국이 상호 재산청구권을 포기하고 일본이 경제협력을 실행하는 것이기 때문에 공식용어는 '경제협력'이었다. 한국의 해석은 일본이 청구권을 포기하였고 한국이 가진 청구권을 5억 달러로 설정하고 이를 받았기 때문에 '청구권자금'이었다.

일본이 한국에 제공한 무상자금 3억 달러는 현금이 아니라 이 금액에 상당하는 일본의 생산물과 일본인의 용역을 협정발효일로부터 10년간(1966~1975년)에 걸쳐 무상으로 제공하는 것이었다. 유상자금 2억 달러는 10년에 걸쳐 일본의 산업시설과 기계류 등을 공공차관으로 7년 거치 13년 분할상환에 연리 3.5%로 제공하는 것이었다.

원래는 1962년 3월 한일 외무장관 회담에서 당시 최덕신 외무장관이 배상청구권 명목으로 8억 달러를 요구하였다. 이에 대해 일본 측 고사카 젠타로 외상은 재산청구권자금으로 2,500만 달러를 제시하였다. 이후 미국 측의 중개로 한국 측은 배상청구권을 포기하고 일본은 경제협력자금을 상향조정하면서 동년 11월 12일 김종필-오히라 외상 메모(무상 3억 달러, 유상 2억 달러, 민간차관 1억 달러 이상으로 양국 정상에게 건의한다)로 합의를 보았다. 최덕신 외무장관은 1963년 3월 경질되었다. 배상청구권을 주장했던 최덕신은 이후 1977년에 부인과 함께 미국으로 망명, 1986년에 북한으로 건너가 1989년에 사망하였다. 그의 부인인 유미영 씨(2016년 사망)는 2000년 8월에 천도교 청우당 중앙위원장을 하면서 북한 이산가족 방문단 단장 자격으로 서울을 방문하여 자녀와 상봉한 바 있다.

이와 같은 배경을 가진 한일기본조약에서 양국정부는 개인의 청구권이 포함되는 것으로 합의하였다. 한국정부는 한국 민간인의 대일청구권을 포함하여 대일청구권을 제기하였고, 청구권자금 사용용도에도 민간인 보상 항목을 넣고 대상도 규정하여 1971년부터 개인보상 신고를 접수하여 1975년부터 보상금을 지급했다. 1976년 4월까지 8만여 건에 90.8억 원을 지급하였다. 그런데 사용용도 항목에 징용 후 해방 전 사망자에 대한 유족 보상은 있어도 징용피해자 본인에 대한 보상 항목은 없었다. 종군위안부도 없었다. 일본정부는 한국정부와 경제협력을 통해 모든 청구권문제가 완전히 최종적으로 해결되는 국제법상의 조약을 맺은 것이고 당시의 한국정부도 동의한 바였다고 주장하고 있다.

다시 말하면, 한일 간의 수교조약은 샌프란시스코 평화조약 규정에 근거를 두고 있다. 문제는 식민지지배로 인한 개인의 청구권과 손해보상을 국가 간 조약으로 대체할 수 있는가 하는 점이 남았다. 불법적 식민지지배에 의한 개인의 민사적 손해보상권(정신적 피해에 대한 위자료)은 존재한다는 것이 2018년 한국 대법원이 내린 판결의 핵심이다. 일본정부는 식민지 지배의 국제법적 합법성을 주장하고 있으므로 한국 대법원의 판결을 받아들일 수 없는 입장이다.

일본은 샌프란시스코 평화조약에 근거한 청구권 처리방식을 북한에 대해서도 그대로 적용하려는 입장이다. 이에 대해 북한은 샌프란시스코 평화조약 자체를 인정하고 있지 않기 때문에, 전쟁에 대한 배상과 불법적 식민지 지배에 대한 보상을 요구해왔다. 북일평양공동선언의 내용에 대한 해석에서 양측의 입장이 다른 것도 이러한 이유 때문이다.

북한에 대한 수교자금 규모로 일본정부가 구체적인 수치를 제시하였다는 정보는 없지만, 북한이 200억 달러를 제시했다는 말이 있다. 대체로 50억 달러에서 100억 달러 사이의 규모로 판단하고 있는 것으로 알려져 왔다(미국의회조사국 보고서, 2000년 6월). 2000년 10월에 《도쿄신문》은 북일수교자금으로 90억 달러(당시 기준 1조 엔)를 정부가 검토하고 있다고 보도한 바 있다(2000년 10월 26일). 그 내용은 무상공여 50억 달러, 유상차관 30억 달러, 대북채권 상계 10억 달러로 구성되어 있다.

북일국교정상화 이후의 경제협력의 전망

북일 간의 국교정상화에 따른 경제협력의 세부적인 방안에 대해 일본정부가 제시한 것은 없다. 일본의 과거 경제협력경험에 비추어보면 ① 인도적 지원 분야, ② 산업생산 정상화 분야, ③ 산업인프라 개발협력 분야, ④ 인재육성 분야, ⑤ 생활기반시설 및 환경협력 분야 등이 제시될 것으로 생각한다.

이상으로 북한과 일본 간의 식민지시대로부터 현재까지의 경제관계와 국교정상화교섭 시의 경제문제 입장과 수교 후의 경제협력 전망에 대하여 살펴보았다. 물론, 과거역사의 청산이 경제협력으로 치환되는 것에 대해서 북한은 경제협력만으로 등치될 수 없다고 주장하고 있다. 강제연행 문제, 위안부 문제, 재일동포 법적지위 문제, 문화재반환 문제 등 인도적 문제에 대한 해결은 별도의 차원에서 논의되어야

북일 경제협력 예상 분야

구분			내용
인도적 지원	식량 지원	식량, 농업생산	식량, 종자개량기술, 유기비료 등
산업생산 정상화	원자재 제공	소비재, 금속, 전기전자, 건설	건설자재, 소비재원료, 플라스틱, 철강, 종이, 기계부품, 전기기기부품
	자본재 제공	광업, 금속, 기계, 화학	탐사장비, 수송기계, 공작기계, 산업기계
	농수산업	농업, 축산	한랭지 농업기술 지원, 비료공장 개량, 수해 방지대책기술, 농업기계화 지원, 축산기술 지원 및 사료공장 건설
		어업	어선, 어업장비 개량, 수산물 가공공장 건설
산업인프라 개발	전력생산	발전소 정비 및 건설	수력발전소 보수, 석탄발전소 보수, 재생에너지 부문 건설
	물류, 교통	철도	철도시설현대화, 역사정비, 시스템전산화 평양−원산 고속철도 건설
		항만, 공항 정비	항만정비 및 하역설비 현대화: 청진, 원산 공항 현대화: 청진, 원산
		통신	통신시스템 효율화
	공업단지		기반시설 정비(용수·전력·통신·교통), 청진, 및 원산항 주변 공업단지 정비, 제도 정비
인재육성	기술교육 및 지적교류		기술전문학교 설립, 학교실험시설 정비 각종 연구소설비 및 자료 제공
생활기반시설, 환경협력			상하수도 정비, 폐기물처리시스템 정비, 의료시설 정비, CO_2삭감, 유해물질 배출억제 등 환경보호사업

할 것이다.

북한으로서는 일본과의 수교를 활용하여 동북아지역 범위의 경제개발계획 청사진을 그려야 할 것이며, 일본도 북일 간 그리고 동북아지역에서 경제협력을 추진하는 전략에 대해 구체적인 청사진을 만들어야 할 것이다.

북한경제와 협동하자

2

북중관계

북한과 중국은 2018년 상반기에만 3차례 정상회담(3월 북경, 5월 대련, 6월 북경)을 열고 한반도 비핵화 실현과 북한의 경제발전, 그리고 한반도 평화체제 구축을 위한 북중협력에 합의하였다. 2017년에 중국이 북한에 대하여 경제제재를 실제로 강화하면서 관계가 냉랭해졌던 것에 비하면 큰 변화였다. 그러다 2018년 하반기에는 북중관계가 더 진전하지 못하고 주춤하였다.

6월 29일에 중국이 러시아와 함께 유엔안보리 이사국들에 대해 대북제재 완화를 촉구하는 보도성명안을 제출하였으나 유엔의 대북 경제제재를 풀지는 못하였다. 9월 9일 북한의 건국 70주년 기념일에 맞추어 중국의 시진핑 국가주석이 평양을 방문하려던 계획은 실현되지 않았다. 12월 7일 중국을 방문한 북한의 리용호 외무상에게 시진핑 주석은 중국과 북한 간의 시의적절한 소통과 협조가 매우 핵심적이라면서도 "미국과 조선이 타협을 통해 서로의 합리적인 우려를 해소하고, 조선반도 비핵화에 긍정적인 진전을 이루기를 희망한다"라는 정도로 중국의 개입에는 신중한 자세를 보였다. 2018년에 중국의 대 북한 경제제재도 그대로 유지되었다.

그러나《조선중앙통신》2019년 1월 10일자 보도에서, 2019년 1월 7일에 김정은 위원장이 북경을 방문해 시진핑 주석과 4번째 정상회 담을 갖고 "공동의 관심사로 되는 국제 및 지역문제 특히 조선반도 정세관리와 비핵화 협상과정을 공동으로 연구·조종해 나가는 문제 와 관련하여 심도 있고 솔직한 의사소통을 진행"했다고 밝혔다. 한반 도 비핵화 협상과정을 북한과 중국이 공동으로 연구·조종한다는 표 현이 처음 등장했는데, 중국의 역할이 커질 것임을 드러내는 대목이 다. 심모원려深模遠慮의 중국이고, 수천 년 이어져온 한반도와 중국의 인연은 깊다. 북한과 중국의 경제 관계에 대해 알아본다.

북중무역

중국은 북한에게 제1의 무역상대국이다. 대한무역투자진흥공사 KOTRA가 집계한 북한의 대외무역동향에 남북한 간의 물자반출입을 포 함해도 북중무역액은 2017년 기준 북한 전체무역의 94.8%를 차지할 만큼 압도적이다. 북한과 중국의 무역추이를 보면 2000년경까지 북 한의 대중수출은 보잘것없었고 중국의 대북수출은 원유 등을 중심 으로 연 5억 달러 전후로 중국은 북한에 석유, 곡물, 생활소비재와 생 산재 등을 공급하는 최대 배후기지였다.

북한 수출 추이(단위: 백만 달러)

······ 수출계 ──── 중국 ----- 러시아 ───── 일본 ──── 남한

출처_ 통일부, 코트라

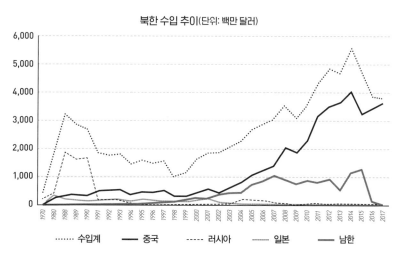

북한 수입 추이(단위: 백만 달러)

······ 수입계 ──── 중국 ----- 러시아 ───── 일본 ──── 남한

출처_ 통일부, 코트라

2000년대 들어 2016년까지 북중무역은 수출입 모두 크게 증가하였다. 중국의 주요 5대 수출품목은 광산물(원유), 섬유류, 기계류, 전기전자제품, 농림수산물이다. 북한의 수출품목은 광산물(무연탄), 위탁가공섬유류, 철강금속이다. 특히 2010년부터 북중 간의 섬유류 위탁가공이 크게 늘어났다. 이는 2010년 3월의 천안함 침몰사건 이후 '5·24조치'에 따라 개성공단을 제외하고 남북경제관계가 전면중단되면서 북한이 섬유류위탁가공무역을 북중 간 무역으로 돌렸기 때문이다. 남한기업들도 중국기업을 통해 간접무역을 하는 방식을 택했다.

중국은 2010년 이후 8년간 산업기계, 광산기계, 수송기계 등 기계류와 전기전자, 철강금속류를 83억 달러어치 수출했는데, 이는 북한의 공장설비 개체와 산업근대화에 큰 도움이 되었다. 곡물과 밀가루 수출은 2012년 27만t, 2013년에 29만t, 2014년에 16만t, 2015년과 2016년에 5만t, 2017년에 18만t 규모로 점차 줄어드는 추세였다. 김정은 시대에 북한의 식량사정이 호전되었음을 반영하는 것이다.

그러나 2017년 하반기 이후 중국이 경제제재를 본격화하면서 북중무역 규모는 급격히 줄어들었다. 2018년의 중국세관통계를 보면, 무역총액이 24.1억 달러로 2017년의 49.8억 달러에서 절반가량 감소했다. 유엔의 대북제재결의를 중국이 실제로 실행한 결과였다. 북한의 대중국 수출은 2017년의 16.5억 달러에서 88% 줄어든 2억 달러에 불과했으며, 중국의 대북한 수출도 2017년의 33.3억 달러에서 33% 감소한 22억 달러에 그쳤다. 중국의 대북경제제재로 북한의 수출(중국의 수입)이 궤멸상태가 되었음을 알 수 있다. 중국이 북한에서 수입하는 주요 수입품목인 무연탄, 광물, 수산물, 위탁가공 의류수입이 중

북한경제와 협동하자

지된 결과였다.

한편 중국의 대북한 수출은 2018년에 기계류, 전기전자기기, 수송기기, 철강 등 산업생산재 수출이 중지되어 북한의 공장개건이나 평양, 신의주, 원산 등의 주택, 빌딩 건설에 영향을 미쳤다. 그 대신 식량수출이 늘어났는데 밀가루 19만t을 합쳐 24만t의 식량이 북한으로 수출되었다. 이는 2017년의 18만t보다 36% 증가한 수치이다. 북한이 2017~18년 연속적인 가뭄피해를 보고 있어 중국으로부터 식량 수입이 늘어난 것으로 보인다. 그리고 비료도 2018년에 26만t이 중국에서 북한으로 수출되었는데 2017년 14만t의 두 배 가까운 수치이다. 그리고 2014년부터 원유수출이 통계상으로 제로(0)로 계상되어 있지만 실제로는 2013년 수준인 연간 50만t 수준의 수출이 계속되고 있는 것으로 추정된다.

2000년대 중국기업의 대북투자

1990년대 나진선봉경제특구에 머물던 중국기업의 대북한 투자가 전국적으로 본격화된 때는 2002년에 북한이 '7·1조치'라는 경제관리개선 조치를 실시하고 난 이후이다. 이때부터 북한 전역에 '시장'이 양성화되고 그 시장에 공급하기 위한 소비품의 제조와 서비스 부문을 중심으로 중국기업의 투자가 증가하였다. 그리고 이어서 인프라 부문과 자원개발 부문으로 확대되고 그 투자지역도 북한 전역으로 확대되기 시작했다. 2004년 2월에 중국기업의 대북투자를 자문하는 북경화려경제문화교류유한공사가 중국정부의 협력으로 북경에 설립되면서 북한의 기간산업, 즉 항만, 도로, 제철, 광산 등에 대한 개발협력을 본격적으로 추진하기 시작했다. 이를 법적으로 뒷받침하기 위해 2005년 3월에는 북한과 중국 정부 간에 '투자장려 및 보호에 관한 협정'을 체결하였다.

그러나 사실 중국기업의 대북투자는 많지 않았다. 핵문제를 둘러싼 북미 간의 갈등과 북한의 핵실험, 미사일 발사 등 정치적인 문제와 함께 미국의 대북한 금융제재 강화 등의 대외환경이 급속히 악화되었기 때문이다. 북한 국내적으로는 경제인프라와 법제도 정비가 잘 되어 있지 않고 무역과 투자에 대한 이해가 정착되어 있지 않았기 때문이기도 했다. 2008년 1월 말 기준으로 중국정부가 비준한 대북투자는 총 84건(4.4억 달러) 수준이었다.

중국기업의 대북투자는 김정일 시대인 2011년경까지 자원개발 분야에서 집중적으로 추진되었다. 광물자원뿐 아니라 수산자원 등 중국의 수입수요가 증가한 분야에 개발투자가 집중되었다. 중국 대북한 투자의 70% 이상이 광물자원에 대한 투자였다(한국광물자원공사, 〈외국기업의 북한자원개발 추진현황〉, 2009년 3월).

예를 들어, 2005년에 오광五鑛집단의 평안북도 용등무연탄광개발(연산 300만t), 산동성 국대황금国大黄金주식유한회사의 양강도 혜산청년구리광산개발, 2006년에 통화通化강철집단 등의 무산철광개발 등을 들 수 있다. 이러한 광물자원개발을 진행하는 방식은 중국이 원한 독점채광권을 갖는 합영Joint Venture방식이 아니라 북한이 원한 합작Contractual Joint Venture방식이었다.

합작방식은 일종의 설비제공형 무역방식으로, 북한의 광산개발을 위해 중국이 진입도로를 정비하고 설비를 제공하여 채광한 뒤 계약에 따라 광물을 받는 방식이다. 북한으로서는 중국에게 채광권을 주지 않겠다는 입장을 굽히지 않았다. 중국기업들의 요구를 받아들인 최대한의 양보가 '공동채광권'이었다. 어찌했든 중국기업에 독점채광권을 주지는 않았다.

중국기업의 북한 광물개발에 대해 남한에서는 북한이 중국의 '동북4성'으로 전락했다는 우려 섞인 보도가 많았지만 사실은 그렇지 않았다. 북중 간의 합작을 통한 광물개발 또는 북한의 자체채광으로 북한은 대중 광물수출을 급속히 늘렸다. 덕분에 경제제재 실시 이전인 2016년에는 역대 최고 수준인 무연탄 2,250만t(12억 달러), 철광석 164만t(7,400만 달러), 구리광석 5만t(2,100만 달러)을 수출할 수 있었다.

제조업 분야의 투자는 북한에서 내수가 확대되는 분야에 집중되었는데, 컴퓨터, 전기기구, 건설 및 건축자재, 가구, 자전거, 식료품, 담배, 영양제 등이었다. 특히 남경판다南京熊猫전자집단유한공사가 130만 달러를 투자하여 2002년에 조업한 아침-판다컴퓨터합영회사는 펜티엄급 컴퓨터를 조립·생산함으로써 북한의 IT 하드웨어 분야 산업발전에 공헌하였다. 자전거 분야에서 중국 천진디지털무역책이유한공사가 51만 유로를 투자하여 2005년에 조업한 평진자전거합영회사는 연간 30만 대 생산을 목표로 삼았다. 20년간 자전거 독점생산권과 일본제 중고자전거 수입제한을 투자조건으로 설립되었다.

서비스 부문에서는 상품유통 분야가 중심이 되었다. 2005년에 절강성 온주상인들이 투자한 평양 제1백화점 3개 층 공동운영, 대련의 요령태성국제무역유한회사가 투자한 보통강수입물자교류시장 운영 등이 있다. 물자교류시장이란 소비재(상품)가 아닌 생산재(물자)를 기업 간에 유통하는 시장으로 원래 국가가 물자를 공급해야 하는 것을 기업 간에 판매할 수 있도록 2002년 이후 허용된 제도이다.

2000년대에 중국의 대북투자가 집중되고 제조업과 자원개발을 중심으로 대형투자가 이루어졌다. 중국의 경제성장 추세를 반영하는 것이고 동북3성 경제의 발전전략과 연계되는 것이기도 하다.

중국의 대북정책과 북한의 대중정책

내가 생각하기에 중국의 대외전략은 다음의 4가지가 결합되어 있는 것이 아닌가 싶다.

전략① (이웃 전략): 주변국의 안정화＋영향력 확대
전략② (국제성 전략): 국제사회와 공조
전략③ (안보 전략): 글로벌 전략국가로서 해양 진출
전략④ (경제협력 전략): 유라시아대륙 일체화(에너지＋물류), 글로벌 경제연계 인프라망 구축, 인민폐 기축통화화, 국제개발금융AIIB발전

이상의 4가지 전략은 '일대일로-带-路' 구상에 통합되어 나타나고 있다. 중국의 서부지역 발전전략에 시작하여 중국-유럽의 유라시아 연결망, 즉 중국에서 서쪽으로 향하는 글로벌 수송회랑으로서 육상

북한경제와 협동하자

실크로드(일대)와 해상실크로드(일로)로 발전시키고 나아가 중국 전 지역의 글로벌 경제회랑을 구축하는 전략으로 일체화한 것이 일대일 로 구상이자 전략이다. 여기에 중국의 동쪽에 있는 한반도와 일본을 일대일로 전략의 대상지역으로 포함시키고 있다.

지정학地政学적 또는 지경학地経学적 차원에서 북한과 중국의 상호 연관성을 살펴보면 상호우호관계이다. 중국은 ① 동북아에서 한반도 로 대외 통로 확보, ② 경제발전에 필요한 광물 확보, ③ 국력향상에 상응한 국제적 지위 확보 등의 국익을 얻을 수 있다. 한편 북한은 ① 경제개발에 필요한 물자(생산재와 소비재) 확보, ② 수출시장 확보, ③ 평화적 안보환경 조성 등의 국익을 얻을 수 있다. 중국에게 북한은 동북지방의 대외출구로서 기도気道와 같은 존재일 수 있고, 북한에게 중국은 경제발전의 배후기지일 수 있다.

중국의 대북한 정책은 위와 같이 북한과의 우호관계를 기조로 안 정화 지원과 핵문제에 대한 국제공조라는 양면을 취하는 것이었다. 2018년에 북한이 한반도의 완전한 비핵화를 향해 소위 '핵과 경제의 병진정책'을 종결하면서 중국에게 기대한 정책은 첫째는 경제협력이 요, 둘째는 한반도 평화체제를 위한 대미압박이었다.

사실 중국과 북한은 사회주의국가 건설과정에서부터 협력과 함께 시행착오를 거치면서 '내정불간섭'이라는 기본원칙을 지켜왔다. 김일 성 자신이 항일무장독립운동 과정에서 만주지역에 근거하며 '동북항 일연군東北抗日連軍'으로 중국공산당과 함께하였으며, 중국공산당이 조 선인 당원을 친일로 몰아 숙청한 '민생단民生団사건' 등 좌경적 오류에 대해서 저항하기도 하였다. 해방 후 먼저 북한지역에서 정권기관을 수

중국과 북한과의 경제적 연관성 개념도

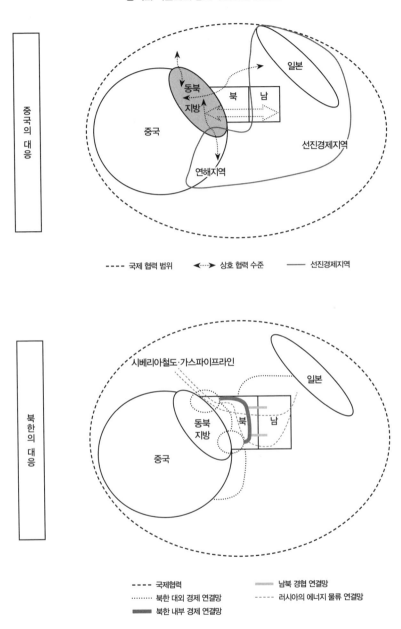

립한 김일성은 중국공산당과 국민당 간의 국공내전시기에 모택동의 동북해방전쟁을 돕기 위해 구일본군으로부터 몰수한 10만여 정의 각종 무기와 포, 폭약, 그리고 군복천과 의약품, 신발 등의 보급품을 공급하였다. 중국혁명의 결정적 분수령이었던 1948년 10월의 '장춘해방전투'에 포병연대를 보내기까지 하였다. 중국과 북한은 '6·25전쟁'에서 함께 피를 나눈 혈맹관계이기도 했다.

북중 경제협력의 중심 : 접경지대 인프라 연계 개발

김정일 위원장 시대인 2010년말에 '조선민주주의인민공화국 정부와 중화인민공화국 정부 사이의 라선경제무역지대와 황금평·위화도 경제지대 공동개발 및 공동관리에 관한 협정'이 체결되었다. 당시에 북중 간에는 '정부인도引導, 공동개발, 기업위주, 시장운영, 호혜공영'을 원칙으로 북한의 공업화 수준과 인민의 생활수준을 높이고 북한제품의 수출외화 획득능력과 제품의 경쟁력을 높이며 북한의 인력, 토지, 광물 등 자원우세를 경제우세로 전환시킨다는 목표가 합의되었다.

이를 위하여 정부 간 협력지도체제인 '조중공동지도위원회'가 만들어지고, 쌍방의 해당 지방정부들로 구성되는 공동관리체계로서 '공동개발관리위원회'가 설립되어, 황금평과 라선시에 조중공동관리위원회 건물이 새로 들어섰다. 그러나 김정은 시대에 들어와서 위의 조중공동개발방식을 추진했던 장성택이 숙청된 후 조중공동개발은 사실상 폐기되었다. 북중 간에 합의했던 '공동개발, 기업위주, 시장운영' 등의 원칙이 북한의 사회주의 자력갱생 원칙에 어긋나는 것이라고 판단했던 것 같다. 북한은 다시 자체의 힘으로 개발한다는 입장으로 돌아섰다.

북한과 경제협력을 추구하는 중국의 실제 목표를 보자면 하나는 단동개발이고 다른 하나는 나진항을 통한 동해진출이다. 이에 대해 북한은 신의주개발이고 다른 하나는 나선개발이기에 북중 간의 이해관계가 맞을 수 있다. 그러나 구체적인 내용에서는 중국과 북한 간에 입장의 차이가 있다. 이를 자세히 들여다본다.

1. 단동 – 신의주 인프라 연계

중국은 단동개발을 요녕성지역개발의 중점사업으로 추진해왔다. 단동-심양과 단동-대련 간의 고속도로와 고속철도가 이미 개통되어 단동-심양이 1시간 거리로 좁혀졌다. 그리고 단동-통화-화룡-연길-목단강 사이의 동변도철도 1,389km도 개통되었다. 단동역의 고속철은 언제라도 한반도로 달릴 수 있는 준비가 되어 있다.

북중 접경의 서쪽 축인 단동-신의주지역에는 기존의 중조우의교(1943년 개통, 원래는 복선철교였는데 6·25전쟁 후 단선 철도와 단선 도로로 개조)가 물류의 동맥이다. 다리가 노후화되어 2014년에 중국이 전액 투자하여 도로다리인 신압록강대교(단동-남신의주)를 완공하였으나 아직 개통식을 하지 못하고 있다. 단동 신개발구에서 신의주 남쪽으로 바로 빠지는 노선인데 북한 측 진입도로가 아직 건설되지 않았다. 신압록강대교가 개통되면 단동에서 평양으로 이어지는 고속도로 건설도 탄력을 받을 것이다.

중국 요녕성정부는 2018년 9월에 발표한 '요녕성 일대일로 종합실

험구건설 총체 방안'에서 단동을 관문으로 '일대일로'를 통해 동북아 경제회랑을 조성한다는 계획을 제시하였다. 한반도와는 단동-평양-서울-부산을 철도와 도로 통신망으로 연결하여 부산항까지 직통하 겠다는 내용도 있다. 또한 북한과는 압록강의 황금평경제지대와 단 동의 호시市무역구를 대북한 경제협력의 중요한 기반으로 하겠다고 밝혔다.

신의주개발을 둘러싸고 중국과 북한은 협력하면서도 입장 차이를 드러내왔다. 중국은 단동시를 압록강을 따라 항만인 대동항까지 연결 하여 개발하면서 신개발지구에서 신의주를 거치지 않고 바로 평양으 로 가는 심양-단동신구-평양의 교통물류라인이라는 십자형 개발계 획을 추진하고 있다. 반면에 북한은 기존의 신의주와 남신의주를 중 심으로 대계도를 연결하여 발전시키려는 계획을 갖고 있다.

단동개발계획은 1930년대 만주국시대에 구상한 대동구(현재의 대 동항)와 안동(현재의 단동)을 잇는 200만 명 인구규모의 항만 및 시가 지 개발계획에 기초하고 있다. 신의주개발계획 또한 1930년대 조선총 독부가 구상한 다사도(현재의 대계도지구)와 신의주를 잇는 항만-시가 지 개발계획에 기초하고 있다. 그 구상이 어디서 나왔는지 확실하지 않지만 현재 중국과 북한이 추진하는 압록강하구 단동과 신의주의 개발계획을 보면, 중국은 단동 중심으로 심양-평양을 잇는 간선물류 망 형성에 관심이 있다. 북한은 신의주지역을 중국과의 연계성보다는 독자성을 중시하면서 개발하려는 입장인 것 같다.

2. 훈춘-나선 인프라 연계

중국은 1990년대 이후 동북지방 길림성의 물류를 동해로 잇기 위해 훈춘을 꼭짓점으로 북한 또는 러시아의 항만을 이용하는 차항출해借港出海 전략을 추진해왔다. 2003년부터 중앙정부가 '동북진흥정책'을 본격 추진하면서 그 재원을 배경으로 길림성정부는 북중 간 인프라 연계사업을 본격화하였다. 즉, 훈춘-나진항의 도로를 포장하고 그 배후부지를 산업 및 물류단지로 개발하는 것을 골자로 한 도로-항만-구역 일체화路-港-區-體化 프로젝트가 그것이다. 그리고 2009년부터는 길림성 장춘시, 길림시, 연변조선족자치주를 주요 대상으로 한 장길도개발개방선도구長吉圖開發開放先導區 계획이 중앙정부 계획으로 추진되면서 연변과 북한을 잇는 인프라 정비계획이 구체화되었다.

《연변일보》의 2009년 보도에 따르면 그 내용은 팔도-삼합세관-청진(48km), 훈춘-권하세관-나진(39km), 화룡-남평세관-청진(50km)을 잇는 고속도로 프로젝트 3개와 도문-남양-두만강-하싼(126km, 보수), 도문-청진항(171.1km, 보수), 화룡-남평세관-무산(53.5km), 도문-남양-나진(158.8km, 보수)을 잇는 철도 프로젝트 4개다. 이 7개 북한 통로계획에서 중국의 목표지점은 나진항과 청진항이다. 이를 통해 동해로 나아가려는 것이며, 다른 하나는 무산철광산 등 광산개발을 위한 것임을 알 수 있다. 이 계획은 2012년 이후 김정은 시대에 들어 장성택의 숙청 후 추진이 정체되었다. 또한 대북경제제재도 큰 요인이다. 북한경내의 고속도로와 철도 정비는 계획으로만 남아 있다.

나진항의 경우, 중국의 훈춘창리琿春創力그룹이 나진항 1호 부두 제

길림성의 북한 연결 도로 계획

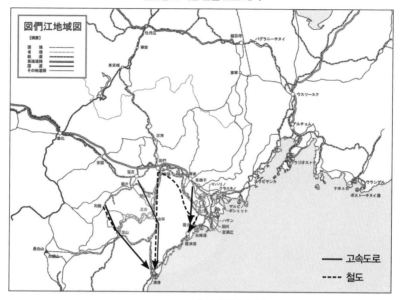

출처_ 동북아경제연구소 〈두만강지역도〉에 이찬우 작성

1안벽의 10년 사용권을 얻어 2011년 1월에 훈춘석탄 2만t을 나진항을 통해 상해로 운송한 이후, 석탄중계수송항으로 사용하다가 지금은 운휴상태(계약해지라는 말도 있다)이다. 하지만 중국은 나진항을 중국 동북지역과 남방지역을 해상으로 직접 연결하는 중국 국내물류 중계수송항으로 사용하는 구상을 계속 유지하고 있다.

청진항은 2010년부터 중국 도문시에 본사를 둔 연변해화수출입무역회사와 부두시설 정비에 투자하는 계약을 맺었지만 진행되지 못하여 계약이 해지되었다. 단, 중국 측은 중국경내에서 가능한 세관 정비 및 교량 건설을 진행하였는데, 중국의 권하세관과 북한의 원정세관을 잇는 새 도로교인 신두만강대교(길이 577m, 폭 25m의 4차선)를 중국이 전액 투자해서 2016년 10월에 개통하였다. 그리고 중국의 도문세관과 남양세관을 잇는 새도문다리를 공사 중에 있다.

북한은 북한대로 나선경제무역지대를 개발하는 계획을 진행하고 있다. 원래 두만강개발에 대한 국제협력 틀에서 개발을 진행하였지만, 북한은 2009년에 두만강개발계획에서 탈퇴하였다. 나선경제무역지대의 개발은 2017년까지는 중국자본의 투자로 상업시설, 아파트, 오피스빌딩 등이 건설되는 붐이 있었고 수산물가공공장, 구두공장, 시멘트공장 등에 투자가 이루어졌다.

원정세관구역 내에 중국인을 대상으로 한 '원정국경시장'이 2018년 8월에 개장하였다. 원래는 2017년 7월에 완공하였지만, 8월부터 중국정부가 북한산 수산물 수입을 전면금지하면서 개장이 연기되었다. 제재가 유지되는 상황에서 개장하였기 때문에 중국의 변경무역제도에서 규정하는 휴대품 면세범위인 1인당 8천 인민폐(약 1,200달러)까지 세관 신고 없이 거래가 가능하다. 중국인은 무비자로 원정국경시장에 가서 북한산품을 구입할 수 있다.

그러나 나진항의 인프라 개발에 있어서는 개발협력의 우선국가가 중국에서 러시아로 바뀌었다. 조러 합영회사인 '나선트란스'가 설립되었으며 러시아가 하산-나진항 간 철도(광궤+표준궤)를 정비하여 2013년 9월에 재개통하였다. 동시에 나진항 제3호 부두 50년 사용권을 러시아가 획득하였으며 3호 부두에 석탄 상하역 장비를 설치하고, 러시아는 나진항을 러시아국철의 석탄 수출항으로 사용하고 있다.

북한은 중국에게 나진항이 아니라 청진항을 대외통로항으로 사용해줄 것을 주문하고 있다는 이야기도 있다. 러시아는 하산-나진항

조중(중조) 나선 공동 관리 사업 착공식(2011)

나선 조중 공동 관리위원회(2017)

단동과 신의주를 잇는 조중우의교(2017)

신압록강대교(2017)

왼쪽은 나선경제무역지대 원정세관과 중국 방천세관을 잇는 4차선 신두만강대교,
오른쪽은 1937년 일제가 건설한 원정교(현재는 폐쇄). 원정세관구역 내 원정국경시장(2017).

을, 중국은 도문-청진항을 이용하여 국제중계수송을 하도록 유도하
는 것으로 보인다.

북중 경제관계의 과제

김정은 시대에 북중 간에는 경제제재의 이면에서 여러 형태의 경
제협력이 추진되고 있는 것도 사실인 것 같다. 화력발전소 건설, 항만
정비, 상업시설 신축, 고속철도 건설 등 여러 건설프로젝트의 상담이
진행되고 있다는 소문이 있다. 중국정부가 제재완화 또는 해제를 단
행하지 않는 한 이러한 경제협력이 구체화하기는 어렵겠지만, 북중 간
에는 수면 하에서 많은 협력논의가 진행되고 있다. 중국인의 북한관
광이 대폭 증가하였고 북한관료의 중국시찰도 증가하였다. 그러나 이
렇다 할 경제협력은 발표되지 않고 있다. 단동의 북한음식점은 모두
문을 닫고 북한종업원들은 비자갱신이 되지 않아 귀국하였다고 한다.

북한경제와 협동하자

나진항 제3호 부두의 러시아산 석탄,
두만강철교를 지나 나진항으로 석탄을 수송하는 러시아 화물열차(2017).

북중 간에는 경제인프라 연계뿐 아니라 광산개발, 제조업, 상업시
설 등 다양한 분야에서 경제협력이 있어왔다. 광산개발은 사실 알려
진 것보다는 실제 조업건수는 많지 않은 편이며, 주로 설비제공형 무
역 형태로 광산설비가격을 광물로 결제하는 형태가 많았다. 그동안
비즈니스 측면에서는 클레임도 많아 투자가 철수된 경우도 많다. 그
러한 과정을 겪으면서 북한에서는 중국인 화교가 돈주로 성장하기도
했다. 화교의 금융네트워크는 북한의 상업금융 성장에 중요한 역할을
했다고 한다.

또한 중국은 북한의 인재육성프로그램을 실시하는 중요한 장소이
다. 2000년대 이후 농업, 상업, 과학기술, 교통, 무역 등 각 방면에서
북한 기관의 인재양성이 중국에서 실시되었다. 중국의 대학, 사회과학
원 및 각 기관과 북한의 관계기관과의 인재교류는 지금도 끊이지 않
고 이루어지고 있다. 중국은 북한에게 소비재로부터 생산재, 물류, 금
융을 제공하는 후방기지이고 사회주의시장경제의 학습터이자 탈북자
들이 숨는 곳이기도 하다.

북한에게 중국은 남한보다 훨씬 가깝고 친근한 곳인 동시에 두려운 곳이다. 중국은 북한에 대한 영향력을 심화하면서 중국사회주의의 경험인 개혁개방으로 북한을 유도하지만, 위기관리 측면도 고려하여 한반도에서 미국과의 충돌은 피하려 한다. 북한은 이러한 중국과 관계를 개선하면서도 제어장치를 두고 있음을 위에서 살펴보았다. 북한에게 한반도는 자주성을 실현하는 땅이기 때문이다.

이제 새로운 전환의 시대가 오고 있다. 중국은 사회주의시장경제의 질적 전환을 맞이하고 있다. 북한도 경제의 혁신을 추구하고 있다. 두 나라 모두 사회주의의 새로운 실험이다. 시장경제를 이미 중요한 축으로 받아들인 후에 무엇으로 경제를 운영하는가 하는 문제를 서툴게 다루면 후대에 부담을 주게 된다.

북중 간에는 남북 간의 체제문제로 하기 어려운 경제실험을 할 수 있다. 사회주의 경제발전의 첨단을 예견하는 실험이다. 그리고 남북 간에는 북중 간의 자주성 문제로 하기 어려운 경제실험을 할 수 있다. 민족경제공동체의 첨단을 예견하는 실험이다.

한반도 평화의 경제적 귀결:

자주와 민주와 균형을 지향하는 민족경제 발전

북한이 2018년에 선택한 길은 '우리 후대에는 전쟁이 없으리라'는 길이었다고 생각한다. 북한은 2017년 11월 말에 '핵무력완성'을 선언한 후, 2018년부터 전쟁 대신에 완전한 한반도 비핵화와 평화 그리고 경제발전을 추구하는 전략적 대화게임을 시작하였다. 그 게임의 시작은 평창올림픽이었다. 남한이 잘 준비했고 북한이 참가하여 전 세계인에게 감동을 준 평창올림픽은 평화의 제전으로 성공했다. 덕분에 2017년에 들이닥친 북미 간의 전쟁위기를 남북이 슬기롭게 극복할수 있었다.

그 후 북한의 김정은 위원장이 국제무대에 직접 나서 남한, 중국, 미국과 정상회담을 하면서 한반도에는 완전히 새로운 기회국면이 자리했다. 북한은 지금까지 대내외적 고통을 감수하며 손에 쥔 핵무력을 테이블에 올려놓고 미국과 협상하고 있다. 또한 '핵·경제병진노선'을 끝내고 경제집중노선으로 방향을 전환하였다.

남북한 균형적 발전을 위한 북한지역 산업배치 구상(안)

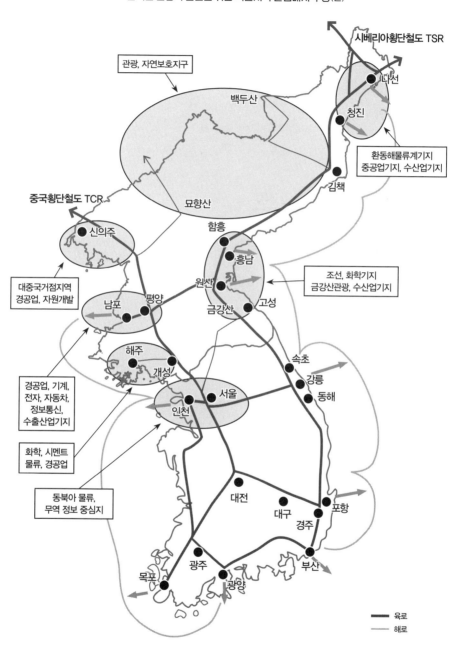

영국의 저명한 경제학자 케인즈가 1919년에 '평화의 경제적 귀결'에서 주장했던 것처럼 최악의 평화가 최상의 전쟁보다 낫다는 말이 있다. 복수는 상대뿐만 아니라 자기까지 망치는 일이고 평화를 위해 적과 협력하는 것이 진정 자기를 살리는 일이라는 것을 케인즈는 이미 100년 전에 알려주었다.

불신을 넘어 평화공존의 길로

문제는 북미 간에 존재하는 불신이다. 트럼프 미대통령은 역대 미국 대통령들하고는 다른 협상술로 대북 정책을 추진하고 있다. 북한 김정은 위원장을 인정하고 그를 중심으로 북한이 경제적으로 성공하는 것을 바란다고 공개적으로 말하고 있다. 그래서 북미 정상 간의 신뢰관계는 형성된 것 같다. 그러나 미국정부나 주류세력의 북한에 대한 생각은 대통령과 달리 불신과 복수심이 대단한 것 같다. 남한에도 그러한 분들이 있는데 그분들은 케인즈의 조언을 잘 듣지 않는 것 같다. 그들은 북한이 말하는 '완전한 한반도비핵화'에 진정성이 없다고 주장한다. 북한은 소위 '불량국가'인 것이고 그리 말하는 것으로 이익을 보아왔기 때문이다. 미국의 주류도 물론, 북한에 승리하지 못해 '잊힌 전쟁'으로 치부되었던 정전상태를 그대로 두고 싶지는 않을 것이다.

북한은 그 해결방법이 '리비아 방식'이 아닌가 하는 불신을 갖고 있다. 핵미사일 시설을 제대로 신고하면 정밀타격의 대상이 될지도

북한경제와 협동하자

모른다고 생각하는 것이다. 혹 북한이 먼저 완전하게 핵무기를 없애면 미국이 다음은 인권문제를 들고 나올 수도 있을 것이다. 북한은 미국에 대해 '신뢰조성을 앞세우면서 할 수 있는 것부터 하나씩 단계별로 해나가는 방식'을 요구하면서 미국이 제재압박과 인권소동으로 핵포기를 하도록 한다면 비핵화가 '영원히' 막힐 수도 있다고 미국을 비난하였다(북한 외무성 미국연구소 정책연구실장 담화, 2018년 12월 16일《조선중앙통신》보도).

김정은 위원장은 2019년 신년사에서 "미국이 세계 앞에서 한 자기의 약속을 지키지 않고 우리 인민의 인내심을 오판하면서 일방적으로 그 무엇을 강요하려 들고 의연히 공화국에 대한 제재와 압박에로 나간다면 우리로서도 어쩔 수 없이 부득불 나라의 자주권과 국가의 최고 리익을 수호하고 조선반도의 평화와 안정을 이룩하기 위한 새로운 길을 모색하지 않을 수 없게 될 수도 있습니다"라고 확실하게 선을 긋고 있다.

그러나 김정은 위원장이 2019년 신년사에서 더 중요하게 언급한 것은 '더 이상 핵무기를 만들지도 시험하지도 않으며 사용하지도 전파하지도 않을 것'이라고 확약한 점이다. 또한 "조미 두 나라 사이의 불미스러운 과거사를 계속 고집하며 떠안고 갈 의사가 없으며 하루빨리 과거를 매듭짓고 두 나라 인민들의 지향과 시대발전의 요구에 맞게 새로운 관계수립을 향해 나아갈 용의가 있습니다"라고 확인하였다. 이러한 내용은 '완전한 비핵화'와 '북미관계 정상화'를 위한 북한의 입장에 변화가 없다는 것이다. 북한은 비핵화로 변화한 입장을 분명히 하고 있다. 미국의 입장도 변해야 한다.

2018년 9월 19일 〈9월 평양공동선언〉 발표 후
5.1능라도경기장에서 대집단체조와 공연예술을 함께 본 남북 정상.

출처_ 청와대

　그런데 2019년 2월 말 베트남의 하노이에서 열린 제2차 북미정상회담은 생산적인 대화였다고는 하나 사실상 결렬로 끝났다. 미국은 북한과 '빅딜'을 원했고 북한은 '단계적 방식'을 원했다. 빅딜이란 북한이 핵무기 및 대량살상무기와 미사일 등 모든 대미위협요소를 제거하면 그 후에 관계를 정상화하고 경제발전을 지원하겠다는 것으로 미국의 주류인 보수파들의 주장이기도 하다. 미국의 입장은 유연해지지 않았다. 트럼프 미대통령은 미국 국내 정치 사정이 배경에 있기도 하지만 당분간은 북한에게 빅딜을 요구하고 '북한 비핵화' 완성까지

북한경제와 협동하자

는 현재의 제재상황을 유지하겠다는 입장이다. 그러면서도 소위 '스몰딜'(단계적 교섭)에 대해서도 가능성을 열어두고 정상회담 등 북한과의 협상을 계속하겠다는 생각을 밝히기도 했다(2019년 4월 11일 백악관 기자회견).

김정은 위원장은 최고인민회의 제14기 제1차 회의 시정연설(4월 12일)에서 "그 무슨 제제해제문제 때문에 목이 말라 미국과의 수뇌회담에 집착할 필요가 없다는 생각을 하게 된다"고 하면서 "우리의 힘으로 부흥의 앞길을 열 것"이라고 못 박았다. 그러면서도 동시에 "앞으로 조미쌍방의 리해관계에 다같이 부응하고 서로에게 접수가능한 공정한 내용이 지면에 씌여져야 나는 주저없이 그 합의문에 수표할 것이며 그것은 전적으로 미국이 어떤 자세에서 어떤 계산법을 가지고 나오는가에 달려있다"고 하면서 미국이 건설적인 해법을 찾기를 촉구하였다.

북한과 미국이 불신을 넘어 평화공존으로 가는 길은 이제 양국 정상의 '톱다운' 교섭에 달렸다고 할 수 있다. 앞으로 시간이 걸리는 교섭이 될 수도 있지만 한반도의 완전한 비핵화의 목표에 합의한 이상 그 방법론에서 양국의 입장이 조정되는 길이 비관적이지만은 않다. 북미대화는 계속될 것이다. 트럼프 대통령 임기 내에 양국의 이해관계에 같이 부응하는 합의안이 도출되기를 기대한다.

남북 간에는 2018년에 판문점 공동경비구역 회복, 휴전선 지뢰제거, 경비초소해체 등 군사적인 화해 약속과 한강공동수로조사, 남북공동스포츠행사, 남북철도연결 착공식 등이 이루어져서 평화의 모멘텀을 이어갔다. 그러나 남북 간에 필요성이 높은 경제교류와 협력에 대해서는 남한정부가 독자제재조치인 '5·24조치'를 해제하지 않으면서 미국의 '속도조절' 요구에 따르는 상황이 지속되었다. 이에 대한 북한의 반응이 점차로 냉담해지고 있다.

남한에게 "외세의존정책에 종지부를 찍고 모든 것을 북남관계개선에 복종시켜야 한다"(김정은 국무위원장의 14기 최고인민회의 시정연설, 〈현단계에서의 사회주의건설과 공화국정부의 대내외정책에 대하여〉, 2019년 4월 12일)고 요구하고 있다. 북한에게 있어 미국과 남조선보수세력은 반통일 반평화세력이다. 한반도의 긴장상태를 평화상태로 돌리려는 문재인 정부의 노력에 대해 북한은 '중재자'나 '촉진자'가 아니라 '당사자'가 될 것을 주문하고 있다.

문재인 정부의 한반도정책의 비전은 평화공존과 공동번영이다. 사실 평화공존이란 용어는 엄밀히 말하면 국가와 국가 간의 국제관계에서 쓰는 용어라 북한은 남한에 대해 쓰지 않는 용어이고 남북 간에는 평화정착이라는 용어가 대신 쓰이고 있다. 정책비전은 '평화와 공동번영'으로 하는 것이 더 좋겠지만 남한 내에서 쓰는 것으로 무리는 없다. 다만, 전략과 원칙에서 단계적 포괄적 접근과 한국 주도를 우위에 놓으면서도 실제로는 남북관계-북핵문제 병행진전과 국제협

문재인 정부의 한반도 정책

비전	3대 목표	4대 전략	5대 원칙
평화공존 공동번영	1. 북핵문제해결, 항구적 평화정착 2. 지속가능한 남북관계 발전 3. 한반도신경제공동체 구현	1. 단계적·포괄적 접근 2. 남북관계와 북핵문제 병행진전 3. 제도화를 통한 지속가능성 확보 4. 호혜적 협력을 통한 평화적 통일기반 조성	1. 한국주도 2. 강한 안보 3. 상호존중 4. 국민소통 5. 국제협력

출처_ 통일부

북한경제와 협동하자

력을 우선한 것이 남북관계 갈등의 주원인이 되었다고 본다.

문재인 정부는 스스로 설정한 정책의 목표화 전략 그리고 원칙의 우선순위를 분명히 해야 한다. 미국을 상대로 한국주도와 단계적 포괄적 접근전략을 이해시켜야 한다. 강대국 외교의 현실을 뚫고 나아가는 문재인 정부의 주도성만이 한반도 민족문제를 평화적으로 해결해나갈 수 있다. 민족이익에 대한 자주적인 입장을 어떠한 방법으로 관철하는가가 문재인 정부의 과제이다.

남북은 각자의 체제를 넘어서 민족공동으로 추구하는 가치를 가지고 협력해야 살아남을 수 있다. 한쪽의 이해타산을 넘어 함께 추구하는 가치는 경제에서 협동하는 것이다. 북도 남도 백성이 행복하게 더불어 잘사는 세상을 만드는 것을 지향해야 한다. 백성들이 잘사는 나라를 만들기 위해 무엇을 해야 할까 고민하는 원점에 서 있다. 원점에 선 자는 돌아볼 뒤가 없다. 앞만 볼 뿐이다.

그래서 이제는 경제의 힘을 모아서 국제무대에서 한반도가 생존하는 지혜를 짜내야 한다. 그런 경제는 어떤 경제인지 현실을 잘 이해하는 것이 중요해졌다. 북한경제를 이해하자는 것도 그러한 의미이다.

북한의 사회주의경제를 이해하자

북한은 사회주의경제이다. 동시에 시장이 활성화되어 법적으로도 인정되고 있다. 이를 중국과 같은 '사회주의시장경제'라고 이름 붙여야 할지 모르겠으나, 북한은 '우리식 경제관리'를 만들어가는 과정으로 설명하고 있다. 북한의 경제를 들여다보면 사회주의국가들에 있었던 소유의 3가지 형태, 즉, 국유·협동소유·개인소유가 있고 공장, 기업소는 국유와 협동소유에 한한다고 되어 있다. 법적으로는 개인소유의 기업이 존재하지 않는다.

그러나 시장에서는 개인소유적인 상업과 제조업들이 이루어지고 있는 것도 현실이다. 이를 두고 북한경제의 '시장화'로 설명하는 경향이 있다. 다른 사회주의국가들의 체제전환에 적용한 개념인데, 북한에도 적용할 수 있는가 하는 문제가 초점이다. 현재까지는 공식시장이 들어섰고 시장을 중심으로 중요한 소비재 생산과 교환이 시장가격으로 이루어지고 있다는 것이 전부이다.

생산재의 공급은 대부분 국유경제가 담당하고 있고 주요 생활서비스를 국가가 제공하고 있다. 북한이 말하는 '우리식'이란 경제의 소유관계와 조직관계에서 사회주의적 소유와 집단주의적 운영에 개혁을 가하지 않는 것인 듯하다. 북한은 조직관계에서 생산단위의 경영자율성을 높이고 분배관계에서 생산과 관리의 주인인 근로자의 생활향상을 추구하는 것으로 '사회주의기업책임관리제'를 구체적인 경제관리방식으로 내놓고 있다. 이는 공장, 기업소, 협동단체, 협동농장 등 개별 생산단위의 자율성을 확대하면서 국가가 이를 통일적으로 관리하는 방식이다. 그런데 이것이 성과를 내려면 거시경제 부문에서 임금, 가격체계, 재정, 금융, 외환 등 전반에 걸쳐 정책조정이 함께 이루어지는 것이 필요한데 아직 그러한 종합적 개선조치는 발표되지 않고 있다.

북한의 경제를 이해하는 하나의 단초는 왜 중국처럼 토지공유와 일부 중요한 전략 부문의 국영을 제외하고는 사유제에 근거한 민영기업의 생산과 시장유통에 맡기는 정책(사회주의시장경제)을 실시하지 않는가 하는 점이다. 중국은 모택동 시대의 국유 및 협동경제가 성공하지 못했기 때문에 민영경제의 힘을 이용할 수밖에 없었고, 또한 초기부터 해외의 화교기업 등 외자를 유치하는 것으로 경제를 회생시켰기 때문에 '개혁개방'이라는 말을 쓸 수 있었다.

그런데 북한은 1950년대 이후 1970년대까지 경제운용에서 큰 실패를 하지 않았다. 전후복구시기를 거치면서 국유경제가 중심으로 되었지만, 이 전환기에 제조업 부분에서나 소비 부문에서 생산판매협동조합이나 편의협동조합을 중심으로 한 사회적경제가 중요한 축으로 존재하였다. 북한의 헌법에서 생산수단을 소유할 수 있는 곳이 국가와 사회협동단체로 규정된 것은 그냥 나온 것이 아니었다. 그리고 농촌협동조합은 협동농장으로 이름이 바뀌었을 뿐 협동소유와 경영을 유지하고 있다. 북한경제에 대해 여러 분석가들은 자본주의적 요소가 북한주민들의 의식에 확산되고 있다고 보는 경향이 있지만, 지금 북한주민들의 의식을 완전히 반영하는 것이라고는 하기 어렵다.

문제는 1990년대 이후 경제위기상황에서 새로 등장한 개인보따리상과 시장상공인들이 무역과 국내시장을 확대하고 자체의 유통망을 키워나간 상황에서 북한의 경제개발 방향을 어떻게 다시 설정하는가 하는 것이다. 많은 분석가들은 이러한 사적 상업과 국제무역이 커지면 북한의 체제가 시장경제로 전환하는 방향으로 갈 것이며 국제협력은 이 방향을 지원하는 것이어야 한다고 주장하고 있다. 하지만 북한의 경제현실은 계획과 시장이 상호 협력하고 공존하는 형태이다. 시장 확대가 주된 요인이 되어 사회주의경제체제가 붕괴하고 시장경제 체제로 전환되지는 않을 것으로 보인다. 이는 베트남식 시장화 모델과도 다르다.

베트남에서는 1986년에 시작한 도이모이(쇄신) 정책으로 급진적인 가격자유화와 외자유치를 통한 수출지향형 산업화를 추진하였다. 쌀, 수산물, 커피 등 농수산물과 의류 및 전자제품 위탁가공수출 등 외화벌이 업종이 육성되었는데 시장에서는 개인 상인들이 상품유통을 도맡았다. 그전까지 존재하던 각 지역의 소비조합은 거의 다 해체되었다. 그러나 북한에서는 사회주의경제가 위기에 봉착하고 소비품시장이 중요한 역할을 하는 흐름 속에서도 국영기업과 협동조합들이 다시 중요한 역할을 하고 있다.

그리고 북한에서 시장이 발전하면서 자금을 축적하게 된 이른바 '돈주'들이 개인주의적 이윤추구뿐만 아니라 '돈 있는 사람은 돈으로' 사회에 공헌하는 방향에서 사회적경제의 기능을 하고 있는 측면도 있다. 돈주들이 이윤추구의 개인사금융업자로부터 출발하였지만 또 한편으로는 사회적금융의 역할을 하고 있기도 하다.

돈주의 8할 정도가 여성이라고 한다. 어느 사회에서나 여성들의 역할은 사회적경제 기능을 실현하는 중요한 기둥이다. 돈주들은 ① 주택자금 또는 생활자금 대출, ② 보건 위생 환경보호 분야 기부, ③ 취약계층 지원과 교육 분야 기부, ④ 지방기업 생산자금 대출, ⑤ 협동단체 생산자금 대출 등을 돕고 있다. 북한이 1990년대 이후 경제위기에 대처하는 데서 인민들이 전부 다는 아니더라도 삶의 현장에서 개체화되지 않고 공동체적 해결방식을 찾아간 것을 사회적경제의 관점으로 볼 수 있다.

어떤 형태로든 협동적 상품과 서비스 공급이 현실로 가능하고 함께 헤쳐갈 수 있는 사회라는 측면에서 북한사회는 어쩌면 남한사회보다 구성원 간 협력에 따른 자구력과 내구력이 더 강한지도 모르겠다. 북한경제가 국제사회의 제재에도 불구하고 전반적으로 안정되어 있는 이유는 시장기능이 활성화되었을 뿐만 아니라 동시에 시장화라는 단순논리로 설명할 수 없는 북한의 사회적경제 기능이 작용하고 있기 때문이라고 생각한다.

북한이 경제발전을 이루기 위해서는 국가의 산업생산력과 주민의 생활 수준을 높이는 방향에서 경제자립을 추구하는 경제개발을 해야 한다. 이를 위해서는 도로, 철도, 항만 등 사회기반시설을 확충하고 외화획득산업을 발굴하며, 법제도 개선, 산업생산기술 혁신, 인재양성 등을 추진해야 한다.

그리고 주민의 사회경제적 안전망을 확보해야 한다. 동시에 국제사회와 경제협력을 통해 이 과정을 보완하는 것이 중요하다. 북미관계가 평화공존 방향으로 나아가게 되면 북한은 국제협력을 본격화하면서 경제혁신의 기폭제로 삼을 수 있다. 그런데 그 방식은 원조의존방식이 아니라 북한이 스스로의 경제 자강력을 키우면서 국제사회와 호혜적인 발전을 추구하는 방식일 것이다.

북한의 농업 부문은 생산력에서 아직 부족하지만 자강력을 일정하게 갖추게 되었다고 본다. 앞으로는 남북협력을 비롯한 국제협력을 확대하여 자강력을 비약시키는 것이 필요하다. 농업의 생산기술, 자재공급, 품종개량, 비교우위 품목의 유무상통, 계약재배, 협동조합 간 직거래, 판매시장 확대 등 다양한 분야에서 협력이 필요하다. 북한의 옥수수, 감자, 특용작물과 남한의 쌀, 기타 특용작물의 교환도 좋고, 북한이 필요로 하는 농업기술과 농자재에 대한 국제협력도 좋다.

북한의 공업 부문도 자강력을 회복하고 있는 것 같다. 전통적인 화학과 금속 부문에서 생산정상화와 함께 현대적 과학기술 발전이 결합되어 나타나고 있다. 북한은 이를 지식경제시대에 '과학기술과 경제의 일체화'로 부르고 있다. '탄소하나공업' 등 새로운 분야가 나오고 있으며 과학자, 기술자, 전문가들이 대접받는 사회가 되는 등 바람직한 방향이 정립되고 있다. 앞으로 공업개발의 우선순위나 기업경영을 현대화하는 방안, 그리고 기술혁신과 국제협력에서 인재양성에 더 큰 힘을 쏟아야 할 것이다.

남북경협의 방향성

남북경제관계의 역사를 되돌아보면 북한은 사실 남한에 경제를 개방한 것이 아니었다. 북한은 남북경제협력이 북한사회에 미치는 영향을 차단하려는 경향을 보였으며, 남북경협을 상대하는 북측 기관은 당과 행정기관 그리고 국영기업이었다. 북한은 사실 경제회생과 발전에 필요한 자금과 기술을 도입하는 것에 더 큰 관심이 있었다.

이런 관계에서 남북관계의 현실은 경제 분야가 독립적으로 행동할 수 없는 정치우선의 특성이 있었다. 북한은 남한기업인의 방북을 불허하는 방법으로 남북경협을 통제하는 방법을 사용하였고 남북경협

북한경제와 협동하자

이 이명박 정부에 의해 차단되자 경제협력 대상을 바로 중국으로 전환하였다. 2010년 이후 북중무역이 급증한 것은 이를 반증한다. 중국은 남북관계의 경색국면을 잘 파고들어 북한에 대한 최대의 후원국 역할을 회복했다.

남북한은 이제 다시 손을 잡고 평화를 일구어야 한다. 그 평화를 이루는 중요한 수단 중의 하나가 군사긴장완화(비핵화)요 다른 하나가 경제교류협력이다. 평화를 일구려는 목적은 분명하다. 그것은 우리 민족이 전쟁 없이 생존하고 국제사회와 함께 번영하는 것이며 그래야 통일도 의미 있다.

남북 상호 간 경제교류협력의 목적을 정리해보자면, 남북한의 산업 간 상호보완성을 확대하고, 균형적인 경제발전을 이루며, 주민의 생활수준을 공동으로 높이고, 남북이 협력하여 산업의 국제경쟁력을 확보하는 것이다.

이로부터 남북경협의 방향성을 네 가지로 추출할 수 있는데 보완, 균형, 협동, 경쟁력이라 할 수 있다. 이 중에서 특히 균형부문은 한반도 민족경제의 균정적인 발전을 위한 것이다. 남북 상호 간에 다음과 같은 5개 분야에서 경제협력이 우선적으로 추진되어야 할 것으로 생각한다.

① 원료, 연료, 자재의 상호 안정적 공급
② 농업 부문 생산안정 및 증대
③ 사회간접자본의 확충과 연계(육로확충, 전력공급, 해상항로 연결)
④ 선진기술 및 산업표준체계 공유
⑤ 한반도의 산업배치 균형을 고려한 국토개발

북한의 사회간접자본 개선문제는 경제부흥을 위해 긴급한 과제이다. 이 부분은 북한에서 많이 낙후한 분야이다. 도로 포장과 확충이라는 당면한 과제와 함께 도로수송을 위한 연료로서 석유, 가스, 전기 등을 확보하는 것이 시급하다.

그동안 북한이 석유부족으로 도로수송에 힘을 넣지 않고 자립경제의 틀에서 석탄과 전력을 중심으로 하였던 방침을 그대로 이어간다 하더라도 전력생산을 높이고 향후 탄소하나화학산업을 발전시켜 갈탄에서 가솔린을 생산하거나 전기자동차나 수소자동차 등을 개발하는 방안을 추진해야 한다.

철도는 레일, 침목, 전기화 시설 보수, 기관차 개량, 화차 개량 등 전반적인 시설근대화가 필요하다. 그리고 중국, 러시아, 남한을 포함한 국제철도노선을 연계하여 유라시아철도로 이어지는 구상을 위해서도 우선 남북 간에 철도 분야 협력, 시스템 개선, 인재육성이 시급하다. 2018년 12월에 북한 측 철도에 대한 남북공동조사가 진행되고 철도연결 착공식이 실시되어 향후 남북 철도개선작업이 진행될 것으로 예상된다. 이제 남북 간에 구체적인 협력을 시작해야 한다.

앞으로 방향은 신의주-평양-서울-부산/목포의 철도 연결을 고속철도로 개선하여 한반도 종심축에서 철도의 기능을 강화하는 것이다. 항만정비도 국제무역을 확대하기 위해 필요하다. 서해와 동해로 갈라진 해안선을 가진 북한으로서 한반도 전체를 대상으로 항만을 연계하는 남북협력이 필요하다.

북한의 전력사정은 갖고 있는 설비가 노후화되어 실제 전력공급이 많이 부족한 편이다. 북한당국이 가장 힘을 들여 회복시키려는 부문으로 1990년대보다는 사정이 많이 나아졌다. 전력 부문에서 남북협력이 가능하다면 단기적으로는 북측 전력 부문과의 기술교류, 설비개선 협력, 지상송전선망으로의 유도와 전선공급 등이 필요하다. 그리고 중장기적으로는 기술교류 부문에서 석탄지하가스화 발전과 태양광 발전 분야 같은 친환경 기술교류와 협력을 중심과제로 추진할 필요가 있다. 이 부문이 전력생산비용 측면과 환경 측면에서 경쟁력 있는 것으로 판명된다면 전력산업에 획기적인 전환을 일으킬 것으로 생각하기 때문이다.

북한의 인프라 개선에는 돈이 많이 들어간다. 남한정부는 다른 어떤 협력사업보다 경제사업에서 인프라 부문 정비에 재정을 투입하고 북한정부, 국제사회와 협력해서 한반도의 종단 및 횡단 축의 균형적 발전을 위한 투자를 실현해야 한다.

그리고 과학기술 분야에서 북한은 고급 기술력을 확보해가고 있다. 연구기술진도 늘어 중국에 IT분야를 중심으로 기술인력 수출도 한 바 있다. 4차 산업 핵심기술로 불리는 인공지능, 빅데이터, 지능형로봇, 자율주행, 3D 프린팅, 사물인터넷, 클라우드 컴퓨팅의 기술연구가 활발하다. 북한은 이러한 기술로 경제의 '단번도약'을 추구하는 것 같다. 그러나 이러한 기술은 그 기술을 필요로 하는 수요가 있어야 한다. 이 분야에서 남북 간 협력은 남북한 모두에게 유망하다. 4차 산업의 핵심인 스마트공장과 스마트농장 그리고 스마트시티를 구현할 수 있는 남북한의 과학기술협력은 새로운 생산력을 유발할 것이다.

또한 주민의 생활수준을 공동으로 높이려는 협동 부문이 중요하다. 이는 사회적경제의 관점에서 접근하는 것이 좋다. 북한에 협동적

2018년 남북 정상이 함께 본 9월 평양의 대집단체조와 공연예술 카드섹션,
"온 겨레가 힘을 합쳐 통일강국 세우자"

출처_ 평양사진공동취재단

소유를 기초로 하는 협동단체와 협동농장이 주민의 생활수준을 자립적으로 향상시킬 수 있도록 남북이 협력하는 방안을 찾아야 한다. 예를 들어, 북한의 생산협동조합이 생산하는 다양한 물품을 남한의 협동조합이 운영하는 로컬푸드 직매장이나 생협매장에서 판매할 수 있도록 하고 그 역방향으로 남측 생산품을 북측의 협동단체 직매점에서 판매할 수 있도록 생산 및 유통에서 협동하는 방안을 강구해야 한다.

이리하여 남북의 주민들 스스로도 민주적 협동 방식을 통해 교류하고 생활 및 소득 향상을 위해 협력하는 모델이 만들어지기를 기대한다. 이를 위해서 북한에서는 협동단체의 중앙위원회 조직이 다시 기능하고 대외협력사업을 할 수 있도록 움직여주기를 희망한다. 북한

북한경제와 협동하자

의 협동단체들에게 현시대 국제사회의 협동조합운동을 소개하고 각
국의 협동조합과 협력하도록 하는 것은 앞으로 한국의 협동조합 단
체가 추진할 중요한 과제일 것이다.

남북경협을 다시 추진하기 위해서는 정부와 기업 그리고 사회가
함께 삼각협력을 추진해야 한다. 정부와 기업의 역할이 중요하지만 사
회의 역할도 중요하다. 사회의 역할은 기업중심 시장경제의 활성화 이
면에 있는 격차문제와 환경문제 등에 대해 사회적 관점을 가지고 한
반도에서 지속가능한 발전을 이루도록 하기 위한 협력이다. 이를 위해
남북한에 주민자치의 발전을 추구하는 사회적경제기업과 시민사회단
체들의 역할이 중요하다. 그리고 북한에서 협동적 소유의 전통을 살
려내어 남북 간 협동을 통해 민주적 자치의 확대를 경험하는 것은 한
반도가 선진사회로 가는 중요한 여정이 될 것이다.

2019년에는 비핵화문제로 남북 간 경제협력이 본격화되지 못할 것
이라는 우려가 있다. 미국은 '속도조절'을 이유로 남북경제협력을 막
고 북한에 대한 경제제재를 유지하는 입장인데 한국정부가 주도권을
쥐지 못하기 때문이다. 북한도 남한의 입장을 좌고우면한다고 비판하
고 있어서 남북관계에 먹구름이 끼어 있다.

그러나 역사는 길게 보아야 한다. 2017년의 전쟁위기를 넘어선 것
만 해도 문재인 정부는 큰일을 하였다. 이제 한걸음 아니 반걸음이라
도 앞으로 다시 나아가야 한다. 금강산관광이든 개성공단이든 인도
적·사회문화적 교류든 남북이 협동하는 상황을 만들기 위해 정부와
기업 그리고 사회가 다시 나서야 한다.

나의 아버지는 경주 이씨고 어머니는 진주 강씨이다. 부친 쪽으로나 모친 쪽으로나 8촌 이내에 북한에 친척이 없다. 일본에도 친척이 없다. 남한지역이 고향인 신라와 백제의 후예다. 그런데 지금 일본에서 북한 연구자 행세를 하며 살고 있으니, 연고가 없는 곳에서 연고가 없는 곳을 쳐다보며 밥벌이를 하고 있는 셈이다. 나 나름대로 객관성을 지닌다고 생각하지만 꼭 그런 것도 아닌 것 같다.

고등학교 시절 고구려에 관심을 갖게 되고 나의 본관인 신라를 싫어하게 된 것이, 아버지에 대한 사춘기적 반항만은 아니었던 것 같다. 그래서 1980년에 대학에 들어가 국사학과에서 고대사를 공부하게 되었을 때의 즐거움은 내 지난날을 통틀어 보아도 최고였다고 기억한다. 다만 학교에 진을 친 백골단과 전쟁 아닌 전쟁을 치르며 고대사보다는 근대 이후 현대사에 더 관심을 갖게 되고, 역사공부보다는 현실 참여가 더 중요하다고 후배들과 주위 사람을 꼬드기는 활동가로 사는 걸

선택하기도 했다.

부모님이 재산보다는 기독신앙을 자식에게 물려주기로 선택하신 터라 젊은 시절 기독신앙과 역사, 기독교와 사회주의에 대한 고민을 선후배들과 많이 나누었다. 함석헌 선생과 문익환 목사 그리고 박형규 목사를 존경하였고 한경직 목사와 김수환 추기경도 만나본 적이 있다. 함석헌 선생을 대학에 초청하여 강연회를 조직했을 때, 경찰을 따돌리기 위해 선생님을 전날 우리 집에서 주무시게 하고 새벽에 대학으로 모시고 들어갔던 적이 있다. 집에서 함석헌 선생을 보신 부모님이 무척 놀라셨지만 그 후론 내가 무슨 일을 하던 크게 개의치 않으셨던 것 같다. 아니, 그때는 그리 느꼈지만 내가 자식 낳고 살아보니 그렇지 않다는 걸 뒤늦게 깨달았다.

내 첫 직장은 보일러를 만드는 곳이었고 나는 거기서 용접 일을 했지만 오래 있지는 못했다. 격동의 80년대에 몸을 맡기고 살다가 당시 우스갯소리로 "김일성이 얘들이 무서워서 못 내려온다"는 방위병 생활을 끝내니 88서울올림픽이 끝나고 세상이 바뀌었다. 사회주의권이 무너져 내리는 소리에 많은 친구들이 가슴아파했다.

그때 나는 담담했던 것 같다. 기독신앙의 관점에서 보면 소련과 동유럽의 현실 사회주의가 자기비판(회개) 없이 오만하고 경색되었기 때문에 민중으로부터 버림받은 것 아닐까 하는 생각이 들었다. 그 당시 유행했던 안치환의 노래 〈솔아 솔아 푸르른 솔아〉의 가사 중에 "거센 바람이 불어와서 어머님의 눈물이 가슴 속에 사무쳐 우는 갈라진 이 세상에 민중의 넋이 주인 되는 참세상 자유 위하여"는 독재에 저항하는 내용이지만 소련의 현실 사회주의에 대해서도 회개를 요구하는 시어로 느껴지기도 했다.

1994년에 일본 니가타에 있는 동북아시아경제연구소ERINA에서 조선 (한)반도 담당으로 일하면서 그전까지 보지도 못하던 북한 책을 많이 보았다. 1950년대 이후 북한에서 발간한 정치, 경제, 역사, 문학 등 각 분야의 서적과 잡지가 눈앞에 가득했다. 그 책들을 읽으면서 내가 어린 시절 왜 고구려에 관심을 가졌었는지 그 기억이 되살아났다. 그 생각은 만주滿洲로 이어졌다. 당시 중국과 러시아와 북한의 접경지역을 국제협력으로 개발하자는 유엔개발계획UNDP의 '두만강지역개발계획' 프로그램에 연구자로 참여하면서 냉전 해체 후의 '참세상 자유'를 찾는 여정을 내 나름대로 꿈꾸며 그려보게 되었다.

한반도는 지금 내게는 떠나온 고향이다. 많은 재일동포나 재중동포 또는 재미·재러 동포들이 그러겠지만 1세든 3세든 떠나온 자에게 고향인 한반도는 현실의 삶터는 아니다. 그러나 디아스포라로 흩어진 현실에서 고향이 잘 되길 바라는 마음은 더 강렬해지는 것을 느끼며 살고 있다.

일본에 20여 년을 살면서 북한을 연구하고 동아시아지역의 경제협력 모델을 모색해왔다. 일본의 대학에서 경제와 경영, 국제정치경제 등을 가르치면서 스스로에게 묻고 이야기한다. 한반도가 평화로워지고 통일되면 일본 젊은이들에게 더 나은 기회가 올까? 아니면 한반도의 전쟁과 대립이 이들에게 더 좋은 기회일까? 1950년대 냉전시대의 한반도 전쟁은 일본의 젊은이들에게 취업과 돈벌이의 기회를 주었지만 지금은 그 반대라고 이야기한다. 냉전은 이미 끝났다. 전쟁으로 돈 버는 시대가 아니다. 평화와 경제협력으로 잘사는 시대이다. 한반도가 이제

북한경제와 협동하자

그 길로 들어서려 한다는 이야기를 한다.

그래도 학생들에게는 다 설명하기 어려운 생각이 있다. 그것은 "누가 잘살게 되는가"이다. 파워 엘리트 그룹의 관점이 아닌 '민중의 넋이 주인 되는' 관점이다. 나는 이 생각이 경제의 측면에서는 '사회적경제' 관점이라고 생각하고 있다.

앞으로 북한은 완전한 한반도 비핵화와 함께 경제개발에 집중하는 정책을 집행하게 될 것이다. 미국과 만만치 않은 협상 중에 있으며 미국의 주류가 북한을 '믿지 않는' 형국이지만 북미협상은 양 정상 간의 신뢰가 있어 잘될 것으로 보고 기대한다. 남북 간에도 잘되기를 기대한다. 한반도에 사는 사람들이 그리 결심했으면 그리되는 것이다. 한반도에 항구적인 평화체제가 정착하고 북한이 경제발전을 이루어나가려 할 때 남한사회가 무엇을 할 수 있을지 찾아내야 한다.

북한의 속생각을 이해하고 북한경제와 협동하는 전략을 이 책을 읽는 모든 분들이 생각해내고 함께 이루어나가길 진심으로 바란다.

끝으로 나에게 '사회적경제'에 대해 지도를 아끼지 않은 인생의 반려자에게 감사를 전한다.

자료 목록

북한경제와 협동하자

참고 문헌

1. 남한 자료

• 단행본

강호제, 〈북한의 기술혁신운동과 현장 중심의 과학기술정책: 천리마작업반운동과 북한 과학원의 현지연구사업을 중심으로〉, 서울대학교 박사학위논문, 2007.

김상목, 《한반도 신경제지도: 통일비용은 없다》, 마크리더컨설팅, 2018.

김영희, 《김정은의 경제개발, 오래된 미래》, 도서출판 매봉, 2018.

김원배, 《격동하는 동북아 지형: 한반도의 미래를 묻다》, 나남, 2018.

박후건, 《북한경제의 재구성》, 선인, 2015.

북한경제학회 기획, 양문수 편저, 《김정은시대의 경제와 사회: 국가와 시장의 새로운 관계》, 한울 아카데미, 2014.

삼정KPMG대북비지니스지원센터, 《북한 비즈니스 진출 전략》, 두앤북, 2018.

소현철, 《2025 한반도 신경제지도》, 한스미디어, 2018.

양문수, 《북한경제의 구조》, 서울대학교출판문화원, 2014.

이상만 외, 《이제는 통일이다》, 헤럴드경제, 2014.

이상만 외, 《한반도를 경영하라 1》, 중소기업중앙회, 2016.

이승훈·홍두승, 《북한의 사회경제적 변화》, 서울대학교출판부, 2007.

이찬우, 《동북아의 심장을 누가 쥘 것인가》, 역사인, 2015.

이창주, 《일대일로의 모든 것》, 서해문집, 2017.

이태호 외, 《대동강의 기적: 개성에서 나진까지》, 삼일회계법인, 2013.

이태호, 《삼일회계법인이 제안하는 대북투자 10계명》, 삼일회계법인, 2010.

임동우, 《평양 그리고 평양 이후》, 효형출판, 2011.

장윤희, 《2018 한반도의 봄》, 지식의숲, 2018.

정영철·정창현, 《평화의 시선으로 분단을 보다: 남북관계사 20장면》, 유니스토리, 2017.

정창현, 《키워드로 본 김정은 시대의 북한》, 선인, 2014.

한국수출입은행 편, 《북한의 금융》, 도서출판 오름, 2016.

헤이즐 스미스 지음, 김재오 옮김, 《장마당과 선군정치》, 창비, 2017.

• 기관 발행 자료

권태진 외, 〈농업 분야의 지속가능한 대북지원 및 남북협력 방안 모색〉, 통일연구원, 2014.

김경술·나희승 외, 〈북한 에너지, 자원, 교통 분야의 주요 개발과제〉, 국토연구원, 2013.

김민관, 〈북한경제특구 및 경제개발구의 계량적 입지분석〉, 《KDB북한개발》(2018년 가을), KDB 산업은행, 2018.

김석진·조봉현 외, 〈한반도 개발 협력 핵심 프로젝트의 추진을 위한 남북협력 및 국제협력 과제〉, 국토연구원, 2013.

대외경제정책연구원, 〈북한의 경제개발구 추진현황과 향후과제〉, 2015.

박형중, 〈중국과 베트남의 개혁과 발전: 북한을 위한 모델〉, 통일연구원, 2005.

배종렬·유승호, 〈동북아와 남북한 경제협력: 발전방향과 정책과제〉, 한국수출입은행, 2004.

북한자원연구소, 〈북한 지하자원 매장량〉, 2013.

산업연구원, 〈북한의 산업발전 잠재력과 남북협력 과제〉, 2012.

안병민, 〈교과서에 안 나오는 북한의 교통이야기〉, 통일부 통일교육원, 2014.

양문수 외, 〈남북한 경제통합의 인프라 확장 방안〉, 통일연구원, 2005.

이상준 외, 〈한반도-동북아 공동발전을 위한 북한 국토개발 핵심 프로젝트 실천방안 연구〉, 국토연구원, 2015.

임강택·임성훈, 〈북한의 경제특구개발과 외자유치 전략〉, 통일연구원, 2004.

정우진, 〈북한 광물자원개발 가공분야의 투자잠재력연구〉, 에너지경제연구원, 2014.

정우진, 〈북한 에너지산업 현황과 협력과제〉, 에너지경제연구원, 2017.

통일교육원, 〈북한 이해〉, 2016.

코트라, 〈북한 대외무역 동향〉, 각 년도 판.

홍민·정은이, 〈북한 전국 시장정보: 공식 시장 현황을 중심으로〉, 통일연구원, 2016.

KDB산업은행, 〈북한의 산업(개정판)〉, 2016.

• 관련 사이트

북한지하자원넷(www.irenk.net)

평화문제연구소(www.ipa.re.kr)

한국민족문화대백과사전(encykorea.aks.ac.kr)

• 단행본

김정은, 《우리식 사회주의에 대한 확고한 신념을 간직할데 대하여(조선로동당중앙위원회 책임일
군들과 한 담화, 2016년 10월 10일)》, 조선로동당출판사, 2018.

김정은, 《전력문제를 해결하여 경제강국 건설의 돌격로를 열어나가자(당, 국가경제기관 책임일군
들과 한 담화, 2017년 5월 3일)》, 조선로동당출판사, 2017.

리기성·김철, 《조선민주주의인민공화국 경제개괄》, 조선출판물수출입사, 2017.

사회과학출판사, 《위대한 영도자 김정일동지의 사상리론》(경제학1~4), 1996.

제2자연과학출판사, 《기업관리운영용어1000》, 2006.

조선대외경제투자협력위원회, 《조선민주주의인민공화국 투자안내》, 외국문출판사, 2016.

조선로동당출판사, 《우리당의 선군시대 경제사상해설》, 2005.

조선로동당출판사, 《우리당의 선군정치(증보판)》, 2006.

최중국, 《사회주의경제와 균형》, 과학백과사전종합출판사, 1990.

• 정기간행물

《경제연구》, 과학백과사전종합출판사, 각 년·각 호.

《근로자(조선로동당중앙위원회 기관지)》, 근로자사, 각 년·각 월호.

《김일성종합대학학보(철학, 경제학)》, 김일성종합대학출판사, 각 년·각 호.

《조선중앙년감》, 조선중앙통신사, 각 년호.

북한경제와 협동하자

색인